山东省职业教育"十四五"规划教材
职业教育经济管理类新形态系列教材

消费心理学：

理论、案例与实践

（附微课 第2版）

Xiaofei Xinlixue

张婷婷 王洋 王宗湖 ◎ 主编
范文翼 王丽萍 邵淑红 ◎ 副主编

人民邮电出版社

北京

21SHIJI GAOZHIGAOZHUAN CAIJINGLEI GUIHUA JIAOCAI

图书在版编目（CIP）数据

消费心理学：理论、案例与实践：附微课 / 张婷婷，王洋，王宗湖主编. -- 2版. -- 北京：人民邮电出版社，2025. --（职业教育经济管理类新形态系列教材）.
ISBN 978-7-115-65623-0

Ⅰ. F713.55

中国国家版本馆 CIP 数据核字第 2024ZE6574 号

内 容 提 要

本书为山东省职业教育"十四五"规划教材。

本书共十章，主要讲述了消费心理学的概况，消费者的一般心理活动过程和个性心理，消费者的购买决策过程与购买行为，以及影响消费者心理的个体、社会（群体、文化、消费流行、消费习俗）、商品、商业、网络等因素。

为了便于教师教学和学生学习，各章前设置了"学习目标""引导案例"，章后设置了"归纳与提高""综合练习题""实训项目"，正文内穿插了"知识点滴""探究活动""即学即练"等栏目，增加了内容的趣味性并可拓宽读者的视野。

本书配有电子课件、电子教案、课程标准、补充案例、视频素材、习题答案、模拟试卷及答案等教学和学习资料，索取方式参见书末的"更新勘误表和配套资料索取示意图"（咨询 QQ：602983359）。

本书可作为职业院校市场营销、电子商务、广告艺术设计等专业相关课程的教材使用。

◆ 主　　编　张婷婷　王　洋　王宗湖
　　副 主 编　范文翼　王丽萍　邵淑红
　　责任编辑　万国清
　　责任印制　胡　南

◆ 人民邮电出版社出版发行　　北京市丰台区成寿寺路 11 号
　　邮编　100164　电子邮件　315@ptpress.com.cn
　　网址　https://www.ptpress.com.cn
　　北京联兴盛业印刷股份有限公司印刷

◆ 开本：787×1092　1/16
　　印张：13.5　　　　　　　　　　2025 年 1 月第 2 版
　　字数：326 千字　　　　　　　2025 年 1 月北京第 1 次印刷

定价：54.00 元

第 2 版前言

随着我国经济的快速发展，消费市场经历了以生产为中心—以销售为中心—以消费者为中心的转变。企业要想让自己的产品在市场中脱颖而出，除了需要研究市场规律外，还需要研究消费者的心理和行为规律。消费心理学是建立在经济学、社会学、心理学和管理学基础上的一门应用性学科，它研究的是人们在消费过程中的心理活动现象、规律及影响消费者购买心理的因素（如个体、群体、文化、消费习俗、消费流行、商品、商业、网络等因素），进而分析消费者购买行为过程与购买决策过程。对消费者来说，学习消费心理学，可以帮助其在丰富的商品和企业的各种营销活动前理性、科学地消费，从而提高消费效用。

本书第 1 版自 2021 年出版以来，得到了许多职业院校师生的肯定和厚爱，在 2022 年被评为山东省职业教育"十四五"规划教材。为了更好地服务教学，编者采纳了多位教材使用者的意见和建议，对教材进行了全面、细致的修订。

本次修订更新了大部分案例和相关数据，调整了部分内容的逻辑顺序，删除了部分理论和历史发展介绍方面的内容，新增了网络直播和拼团两种典型网络消费模式的消费心理分析等内容，进一步完善了原有的理论体系。为了满足学校教学与学生学习的需要，按照教育部关于职业院校"教、学、做一体""工学结合"的教学改革要求，编者在深入学习党的二十大报告的基础上，对本书正文内容及配套资料做了细致的调整。修订后，本书具有如下特色。

（1）知识结构更加清晰明了，理论框架系统、完整。在编写过程中，我们积极吸收了国内外关于消费心理学新的研究成果和研究动向。

（2）突出实用性与启发性。本书在内容和体例设计方面注重对学生的启发，有效地将知识教育、技能教育、创新教育紧密地结合在一起，注重理论知识的应用与实践，既关注学生对理论知识的掌握，又注重对学生实际操作能力和解决问题能力的培养；每章开头均以案例导入，正文中穿插设计了"知识点滴""探究活动""即学即练"等栏目，大大增强了教材的趣味性。其中"知识点滴"栏目更新幅度较大，提供了包括行业研究新进展、经典实验研究、新闻报道等与本学科相关的知识。课后新增的"实训项目"与正文中的"探究活动""即学即练"等实践性较强的栏目一起，补充了理论知识，让学生们动脑动手，从而有助于其理解理论知识，并将理论知识有效转化为实践能力。

（3）配套资料齐全且制作精良。本书配有电子课件、电子教案、课程标准、补充案例、视频素材、习题答案、模拟试卷及答案等教学和学习资料，索取方式参见书末的"更新勘误表和配套资料索取示意图"（咨询 QQ：602983359）。

　　本书由张婷婷、王洋、王宗湖主编，并负责拟定提纲、统稿和定稿。全书共十章，参与编写的人员及具体分工如下：王宗湖编写第一章，纪春磊、曲娜编写第二章，邵淑红编写第三章，范文翼编写第四章，王洋编写第五章、第九章，徐伟编写第六章，张婷婷编写第七章、第八章，王丽萍编写第十章。

　　在编写过程中，编者参考了大量的研究文献和网上资料，在此对相关作者深表谢意！

　　由于编者水平有限，书中不当之处在所难免，敬请广大读者批评指正。

编　者

目　录

第一章　绪论 ··············· 1

【学习目标】 ··············· 1

【引导案例】奚恺元教授的著名实验 ······· 1

第一节　消费心理学的基本概念 ······· 1

　　一、消费 ··············· 2

　　二、消费者 ··············· 2

第二节　消费心理学的研究对象与方法 ··· 2

　　一、消费心理学的研究对象 ······· 2

　　二、消费心理学的研究方法 ······· 3

　　三、研究与学习消费心理学的意义 ··· 5

　　四、消费者心理与消费者行为 ······· 7

归纳与提高 ··············· 8

综合练习题 ··············· 8

实训项目 ··············· 9

第二章　消费者的一般心理活动过程 ······· 10

【学习目标】 ··············· 10

【引导案例】杯子颜色与饮品口味的

　　　　　关系 ··············· 10

第一节　消费者的认知过程 ······· 11

　　一、消费者的感觉 ··············· 11

　　二、消费者的知觉 ··············· 16

　　三、消费者的注意 ··············· 19

　　四、消费者的记忆 ··············· 21

　　五、消费者的想象与思维 ······· 25

第二节　消费者的情绪、情感过程 ··· 27

　　一、情绪、情感的组成和关系 ······· 27

　　二、情绪、情感的分类 ······· 29

　　三、消费者情绪、情感的外部表现 ······· 31

　　四、影响消费者情绪、情感的因素 ······· 32

第三节　消费者的意志过程 ······· 33

　　一、意志的概念 ··············· 33

　　二、消费者意志过程分析 ······· 34

　　三、消费者的意志品质 ······· 35

归纳与提高 ··············· 36

综合练习题 ··············· 37

实训项目 ··············· 38

第三章　消费者的个性心理 ··············· 39

【学习目标】 ··············· 39

【引导案例】看电影迟到的人 ··· 39

第一节　消费者的需要和动机 ··· 40

　　一、消费者的需要 ··············· 40

　　二、消费者的动机 ··············· 42

第二节　消费者的气质 ··············· 50

　　一、气质的概念 ··············· 50

　　二、气质学说与类型 ··············· 50

　　三、气质与消费者行为 ··············· 52

第三节　消费者的性格 ··············· 53

　　一、性格的概念 ··············· 53

　　二、性格与消费者行为 ··············· 53

第四节　消费者的能力 ··············· 54

　　一、一般能力 ··············· 55

　　二、特殊能力 ··············· 57

　　三、消费者对自身权益的保护能力 ··· 57

归纳与提高 ··············· 57

综合练习题 ································· 58
实训项目 ································· 59

第四章　消费者购买决策与购买行为 ·······60
【学习目标】 ····························· 60
【引导案例】买衣服 ····················· 60
第一节　消费者购买决策 ············· 61
　一、购买决策的内容 ··············· 61
　二、购买决策的类型 ··············· 62
　三、购买决策的过程 ··············· 63
　四、购买决策中的非理性行为 ······ 68
第二节　消费者购买行为 ············· 71
　一、购买行为的类型 ··············· 72
　二、购买行为的一般模式 ··········· 73
　三、购买行为的理论 ··············· 74
第三节　影响消费者购买决策和行为的
　　　　因素 ·························· 78
　一、心理因素 ······················· 78
　二、个人因素 ······················· 80
　三、社会因素 ······················· 80
　四、文化因素 ······················· 81
　五、商品因素 ······················· 81
　六、市场因素 ······················· 82
归纳与提高 ····························· 82
综合练习题 ····························· 82
实训项目 ······························· 83

第五章　消费者群体与消费心理 ·········84
【学习目标】 ····························· 84
【引导案例】她经济 ····················· 84
第一节　消费者群体概述 ············· 84
　一、消费者群体的类型 ············· 84
　二、消费者群体对消费心理的影响 ·· 86
第二节　性别与消费心理 ············· 87
　一、女性消费群体的消费心理特点 ·· 87
　二、男性消费群体的消费心理特点 ·· 89
第三节　年龄与消费心理 ············· 91
　一、少年儿童消费群体的消费心理特点 ·· 91
　二、青年消费群体的消费心理特点 ·· 93

　三、中年消费群体的消费心理特点 ······94
　四、老年消费群体的消费心理特点 ······95
第四节　家庭与消费心理 ············· 96
　一、现代家庭消费的基本特征 ······· 96
　二、家庭生命周期与家庭消费 ······· 97
　三、家庭决策方式与家庭消费 ······· 99
归纳与提高 ····························· 100
综合练习题 ····························· 100
实训项目 ······························· 101

第六章　文化、消费流行、消费习俗与
　　　　消费心理 ···················102
【学习目标】 ···························· 102
【引导案例】失败的广告 ················ 102
第一节　文化概述 ···················· 102
　一、文化的含义 ····················· 102
　二、文化的特点 ····················· 103
第二节　文化差异与消费 ············· 103
　一、消费价值观差异及其对消费心理的
　　　影响 ···························· 103
　二、亚文化差异及其对消费心理的影响 ··· 105
　三、中国文化及其对消费心理的影响 ··· 108
第三节　消费流行与消费习俗 ········· 109
　一、消费流行 ······················· 109
　二、消费习俗 ······················· 112
归纳与提高 ····························· 115
综合练习题 ····························· 115
实训项目 ······························· 116

第七章　商品与消费心理 ··············117
【学习目标】 ···························· 117
【引导案例】"白加黑"治感冒，黑白
　　　　　　分明 ····················· 117
第一节　商品品牌与消费心理 ········· 117
　一、商品品牌 ······················· 117
　二、商品名称 ······················· 119
　三、商品商标 ······················· 122
　四、商品包装 ······················· 124
第二节　商品价格与消费心理 ·········129

第一章

绪　论

【学习目标】

通过对本章内容的学习，读者应掌握现代消费心理学的研究对象及方法，了解消费心理学研究与学习的意义。

【引导案例】

奚恺元教授的著名实验

华裔经济学家奚恺元教授曾经做过两个著名的实验。

冰激凌实验：有两杯哈根达斯冰激凌，A 杯是 7 盎司的冰激凌装在 5 盎司的杯子里，看起来满满的；B 杯是 8 盎司的冰激凌装在 10 盎司的杯子里。如果都标价 2 美元，你更愿意选哪杯？实验结果表明，人们更愿意选择 A 杯。

餐具实验：A 套餐具 24 件，都是完好的；B 套餐具 40 件，多了 8 个杯子和 8 个茶托，但其中 2 个杯子和 7 个茶托有破损。你愿意为哪套餐具多付钱？实验结果表明，人们愿意为 A 套餐具支付 33 美元，却只愿为 B 套餐具支付 24 美元。这违反了传统经济学的优势假设，说明人的理性是有限的。

启发思考

如果你是参与人员，在实验中你会如何选择？消费者的行为都是理性的吗？在消费中，为什么会出现上述现象？哪些因素会影响消费者的行为？

消费是人类社会经济活动中的重要行为和过程，是社会进步、生产发展的基本前提。一个企业要想获得最大利润，就必须去预测和满足消费者的需求，了解消费者购买行为的产生原因、过程及影响因素。因此，研究和了解消费者心理，对企业有着十分重要的意义。同时，作为消费者，了解一些消费心理学知识也有助于我们在消费时更具理性。

第一节　消费心理学的基本概念

要了解什么是消费心理学，需要弄清楚消费与消费者的内涵及相关的核心概念。

一、消费

消费是指人们消耗物质资料和精神产品以满足生产和生活需要的过程。从广义上讲，可以把人类的消费行为划分为生产消费和生活消费两类。

生产消费是直接生产过程中的消费，即劳动力和生产资料在生产过程中的使用与消耗。生产消费是在生产领域中实现的，是创造劳动成果的基础。

生活消费是指人们消耗物质资料和精神产品以满足物质文化生活需要的过程。它既是人们生存和恢复精神、体力必不可少的条件，又是保证社会再生产过程得以继续进行的前提。

人类要生存、要享受、要发展，就必须消费一定的物质资料、精神产品和服务。生活消费表现为个人和社会集团的消费。个人生活消费，是恢复和发展劳动力所不可缺少的条件，是人们依靠自己的收入购买物品以满足自身的需要，是在个人或家庭范围内实现的一种消费形式。社会集团公用消费，是依靠社会消费基金来满足社会成员共同需要的一种消费形式。它由国家或集体通过兴办教育，创造医疗卫生条件，兴建公共住宅、公共交通、公共娱乐设施和体育运动场所等来满足消费者的物质文化生活需要。

从社会再生产过程来看，生产消费和生活消费处于完全不同的地位。生产消费处于社会再生产过程"生产、分配、交换、消费"四个环节中的"生产"阶段，是起点；生活消费则处于这一过程的"消费"阶段，是终点，因此生活消费是一种最终消费。通常情况下，消费一词狭义地专指生活消费。

二、消费者

消费与消费者既相互联系，又有区别。

如前所述，消费是人们消耗物质资料和精神产品以满足生产和生活需要的过程，消费者则是这一行为和活动的主体——人。由于研究的角度不同，对消费者概念的界定也有广义和狭义之分。

广义的消费者是指直接消费生产资料和生活资料的人，即生产资料和生活资料的直接使用者。在一定意义上，社会中的任何一个人，为维持自身的生存与发展，都要对生产资料和生活资料进行消费，因而都是消费者。

狭义的消费者是指对某种产品和服务有现实和潜在需求的人。如果消费者消费的目的是生产，则不属于狭义的消费者范畴。

一般而言，消费心理学所理解的消费者是指狭义的消费者，因为一个企业不可能满足所有消费者的愿望，而只能有针对性地选取对本企业产品和服务有现实和潜在需求的消费者，为其提供适销对路的产品，以求得企业的生存和发展。

第二节　消费心理学的研究对象与方法

一、消费心理学的研究对象

消费心理学的研究对象是市场活动中消费者心理现象的产生原因、发展过程及变化规律。

具体而言，消费心理学的研究对象就是消费者在获得信息、购买商品①、获得商品价值等消费活动中的心理与行为过程，主要包括以下两个方面。

1. 消费者的心理活动

消费者在消费时会产生对商品、购物环境、广告促销等的认知过程、情感过程、意志过程，这些心理活动既有共性，体现消费者的一般心理规律，又因为消费者的能力、气质和性格的不同，而产生消费行为中的个体差异。如消费者普遍存在追求价廉物美、求新趋时等心理倾向，但在具体购买时存在明显的差异。如有的消费者能从社会价值、经济价值、心理价值等方面对商品做出比较全面的评估，而有的消费者只能对商品做一些表层的评估；有些消费者面对众多的商品，能够果断地做出买或不买的决定，而有的消费者在琳琅满目的商品海洋里，会表现得犹豫不决。

2. 消费心理与市场营销的双向关系

不同的消费品市场以不同的消费者群体为对象，不同的消费者群体对消费品市场也有不同的心理要求。企业的营销策略会影响消费心理的产生与发展；反过来，不同的消费心理特点和心理趋向也对市场营销提出了特定的要求。因此，消费心理与市场营销存在着双向关系。成功的市场营销活动能够适应消费者的消费心理需求和购买动机的变化，能够通过有效的促销活动引导消费心理。在这方面，消费心理学主要研究的是以下三个方面的内容。

（1）影响消费心理的各种社会因素和自然因素，如收入水平、消费水平对购买序列、消费结构的影响，社会风气、风俗习惯对消费观念、消费流行趋势的影响，文化程度、职业特点对购买方式、购买选择的影响，性别、年龄、气候、地域对购买决策、购买心理的影响，等等。

（2）产品设计如何适应消费心理，如产品结构设计是否符合人体工程学的要求，产品功能设计是否符合消费者的生理要求，产品包装、装潢设计是否适应消费者的心理要求，等等。

（3）从心理学的角度开展企业营销中的公共关系活动，如对业务员、营业员、服务员进行训练，以提高企业在消费者群体中的形象和声誉；改善购物环境，提高服务质量，以吸引更多的消费者成为回头客；对消费者的心理做预测分析，以便制订灵活的营销策略；等等。

综上所述，消费者的心理和行为的表现形式有很多，涉及消费者个人心理特征、行为方式、群体心理与行为、企业市场营销、社会文化环境等各个方面。围绕消费行为的"为什么""做什么""如何做"的问题，形成了消费心理学丰富的研究内容。

二、消费心理学的研究方法

方法是人们解决问题、实现预期目的的途径与手段。对消费心理的研究，要根据研究任务的需要，选择适当的研究方法。

消费心理学的心理学理论基础是普通心理学，因此在研究方法上，我们可以借鉴和采纳普通心理学的一些方法。常用的方法主要有观察法、实验法和调查法等三种。

---

① 狭义的商品仅指有形商品，广义的商品还包括无形商品，如保险、理发等，原则上本书采纳广义的商品定义。鉴于消费心理学各项研究多起源于有形商品，本书部分论述只涉及有形商品。

1. 观察法

观察法是在商业经营活动过程中，通过观察消费者的外部表现（动作、行为、谈话）去了解其心理活动的方法。

这种方法的优点是比较直观，观察所得到的材料一般也比较真实，切合实际。这是由于消费者的行为是在没有被施加任何影响、没有被干扰的情况下由实验人员所观察到的，这些行为是一种心理的自然流露。这种方法的不足之处是具有一定的被动性、片面性和局限性，会由于观察者、观察时间、观察地点的不同导致结果的不一致。因此通过观察所得到的材料本身还不足以区分哪些是偶然的现象，哪些是规律性的事实。例如，在商场或商店中观察顾客的步态和目光，其大致有这样三种表现：①脚步紧凑，目光集中，直奔某个柜台；②步履缓慢，犹豫不决，看着商品若有所思；③步态自然，神色自若，随意浏览。三种表现对应三类顾客：买者、可能买者、逛客。但仅依这些观察，我们并不总是能准确判断进店顾客的购物倾向，因为在顾客的行为举止中，还有许多偶然的因素。

🎓 **探究活动**

观察客户投诉或商品退换情况

3～5 名学生组成一组，到某大型超市的客户投诉部或商品退换货服务部进行观察，活动时间为一个上午。活动任务：①了解客户遇到的购物问题，观察并记录客户的言语、态度、情绪表现等，分析其性格特点；②观察并记录售后服务人员的表现，并对其工作效果进行评价。

2. 实验法

实验法是指有目的地严格控制或创设一定条件来引起某种心理现象并对其进行研究的方法。实验法可分为实验室实验法和自然实验法两种形式。

实验室实验法是指在实验室中借助各种仪器进行研究，同时也可以在实验室中模拟自然环境下的条件或工作条件进行研究。例如，我们可以在实验室内运用音像、图片、文字等形式的实验材料，测试消费者对广告的记忆效果。

自然实验法是指在商业营销环境中，有目的地创造某些条件或变更某些条件，对消费者的心理活动施加一定的刺激或诱导，以从中了解消费者心理活动的方法。此方法虽然是在商业营销环境中进行的，但该环境不是纯自然的环境，是人们主动地、有目的地施加一些影响后形成的环境，所以这种方法往往能够按照一定的研究目的获取比较准确的材料，是应用比较广泛的方法。

🖩 **知识点滴**

消费者行为中的从众和独立实验

温克特桑（Venkatesen）曾做过一个有关消费者行为中的从众和独立现象的经典实验。他在实验中要求被试从 A、B、C 三种不同款式和颜色的西服中选出最好的西服，先给他们两分钟的时间逐个验看，然后要求他们做出决定。实验分三种情况进行。①在控制条件下，被试分别做出评价，因而不受群体的影响。②在从众条件下，三名假被试异口同声地说"西服 B 最好"，最后让真被试发言。③在诱导条件下，第二个假被试在第一个假被试挑选了 B 之后说："三套西服有没有不同，我不能确定，我想可能并没有什么不同，既然你选 B，我跟你一样，也选 B 吧。"第三个假被试随后说："你们都选了 B，我还挑不出来，就和你们一样，也选 B 吧。"最后再让真被试选择。结果表明，在从众条件下，真被试果真多数表现出了从众现象，采取了与群体一致的行为，即选择了 B；在诱导条件下，真被试虽也有从众现象，但其比例远比从众条件下的低，这就说明真被试有抵制群体压力的倾向。事实上，个体在不是明显地受到压力被迫从众的情况下，更有可能从众。

3. 调查法

调查法是指在商业经营活动中，采取各种形式和手段获取有关材料，间接地了解消费者心理活动的方法。例如，某电器公司的有关人员到电器维修店查看哪些产品的维修量比较大，哪些部件的更换比较频繁，消费者抱怨比较多的是什么，然后可以根据调查的结果调整产品的质量与服务，改进销售策略，提高服务水平。

调查的方式可以根据调查目的灵活采用。例如，要了解消费者购买动机，可以召开消费者代表座谈会；要了解消费者的兴趣爱好变化，可以应用现场点数统计方法；要了解消费者对产品的心理反应和要求，可以通过广告征询、设置意见簿的形式进行；等等。在消费心理的研究中，被广泛采用的调查法是问卷法。这种方法是指由调查者向消费者发出意见征询函，请消费者作答，回收后再进行统计、汇总、分析的方法。为了提高问卷回收率，可向消费者赠送小纪念品。

🎓 **探究活动**

对比不同商场的消费者需求

3～5 名学生组成一组，选择周边不同的商场进行调查，活动时间为一个上午。活动任务：①了解不同的商场是否有不同类型的消费者；②分析这些消费者选择在某个商场消费的原因。

三、研究与学习消费心理学的意义

对消费者心理与行为进行研究，是商品经济发展与消费者需求增加的产物。所以，加强对这一领域的研究与学习，具有多方面的意义。简而言之，个人层面，有助于学生提高观察分析顾客心理与行为的能力，掌握感知觉与消费心理的关系及相关参与者的心理特征，同时也有助于提高自身消费决策的水平；企业层面，有助于加强企业的经营管理并提高企业的服务水平，增强营销效果，满足消费者的消费需求，提高社会效益和经济效益；国家层面，有助于提高宏观经济决策水平。

1. 有助于消费者提高自身的决策水平

消费者的决策水平与消费者自身的心理素质有着直接的内在联系。消费者的个性特点、兴趣爱好、认知方法、价值观念等，都会在不同程度上对消费决策的内容和行为方式产生影响，进而影响消费活动的效果及消费者的生活质量。在现实生活中，消费者由于自身商品知识不足、认知水平偏差、消费观念陈旧、信息筛选能力低下等原因，造成决策失误、行为盲目、效果不佳，甚至利益受到损害的现象屡见不鲜。

🖥️ **知识点滴**

利用网络资源进一步了解消费心理学

在网络日益普及的今天，互联网是获得有关消费心理学资源的重要途径。下面向读者推荐几个相关的专业网站。

1．数据库网站

（1）中国知网：中国著名的学术期刊数据库，可用于查询大量与消费心理学有关的学术文献。

（2）ProQuest 数据库：国外著名学术期刊数据库，可在 ProQuest Psychology Journals 板块上查找与消费心理学相关的外文学术文献。

2．消费者相关网站

（1）全国 12315 平台：国家市场监督管理总局主办的重要网站，用户能够根据自己所在地或经营行为发生地，自主进行投诉、举报等。

（2）中国消费者网：涵盖了中国当今消费状况各方面的内容，包括各种消费新闻、消费调查和法律法规等。

（3）中国消费者协会官网：该网有一些消费方面的国际动态和法律法规。

（4）中国营销传播网：该网有大量的应用消费心理学的营销案例。

2．有助于加强企业经营管理，增加企业和产品的竞争力

在市场经济中，生产企业拥有生产经营的决策权，但只有按市场需要生产适销对路、符合消费潮流、适应消费者消费水平的产品，才能加快产品的销售，在市场竞争中占据优势，取得良好的经济效益和社会效益。因此，只有研究和应用消费心理学，以消费者的需求为依据设计、开发、生产产品，生产企业才能取得市场经营的主动权。

同时，商业企业的经营活动表现为商品购进、储存、销售等。如果能够在消费心理学的指导下，购进消费者需要的各类商品，按消费者心理改进销售现场布局、商品陈列、接待顾客的方式等，并按消费心理规律和特点开展促销、广告、宣传活动，就能加快销售、降低成本，实现更好的经济效益，增强企业的市场竞争力。

随着我国经济的发展、综合国力的提升及经济的全球化，将有越来越多的企业直接进入国际市场，加入国与国之间的竞争中。为增强我国产品在国际市场上的竞争力，产品在质量、性能、颜色、商标、价格、造型、图案等方面必须适应进口国家或地区消费者的需要、风俗习惯、道德观念和文化传统，只有如此，我们的企业和产品才能在激烈的国际市场竞争中立于不败之地。同时，国际贸易中的买卖双方都有一系列复杂的心理活动过程，研究和掌握消费心理，能够在商务谈判中准确地把握对方的心理，掌握主动权，提高谈判的成功率。

> **想一想**
>
> 根据自己的亲身经历，思考一下，研究和学习消费心理学有什么意义。

3．有助于提高宏观经济决策水平

在社会主义市场经济条件下，市场作为经济运行的中枢系统，是国民经济发展的晴雨表。处于买方地位的消费者，对市场的稳定运行，乃至对国民经济的协调发展具有举足轻重的作用。消费者心理与行为的变化会直接引起市场供求状况的改变，从而对整个国民经济产生连锁式的影响。它不仅影响市场中商品和货币的流通规模、流通速度及储备状况，而且对生产规模、生产周期、产品结构及劳动就业、交通运输、对外贸易、财政金融、旅游，乃至社会治安等各方面都会造成影响。

近年来的改革实践还表明，消费者心理是影响改革进程和国家宏观调控效果的重要因素。重视和顺应消费者心理，改革方案就能为广大消费者接受和支持，各种调控措施也能达到预期效果。相反，忽视或违背消费者心理，就有可能引起决策失误，导致宏观调控无力，甚至失灵。

📠 知识点滴

2023 年上半年全国消协组织受理投诉情况

中国消费者协会官网发布的《2023 年上半年全国消协组织受理投诉情况分析》显示，根据全国消协组织受理投诉情况统计，2023 年上半年，全国消协组织共受理消费者投诉 615365 件，解决 497142 件，投诉解决率为 80.79%，为消费者挽回经济损失 59064 万元。其中，因经营者有欺诈行为得到加倍赔偿的投诉 9782 件，加倍赔偿金额 336 万元。接待消费者来访和咨询 58 万人次。

全国消协组织受理消费者投诉热点问题主要涉及旅游出行、演出票务、教育培训、食品安全、家装建材等行业和领域。为促进打通消费堵点，消除消费痛点，解决消费难点，更好地提升消费者满意度和消费信心，让消费者能消费、敢消费、愿消费，该报告对有关热点问题进行了梳理分析并提出了相关建议。

四、消费者心理与消费者行为

目前研究消费者的诸多著作中，有的名为"消费心理学"或"消费者心理学"，有的名为"消费行为学"或"消费者行为学"。初学者会对其感到困惑，不知它们是同一门学科还是不同的学科。

实际上消费心理与消费行为之间的关系，就是心理和行为之间的关系。

人的心理描绘人的内部心理过程，它不具有任何形体，人们无法对它进行直接的观察与操作。而行为是由一系列反应动作和活动构成的，是可见的，比如，吃饭、购物、娱乐等行为。

行为不同于心理，但又和心理有着密切的联系。行为的刺激常常通过心理的中介而起作用。同一刺激可能引起不同的反应，不同刺激也可能引起相同的反应，其原因就在于人们总是以自己的主观精神世界去处理各种刺激，然后做出相应的行为反应。同时，心理也要通过行为才能得以表现。如果一个人没有表现在外的活动或行为，我们就无从了解他的心理。

行为在很大程度上是内部心理活动的外部表现，心理则是用来支配和调节行为的精神活动。心理和行为有着极为密切的对应关系，我们不仅可以根据所给予的刺激来预测心理现象，也可以根据一个人所表现出来的行为来推测其心理活动。因此，心理学家在研究心理现象时，往往要客观地观察和测量人的行为，并通过探讨心理和行为之间的关系，全面准确地理解人的心理活动及其规律。从这个意义上讲，心理学有时也被称为行为科学，消费心理学也就完全可以被称为消费者行为学。

可见，消费者心理与消费者行为有着密不可分的联系。但是在实际运用中，很多人愿意把二者区分开来。这可能是由于研究者的学术背景不同，使得他们有不同的倾向，也可能是由于他们认为二者的侧重点确有不同。一般来说，具有心理学背景的学者们更愿意称之为消费心理或消费者心理，而具有经济学或市场营销学背景的学者们更愿意称之为消费行为或消费者行为。当然，也有人认为消费心理与消费行为之间的差异主要在于二者的侧重点不同，前者更注重对消费者内部心理过程的研究，而后者主要对消费者外在的活动或行为感兴趣。事实上，无论强调哪个方面，我们都要对消费心理和消费行为进行综合考察。

归纳与提高

消费是指人们消耗物质资料和精神产品以满足生产和生活需要的过程。

消费心理学的研究对象是市场活动中消费者心理现象的产生原因、发展过程及变化规律，具体而言就是消费者获得信息、购买商品、获得商品价值等消费活动中的心理与行为过程。

方法是人们解决问题、实现预期目的的途径与手段。对消费心理进行研究，要根据研究任务的需要，选择适当的研究方法。常用的方法主要有观察法、实验法和调查法三种。

研究消费心理学有助于提高宏观经济决策水平，有助于加强企业经营管理，有助于消费者提高自身的决策水平，有助于增强企业和产品的国际竞争力，有助于提高服务水平。

综合练习题

一、概念识记

消费　消费者　消费心理学　观察法　实验法　调查法

二、单项选择题

1. 在商业经营活动过程中，通过观察消费者的外部表现（动作、行为、谈话）去了解其心理活动的方法是（　　）。

　　A. 实验法　　　　　B. 调查法　　　　　C. 观察法　　　　　D. 测验法

2. 有目的地严格控制或创设一定条件来引起某种心理现象并对其进行研究的方法是（　　）。

　　A. 实验法　　　　　B. 调查法　　　　　C. 观察法　　　　　D. 测验法

3. 在商业经营活动中，采取各种形式和手段获取有关材料，间接地了解消费者心理活动的方法是（　　）。

　　A. 实验法　　　　　B. 调查法　　　　　C. 观察法　　　　　D. 测验法

4.（　　）是人们消耗物质资料和精神产品以满足物质文化生活需要的过程。它既是人们生存和恢复精神、体力的必不可少的条件，又是保证社会再生产过程得以继续进行的前提。

　　A. 生产消费　　　B. 生活消费　　　　C. 物质消费　　　　D. 精神消费

5. 消费者消费行为的基础是（　　）。

　　A. 消费心理　　　B. 消费习惯　　　　C. 消费保障　　　　D. 消费文化

三、多项选择题

1. 研究消费心理学的意义有（　　）。

　　A. 有助于提高宏观经济决策水平　　　B. 有助于加强企业经营管理

　　C. 有助于消费者提高自身的决策水平　D. 有助于增强企业和产品的竞争力

2. 对消费心理与市场营销的双向关系的研究内容包括（　　）。

　　A. 影响消费心理的各种社会因素和自然因素

　　B. 产品设计如何适应消费心理

C．从心理学的角度开展企业营销中的公共关系活动

D．消费者对商品的认知过程，情绪、情感过程，意志过程

3．消费心理学的研究方法主要包括（ ）。

A．实验法 　　　B．调查法 　　　　C．观察法 　　　　D．测验法

四、简答题

1．什么是消费心理学？消费心理学的研究对象主要有哪些？

2．研究消费心理学主要有哪些方法？

3．结合实际，谈谈你对学习消费心理学重要意义的认识。

实 训 项 目

1．**实训目的**：了解调查法，熟悉身边的消费心理现象。

2．**实训内容**：以小组为单位，设计一份调查问卷，对学校内的不同专业及年级的同学进行调查。调查内容包括月生活费用、费用来源、费用分配、喜欢的消费场所、喜欢的品牌等。可以设置开放题目，如心理学在消费中的影响有哪些。

1. 外部感觉

外部感觉是指接受外部世界的刺激并反映其属性的感觉。这一类感觉包括视觉、听觉、嗅觉、味觉和皮肤感觉（肤觉）。我们生活的世界是一个五彩缤纷、不断变化的世界，光线给我们美丽的视觉色彩，音乐给我们美妙的声音享受，美味的食物时时散发着诱人的香味，四季分明的气候也使人们体会到春、夏、秋、冬的不同氛围。人的外部感觉就是客观世界的事物刺激人的感觉器官而使人产生的体验。

在人的各种感觉中，视觉是最重要的。原因在于：视觉是人获得信息的主要通道，它与人的日常生活关系密切，人对周围世界的了解主要依靠视觉，人所获得的信息中80%是由视觉产生的。因此，大量的广告都专注于给消费者以强有力的视觉冲击。

听觉的重要性仅次于视觉，大约有10%的信息是人们通过听觉器官来获得的。人际间的语言交流主要以听觉作为沟通渠道，因此听觉是人们第二重要的信息来源。厂商们制作的广告中的音乐、广告语，都会对消费者的听觉产生一定的冲击，使消费者能对企业与商品产生深刻的印象。

研究嗅觉具有重要的实践意义。目前，这一方面的研究成果已被广泛地应用于生产和生活。例如，在工厂的车间内释放一种芳香物质，可使人精神振奋，减轻疲劳，提高工作效率；在病房内放天竺花，其香味对病人有镇静作用，能使病人安然入睡；在剧院内吹送某种气味（如海水气味）会使人有身临其境的感受，增加剧情的感染力。

味觉是指食物在人的口腔内对味觉器官化学感受系统进行刺激从而产生的一种感觉。人类最基本的味觉包括甜、酸、苦、咸、鲜等。这些味觉感受直接影响着我们对食物的选择。在餐饮行业中，优质的食材和独特的烹饪技巧能带来令人愉悦的味觉体验，从而吸引更多的消费者。

即学即练

请同学们起立，手不要扶桌子，然后闭上双眼，抬起一只脚；一分钟之后睁开眼睛，重复刚才的动作。请回答前后两次动作的感觉是否不同。

肤觉在人的工作和生活中具有重要意义。肤觉不仅可以让人认识事物的空间特性，维持机体与环境的平衡，而且在人的视觉、听觉损伤后，它还起着重要的补偿作用，如许多盲、聋者是靠肤觉来认识世界的。消费者在进行购物时不仅仅要观其形、听其音、嗅其味，同时还想用皮肤去感受商品，如用皮肤感受衣物的触感、感受空调的制冷或制热的效果等。肤觉能带给消费者更加真实的感受，是体验营销的核心。它是现在网络销售最欠缺的一种感觉，也是线下销售最具竞争力的一个因素。

案　例

亮出你的品质：如何让消费者迅速感知

对一家提供高品质产品的公司来说，一个重要的问题在于如何让消费者迅速感知到产品的品质，虽然"路遥知马力，日久见人心"的老话没错，但是如果必须依靠时间的积淀才能打动消费者，恐怕在时下竞争激烈的商业环境中，未必能幸运地等到消费者明白的那一天。

所以，即使拥有高品质的产品，商家也要善于通过各种方式来充分表现。这是品牌营销大师马丁·林斯特龙在《感官品牌》一书中提出企业要善用感官来塑造品牌力的原因。马丁·林斯特龙分析了全球顶级品牌成功的共性：它们大多运用了感官品牌的营销手段，创造出全新的"五维"感官世界，利用视觉、听觉、味觉、肤觉、嗅觉等感觉让消费者对品牌保持忠诚度。在他看来，出众的外观或其他感官体验对产品的内在高品质能起到强烈的暗示作用，所以，成功的企业会有意识地强化消费者的感官体验。

丹麦顶级音响企业 Bang&Olufsen（B&O）用视觉形象传达产品特性，制造忠于它所传达的形象，并容易为人们所接受的先进科技产品。于是，这个音响产业里的"视觉系"公司，在产品材质上用铝材来替代木材，让人们能直观地认识到它的"铝表面处理技术"。圆锥形的扬声器和它厚重的底座，与能够减少地板和天花板回音、实现 360 度均匀散播的"声学透镜技术"联系了起来。这让消费者还没听到声音，就能从外观上感知到这款音响器材的独特之处。B&O 在触觉设计上同样十分用心，B&O 的遥控器有意做得沉重而结实，非常有手感。这种有意营造的"厚重感"也延伸到了 B&O 的所有产品线中，从电话话筒到一般追求轻盈的耳机产品都有体现。对于消费者"心理声学"的研究让 B&O 深知，视觉和触觉等感官体验一样能影响听觉体验。

启发思考

在购物网站搜索 B&O 公司的音响设备，再搜索其他同类音响设置，进行视觉对比，看是否有区别。利用自己的日常经验，举例分析感官在消费行为中发挥的作用。

2. 内部感觉

内部感觉是指接受机体内部的刺激并反映机体自身的运动与状态的感觉。这一类感觉包括运动觉、平衡觉和内脏感觉。

运动觉简称"动觉"，是指身体产生运动的时候引起的感觉，感受器位于肌肉、肌腱和关节中。

平衡觉是反映头部运动速率和方向的感觉，其感受器是耳内的前庭器官。消费者在购买运动器械产品和交通工具时，往往都会要求进行体验，比如买汽车时就会想亲自感受一下汽车在启动、增速、制动时产生的体感，商家也会主动为消费者提供体验的机会。

内脏感觉就是指人体内部脏器受到某些刺激因素的刺激时产生的体验与感觉，如饥饿、饱胀和渴的感觉都是内脏感觉。又如，临近中午时分，我们会感到饥饿；当吃了很多东西后，我们会感到饱胀；运动出汗后，我们会感到口渴。它们是人们机体内部器官组织中感觉器官的神经末梢产生变化的信号，提示人体内部出现了失常或不平衡，需要做必要的调整才能使机体恢复常态与平衡，如需要进食来消除饥饿，需要喝水来解除口渴，等等。

（二）感觉的基本现象

感觉有以下几种基本现象（或规律）。

1. 感受性与感觉阈限

感受性是指感觉器官对刺激物的主观感受能力，它是消费者对商品、广告、价格等消费刺激有无感觉、感觉强弱的重要衡量标准。感受性通常用感觉阈限的大小来度量。感觉阈限是指能引起某种感觉的、持续一定时间的刺激量，如一定强度和时间的光亮、色彩、声音等。消费者感受性的强弱，主要取决于刺激物的感觉阈限值的高低。一般来说，感觉阈限值越低，感受性就越强，二者成反比。

消费者的每一种感觉都有两种感受性，即绝对感受性和差别感受性。

在消费活动中，并不是任何刺激都能引起消费者的感觉。要想使消费者产生感觉，刺激物就必须达到一定的量。那种刚刚能够引起感觉的最小刺激量，称为绝对感觉阈限。对绝对感觉阈限或最小刺激量的觉察能力，就是绝对感受性，它是消费者感觉能力的下限。凡是没有达到绝对感觉阈限值的刺激物，都不能引起感觉，例如，电视广告的持续时间若少于 3 秒钟就不会引起消费者的视觉感受。因此，要使消费者形成对商品的感觉，必须了解他们对各种刺激的绝对感受性和绝对感觉阈限值，并使刺激物达到足够的量。

在刺激物引起感觉之后，如果刺激的数量发生变化，但变化极其微小，则不易被消费者察觉。只有变化达到一定程度时，才能引起人们新的感觉。例如，一种商品的价格上涨或下降 1%～2% 时，消费者可能不会察觉；但如果调幅在 10% 以上，则会立刻引起消费者的注意。心理学上把刚刚能够觉察的刺激物的最小差别量称为差别感觉阈限。

人们感觉最小差别量的能力称为差别感受性。差别感受性可以用差别感觉阈限来度量，二者在数值上成反比。德国生理学家韦伯发现，差别感觉的产生不取决于刺激变化的绝对数量，而是取决于变化的刺激量与原刺激量的比值。对于不同的感觉，这一比值是不同的：对于听觉的响度（在 1000 赫兹和 100 分贝时）而言，是 1/11；对于视觉明度（在 100 光量子时）而言，是 1/63；味觉中咸味（在每千克 3 克分子量时）的比值是 1/5；皮肤的重量感觉（在每平方毫米 5 克重时）的比值是 1/7。

这一规律清楚地解释了一个带有普遍性的消费心理现象，即各种商品因效用、价格等特性不同，而有不同的差别感觉阈限值，消费者也对其有不同的差别感受性。例如，一台电视机价格上调三五元乃至十几元，往往不会引起消费者的注意；一袋食盐若提价 5 角钱，可能很多消费者都会注意到。了解消费者对不同商品质量、数量、价格等方面的差别感受性，对合理调节消费刺激量，促进商品销售具有重要作用。

2. 感觉适应

感觉适应是指感受性由于刺激的持续作用或一系列刺激的连续作用而发生变化的现象。感觉适应可以引起感受性的提高，也可以引起感受性的降低。

各种感觉都存在适应现象，其中视觉适应最为人们所熟悉。当我们从阳光照射的室外走入电影院时，一开始除了屏幕什么也看不清，经过一段时间后，逐渐就能看清楚黑暗中的物体，这种现象叫作"暗适应"。暗适应是视觉感受性不断提高的现象，其间感受性可提高 20 万倍。当我们从暗处走到亮处时，开始时觉得光线耀眼，什么也看不清，但很快就能恢复正常视力，这种现象叫作"明适应"。明适应是视觉感受性迅速降低的过程。其他感觉也存在适应现象。"入芝兰之室，久而不闻其香；入鲍鱼之肆，久而不闻其臭"，讲的正是嗅觉的适应。吃第一口山楂时，觉得很酸，但继续吃下去感觉就没那么酸了，这是味觉的适应，等等。

感觉的适应具有重要意义，它使人在复杂多变的环境中也能生存得很好。但另一方面，人们在连续品尝十几种糖果之后，对甜味的感觉会变得迟钝；接连观看同一新款服装后，会失去新奇感。正是由于人的感觉具有适应性的特征，消费者对时新的商品最初有新鲜感，时间长了，接触多了，对这种商品也就习以为常了，就不会再感到它有什么吸引力了。显然，感觉适应对增强刺激效应，不断激发消费者的购买欲望是不利的。要改变这一现象，使消费者保持对消费刺激较强的感受性，就要求厂商们不断推出与目前市场上的商品不同的新商品，调整消费刺激的作用时间，经常变换刺激物的表现形式。使消费者产生新的感觉，激起消费者新的购买愿望，只有这样才能为企业创造新的商机。例如，商家每间隔一定时间就播放一次同一内容的广告，不断变换商品的包装、款式、色调及商品在店内的摆放样式。

3. 感觉对比

感觉对比是指同一感觉器官接受不同的刺激而使感受性发生变化的现象。感觉对比可分为同时对比和继时对比。

同时对比是由于几种刺激物同时作用于同一感觉器官而产生的，这在视觉中最为常见。例如，同一个灰色方形，放在白色背景上会显得暗些，放在黑色背景上则会显得亮些；同一个灰色圆环，放在红色背景上显得带绿色，放在黄色背景上显得带蓝色。

继时对比是由于不同的刺激物先后作用于同一感觉器官而产生的对比现象。例如，吃过糖后再吃西瓜，会感觉不到西瓜的甜味；喝了苦的中药后再喝白开水也会觉得有甜味；身穿沙袋背心跑步，脱掉后会感觉特别轻快；这些都是继时对比产生的结果。

研究感觉对比现象在生活实践中有重要意义。例如，工艺设计要利用色彩的对比，厨师在上菜时要讲究先后次序，等等。

探究活动

感觉的运用

如果你是饭店的厨师或者服务员，当顾客点好餐后，你应该如何安排上菜（菜品包括凉菜、汤羹、肉类）的顺序？有没有具体原则？

4. 联觉

在生活中，同一种刺激可以引起几种不同的感觉体验。这种在产生一种感觉时，同时引起另一种不同性质感觉的现象，称为联觉。

视觉中的颜色视觉（色觉）最容易产生联觉。色觉可以引起温度觉，如红、橙、黄等颜色给人以温暖的感觉，因此被称为"暖色"；青、蓝、紫等颜色给人以寒冷的感觉，因此被称为"冷色"。色觉也可以引起距离的感觉，红、橙、黄等颜色给人以向前方突出的感觉，能让人产生接近感，因而被称为"进色"；蓝、青、绿等颜色给人以向后方退去的感觉，能让人产生深远感，因而被称为"退色"。色觉还可以引起轻重觉，如家具选用淡而鲜艳的颜色，会给人以轻巧感；选用深而浓暗的颜色，则会给人以沉重感。

研究联觉具有重要的实用价值，联觉规律已在建筑、装潢、广告、医疗等领域被广泛地应用。例如，在住房装修中，人们可根据房间大小的不同来采用不同的色调。暖色有使视觉膨胀的作用，能让人产生接近感；冷色则使视觉收缩，能让人产生深远感。所以，要使宽大的房间在感觉上变小些，可选择暖色；要使狭小的房间在感觉上变大些，可选择冷色。再如，医院病房会根据病人不同的病情而采用不同的色彩：蓝色对高烧患者有好处，黄色和橙色有助于刺激胃口，紫色可以稳定孕妇的情绪。

巧妙运用联觉原理，可以有效地对消费者行为进行调节和引导。有研究表明，气味可以通过情感中心的直接通道对人的态度和行为产生强烈影响。英国一家公司根据这个原理，专门为商店提供可以给人带来宁静感的气味，以便诱使顾客延长停留时间，产生购买欲望。

探究活动

观看一部恐怖电影的片段：第一阶段，在观看时关闭声音，只观看影像和字幕；第二阶段，观看影片时将声音调至正常音量。在观看时体会自己的恐惧情绪的程度，并分析产生不同程度恐惧情绪的原因。

5. 不同感觉的相互代偿

人的某种感觉受损或缺失后，其他感觉的感受性会增强而起到部分弥补作用，这种现象称为不同感觉的相互代偿。例如，盲人没有视觉，但其听觉常十分敏锐，他们可以通过拐杖敲击地面的回声来判别附近的障碍物；聋人丧失听觉之后，视觉则通常会变得更敏锐。

人的各种不同感觉的相互代偿说明人的感受性可以在生活实践中得到提高和发展，特别是通过职业活动和某些特殊训练，能提高到常人难以达到的水平。

6. 不同感觉的相互作用

日常生活中，人们常常利用多种感觉接受环境的信息，不同感觉之间会相互作用。不同感觉相互作用的一般规律是：对某一感觉器官的微弱刺激，能提高其他感觉器官的感受性，强烈的刺激则降低其他感觉器官的感受性。人的感觉器官常常是相互联系、相互影响与制约的。感觉器官作用的发挥常常会出现此强彼弱的现象。例如，在微光刺激下，听觉的感受性提高；在强光刺激下，听觉的感受性则降低。

利用感觉的相互作用规律，企业或商家可以通过改善购物环境来适应消费者的主观状态。它经常被应用于绘画、花布设计、建筑设计及环境布置中。

案 例

宜家的体验式营销

体验式营销虽然在 20 世纪 70 年代已经被提出，但直到 20 世纪末才形成一种理论，宜家是践行这一理论较早的企业之一。如今，体验式营销已广为流行。

宜家最大的营销特点，就是它所有的策略都围绕一点在运转——带给消费者心动的体验，即采取体验式营销。宜家根据自身商品的特性，抓住线上销售所不具备的体验性，强化体验式营销的方法，不仅为自己创造了不错的营业额，还以其独特之处而为人津津乐道。

利用视觉影响，就是利用场景影响法。宜家的营销其实从你准备进入店门的那一刻就已经开始了：你会注意到那个简洁而醒目的标志。

利用感受带来的影响，其实就是利用体验影响法！宜家的营销方式还有一个非常显著的特点，就是体验感受第一。在宜家，所有能坐的商品，消费者都能亲自坐上去感受一下；所有能够触碰的商品，都可以拿起来好好地端详；可以打开抽屉，可以在地毯上走走。宜家还特别地鼓励消费者："坐上去感受一下吧，看看它有多舒服！"

启发思考

体验式营销的优势是什么？

二、消费者的知觉

知觉是人脑对直接作用于感官的客观事物的整体属性的反映。感觉和知觉都是当前事物在人脑中的反映，但感觉是对对象个别属性（如颜色、气味、形状）的反映，知觉则是对对象整体属性的反映。感觉告诉你细节，比如某款电视机机身很大、声音保真度高、颜色柔和，而知觉告诉你整体——这款电视机很好，符合自己的要求。

在实际生活中，孤立的感觉很少出现，人都是以知觉的形式直接反映事物的，感觉只是作为知觉的组成部分存在于知觉之中。

（一）错觉

人对客观现实的反映并不总是正确的，有时是错误的，这便是错觉。错觉是在特定条件下产生的对事物的不正确的知觉。

在一定条件下，由于受主、客观因素的影响，人在感知事物的时候，会产生各种错觉，如大小错觉、图形错觉、空间错觉、时间错觉、方位错觉等，其中最为常见的是视觉方面的错觉。当视觉获得的信息与其他感觉获得的信息相矛盾时，人们更相信视觉的信息，即"眼见为实"。例如，我们把一双筷子斜着放入盛满水的碗中，会发现水中的筷子发生弯折了，虽然我们竭力去想筷子应该是直的，但是很难做到不相信自己的眼睛。

📠 知识点滴

视错觉

视错觉是视觉对图形、大小、方向等产生的错误的认识。下面是一些经典的视错觉图片。

在图 2.2 中，你感觉每对图形中的横线是否一样长？在图 2.3 中，你认为圆形中的图形是正方形吗？在图 2.4 中，两幅图中间的圆形是否一样大呢？

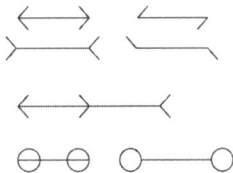

图 2.2　缪勒-莱耶错觉　　　　图 2.3　爱因斯坦错觉　　　　图 2.4　艾宾浩斯错觉

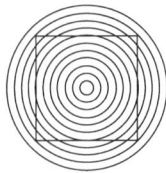

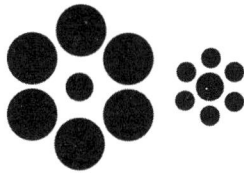

研究错觉现象有着重要的理论和实践意义。研究错觉有助于揭示人们如何正常知觉客观世界，使人更全面地了解人的知觉产生的条件、过程和特点。研究错觉还可以使人在实践活动中消除错觉的不利影响，避免事故的发生。例如，飞行员在海上飞行时，由于海天一色，容易产生"倒飞"错觉，弄不好会引起严重的飞行事故。在训练时，飞行员就必须加强辨别各种信号的训练。错觉还可以用于化妆和服饰方面：白色具有扩散作用，黑色具有收缩作用，因此瘦小的人穿白色衣服看上去会让人感到丰满些。同样，矮小的人不宜穿又长又阔的大衣，肥胖的人不宜穿横线条的衣服。

▶ **微视频**

有趣的视错觉

（二）知觉的基本规律

图 2.5　知觉的选择性

人的知觉过程是一个有组织、有规律的心理活动过程，这些规律（或现象）主要表现为知觉的选择性、知觉的整体性、知觉的理解性和知觉的恒常性，它们保证了人们对客观事物的认识。

1. 知觉的选择性

知觉的选择性表现为从背景中区分出对象并使对象得以清晰反映的过程。在观看图 2.5 时，有人会将浅色作为背景而知觉到深色的鸟类，也有人会将黑色作为背景而知觉到浅色的鸟类。

在市场上，同一时刻会有大量的事物作用于消费者的感觉器官，消费者的知觉不可能同时反映所有事物，只能对其中的某些事物有清晰的反映，其余事物则成为知觉的背景，变得模糊起来，这就是知觉的选择性。知觉的选择性表现在消费者能从众多的商品中把自己所需要的商品区分出来，或者在同一种商品的众多特性中，优先注意到某种特性。它在消费者感知商品的过程中发挥着"过滤"作用，使消费者的注意力集中指向感兴趣的或需要的商品及其某些特性上。

有研究表明，平均每天显现在消费者眼前的广告信息多达 1500 条，但被感知的广告只有 75 条左右，产生实际效果的则只有 12 条左右。因此，如果消费对象能具有形体高大、刺激强度高、对比强烈、重复运动、新奇独特、与背景反差明显等特点，往往更容易首先引起消费者的知觉选择。

案 例

血色母爱的故事

一对母女去雪山滑雪，租滑板时，工作人员曾劝这对母女将她们的一身白衣服换下，但母女俩并未听从。不幸降临了，滑雪时，她们遇到了雪崩，母女俩艰难地走着，飞机几次从她们头顶飞过，但她们无论怎么挥手都无济于事，这时她们才后悔没听工作人员的劝阻。最后，母女俩累得倒下了，看着女儿昏昏欲睡，母亲知道是该做决定的时候了……女儿醒后发现自己躺在医院，着急地寻找母亲，医护人员含泪告诉她，母亲为了救她，割破了手腕，用鲜血在雪地上写下了"SOS"。

启发思考

为什么滑雪时不能穿白色或者浅色系衣服？你是否还能举出生活中知觉具有选择性的例子？

消费者自身的需要、欲望、态度、偏好、价值观念、情绪、个性等，对知觉选择也有直接影响。凡是符合消费者需要、欲望的刺激物，往往会成为首先选择的知觉对象；而与需要无关的事物则经常被忽略。当消费者对某种商品抱有明显好感时，便很容易在众多商品中迅速感知到它；反之，对不喜欢甚至持否定态度的商品，则感知速度缓慢。从情绪状态角度看，一般在快乐的心境下，人们对消费刺激的反应灵敏、感知深刻；心情苦闷时，则可能对周围的事物"听而不闻，视而不见"。价值观念的差异使消费者对同一商品表现出不同的知觉反应，注重物质享受的人对奢侈品、消遣品感知深刻，崇尚节俭的人则可能对此印象模糊。

知觉的选择性有助于消费者确定购买目标。随着科学技术的不断发展，市场上的商品日趋丰富，消费者所接触的信息量不断增加，这些都加大了消费者做出购买决策的难度。而知觉的选择性可使消费者在众多的信息和商品中快速找到符合自己既定购买目标的信息和商品，同时排除那些与既定购买目标不相符的信息和商品。

2. 知觉的整体性

人在知觉时，并不是孤立地反映知觉对象的个别属性，而是能够根据知识、经验把知觉作为一个整体，反映事物的整体属性，这就是知觉的整体性。图 2.6 虽然是一些不连续的线或者点，但

图 2.6 知觉的整体性

是人们在观看时往往会将其知觉为一个整体：小孩与狗。

其反映在消费者的购买行为上，就是消费者总是把商品的质量、价格、款式、商标、包装等综合在一起，形成对商品的整体印象。知觉的整体性对于人们快速识别客观事物具有重要意义。万事万物都处于千变万化之中，如果因为客观事物发生了一定的变化，我们就不能识别了，那就会给我们的生活带来许多困难。因此，我们在认识客观事物时，只要抓住了主要特征就可以对其得出整体性的认知，从而可以节省时间和精力。根据知觉整体性这一特点，在广告设计中，应把着眼点放在与商品有关的整体上，使消费者获得充足的信息，形成一个整体的、协调的商品形象。

3. 知觉的理解性

知觉的理解性可反映已有的知识经验和语言对知觉的影响。人在知觉过程中，总是以已有的知识经验为依据，对知觉对象做出某种解释，使它具有一定的意义，并用词汇来标识它，从不同方面对它加以理解，如对一支从未见过的钢笔的知觉。由于人们具有钢笔的一般形状、结构、用途等方面的知识与经验，因此在看到这支钢笔时，不仅能够看到它是什么样子的，还知道它是写字的工具，并且能用"钢笔"一词来标识它。这就是知觉的理解性。

理解在知觉中具有重要作用，它是正确知觉的必要条件。在知觉一个事物的时候，与这个事物有关的知识经验越丰富，对该事物的知觉、认识就越深刻、越准确，速度就越快。有丰富购买经验的消费者在挑选商品的时候，要比一般消费者知觉得更快、更细致和更全面。

语言的指导在知觉中也发挥了强大的作用。在环境复杂、对象的外部标志不明显的情况下，语言可以唤起人们的经验，帮助人们理解，甚至会使人们产生"原来是这么回事"的顿悟感觉。

> **想一想**
>
> 回忆"望梅止渴"这个故事，思考：如果士兵没有吃过梅子，曹操的计策能够成功吗？

人们对事物的知觉也会受文化的影响。例如，沙漠地区阿拉伯国家的人喜欢绿色，因为绿色代表绿洲、代表生命；我国人民则喜欢红色，认为红色代表吉庆。牛在我国仅是一般的动物，但在印度是神圣之物。

利用知觉的理解性可以提高广告宣传效果。根据知觉的理解性这一特点，企业在向消费者提供信息时，要在广告中强调销售对象的特性，必须使信息传达的方式、方法、内容、数量与信息接收者的文化水准和理解能力相吻合，以保证信息被迅速、准确地理解。

4. 知觉的恒常性

当知觉的客观条件在一定范围内发生变化时，人对知觉对象的映像仍在相当的程度上保持着稳定性，这就是知觉的恒常性。

知觉的恒常性有助于人们全面、真实、稳定地反映客观世界，使人们能够更好地适应环境。知觉的恒常性反映在消费者的购买行为上，就是消费者能够避免外部因素的干扰，在复杂多变的市场环境中，仍然可以根据以前购买商品后的使用经验来辨别眼前的商品。例如，某种长期受消费者欢迎的名牌商品，虽然在包装材料上做了些许改变，或增加了一些新的附加价值，但消费者仍然能对其进行正确的感知。当然知觉的恒常性也可能会阻碍新商品的推广，这时企业可以通过名牌商品带动其他商品的销售，或通过畅销的老商品带动新商品的销售。

三、消费者的注意

注意是心理活动对一定对象的指向和集中。指向性和集中性是注意的两个基本特性。指向性是指心理活动有选择地反映一定对象，而忽略了其他的对象；集中性是指心理活动停留在被选择对象上的程度，是强度方面的特征。有人曾经做过一个实验，发现当一名家庭主妇去超市购物时，在超市门口看到熟人会热情地与他们打招呼；当她进入超市后全神贯注地盯着货架上的商品时，几位熟悉的朋友从她面前走过，她却全然不知。注意的指向性与集中性能调整人的行为，使其与被注意的事物紧紧地联系起来。

与认知过程的其他心理机能不同的是，注意本身不是一个独立的心理过程，它是伴随着感觉、知觉、记忆、思维等心理活动所产生的心理现象，它能够使人对客观事物产生清晰的认识与反映。一般来说，注意在心理活动的一开始就有了，而且伴随整个心理活动过程，它能够保持心理活动的指向，使之不断深入。

📖 知识点滴

纯暴露理论

社会心理学家扎乔尼克在 1968 年提出了一种经验性的观点：人们会因为简单的接触就对接触物产生偏好，甚至在人们还没有对接触的信息进行认知加工时也是如此。在一项研究中，扎乔尼克及其合作者让被试观看一系列多边形图形，然后又将图形成对地呈现给他们，问他们哪一个已看过，哪一个他们比较喜欢。结果发现，即使看过的与没看过的再认成绩没有差别，被试也还是比较喜欢他们看过的图形。有趣的是，被试口头报告的他们做选择的原因都与是否看过无关，而是与诸如形状是否吸引人有关。

消费者在认知商品的过程中，往往表现出不同的注意倾向。有的漫无目的，有的目标专一；有时主动注意，有时被动注意。

根据消费者的注意有无目的及是否需要意志努力，我们可以将注意分为无意注意、有意注意、有意后注意等三种形式。

1. 无意注意

无意注意又称不随意注意，是指事先没有预定目的、不需要意志努力的注意。

消费者在无目的地浏览、观光时，经常会在无意之中不由自主地对某些消费刺激产生注意。刺激物的强度、对比度、活动性、新异性等，是影响无意注意的主要因素。例如，包装色彩鲜艳的商品、散发诱人香味的食物、形体巨大的广告、与背景反差明显的商品陈列、不停旋转的电动器具、闪烁变换的霓虹灯、造型或功能奇特的新商品等，都会因其本身的独有特征形成较强的刺激信号，引起消费者的无意注意。此外，消费者的需要和兴趣、精神状态、已有的知识和经验等，也是无意注意的重要诱发条件。

案　例

据传，中国某品牌白酒能够在 1915 年巴拿马国际博览会上获奖，就是对注意规律恰当运用的结果。博览会初始，用土陶罐盛装的酒无人问津。展会即将结束时，该酒的一位代表心生一计，佯装失手摔坏了一罐酒，顿时酒香四溢，评委们一下子被吸引住了，反复品尝后评委们一致认定此酒是最好的白酒。

启发思考

该酒代表使用的方法引起了评委们的哪种注意？除了本书列举的内容，你还能列举哪些生活中利用这种注意的情景？

2. 有意注意

有意注意又称随意注意，是指有预定目的、需要一定意志努力的注意。

在有意注意的情况下，消费者需要在意志的控制之下，主动把注意力集中起来，直接指向特定的消费对象。因此，有意注意通常发生在需求欲望强烈、购买目标明确的场合。例如，急需购买某品牌电视机的消费者，会刻意寻找、收集有关信息并在众多的同类商品中，把注意力直接集中于期望的品牌上。这期间消费者需要付出意志努力，避免其他信息的干扰，采取积极主动的态度，克服各种困难和障碍。与无意注意相比，有意注意是一种更高级的注意形态。通过有意注意，消费者可以迅速地感知所需商品，准确地做出分析判断，从而缩短对商品的认知过程，提高购买效率。

3. 有意后注意

有意后注意又称随意后注意，是指有预定目的但不经意志努力就能维持的注意。

有意后注意是在有意注意的基础上产生的。消费者对消费对象有意注意一段时间后，逐渐对该对象产生了兴趣，即使不进行意志努力，仍能保持注意，此时便进入有意后注意状态。在观看趣味性、娱乐性广告或时装表演时，人们就经常会出现有意后注意现象。这种注意形式可使消费者不致因过度疲劳而发生注意力转移，并使注意保持相对稳定和持久。但有意后注意通常只发生在消费者感兴趣的对象和活动上。

四、消费者的记忆

关于记忆的定义，至少有三种观点值得介绍。传统心理学认为，记忆是在大脑中积累和保存个体经验的心理过程，即记忆是经验的获得、保存与恢复应用；生理心理学认为，记忆是条件反射（暂时神经联系）的形成、巩固与重新活动；现代信息加工理论认为，记忆是人对外界输入的信息进行编码、存储和提取的过程。生活中我们会发现，人们对感知过的事物、思考过的问题、体验过的情感或做过的动作、从事过的活动都会有不同程度的印象，有的印象能保留相当长的时间，甚至终生不忘，这种现象就是记忆。

📠 知识点滴

美国宾夕法尼亚大学心理学家迈克尔·卡哈纳（Michael Kahana）与他的团队经过研究发现，利用机器学习算法，算准时间向特定脑区进行电脉冲刺激，可使人的记忆力提升 15%。

该研究计划由美国国防部资助，目标是开发能"修复自主记忆"的神经系统，帮助因脑损伤而产生记忆障碍的病人。经过四年的研究，其结果逐渐接近目标，即开发可植入式脑神经调节系统。研究人员相信，这种刺激疗法或可用于协助治疗脑损伤及阿尔茨海默病患者。

（一）记忆的分类

我们可以从不同角度对记忆进行分类，下面是三种有关记忆的分类。

1. 根据记忆的内容来划分

根据记忆的内容来划分，记忆分为形象记忆、语词逻辑记忆、情绪记忆和运动记忆。

形象记忆是以过去感知过的事物的具体形象为内容的记忆，它保存事物的感性特征，具有显著的直观性。例如，我们观看了服装展览后，能够记住服装的样式和颜色，这便是视觉形象记忆；听过某歌手的歌以后，能够记住其优美的歌声，这便是听觉形象记忆。

语词逻辑记忆是以语词所概括的逻辑思维过程（结果）为内容的记忆，即以概念、判断、推理为内容的记忆。消费者对某种商品的制作原理、广告宣传等方面的记忆就是语词逻辑记忆。语词逻辑记忆是个体保存经验最简便的形式，它的内容无论在数量上还是抽象程度上都超过了形象记忆。

情绪记忆是以个体经历过的情绪或情感为内容的记忆。如消费者对以往购物受到营业员热情接待时喜悦心情的记忆就是情绪记忆。情绪记忆往往是一次形成经久不忘的，从而常成为人们当前活动的驱动力和价值判断的依据。

运动记忆是以人们做过的动作或运动为内容的记忆，如书写、走路、骑车、劳动操作和习惯动作记忆。运动记忆在初次形成时比较困难，但是一经掌握，则容易保持、恢复且不易遗忘。运动记忆是人们掌握和改进生活劳动技能的基础。

2. 根据记忆有无目的和方法来划分

根据记忆有无目的和方法来划分，记忆分为无意记忆和有意记忆。

无意记忆是指没有预定目的、不用专门的方法、自然而然产生的记忆。人们大量的生活、工作经验与行为方式都是通过它积累起来的。

有意记忆是指有明确的记忆目的、采取了相应的记忆方法，在意志努力的积极参与下产生的记忆。它是人们获得系统知识、完成特定任务、积累个体经验的主要记忆形式。

消费者通过无意记忆了解商品的有关信息后，如准备购买某种商品，就会进入有意记忆阶段。一般而言，消费者进入有意记忆阶段即成为现实消费者或潜在消费者。经销商、制造商要特别重视已进入有意记忆阶段的消费者，要通过商品展示会、商品使用说明会等向消费者灌输更多、更全面的商品信息，以帮助消费者做出购买决定。

3. 根据记忆过程的信息加工和保持时间的长短来划分

根据记忆过程的信息加工和保持时间的长短来划分，记忆分为瞬时记忆（感觉记忆）、短时记忆和长时记忆。

人们在过去研究的主要是单一的长时记忆，第二次世界大战以后，心理学家提出了不同记忆类型，其中影响最大并被普遍认可的是记忆的三级加工模型。这种观点认为，外界信息进入记忆系统以后，会经历瞬时记忆、短时记忆、长时记忆三个阶段。

心理学家认为，凡人的感觉器官接触到的信息，都能得到暂时的保存，表现为当客观刺激停止作用后，感觉信息在一个很短的时间内仍然能按感觉输入的原样得以保持，我们把这种记忆叫作瞬时记忆或感觉记忆，它是记忆系统的开始阶段。瞬时记忆储存信息的方式具有鲜明的形象性，而且容量较大，但是转瞬即逝，储存时间为 0.25～2 秒。例如，一个 8 位数的电话号码，通常人们都要借助于笔记本将它记下来，除非经常使用，否则它不易被记住。广告语字数不能太多就是遵循了这个原理。

如果感觉信息进一步受到注意，则有一部分会被重新编码，进入短时记忆。短时记忆可以被看作一个工作系统或是信息从瞬时记忆进入长时记忆的加工器，保持时间为 5 秒到 1 分钟，一般在 15～30 秒。例如，查询电话号码后的打电话、翻译、计算等活动，只有依靠短时记忆的有效参与才能有效进行。消费者随见即买的商品只需要有短时记忆就可以了。但短时记忆的直接记忆容量相当有限，为 7±2 个组块或单位，保持的时间也极短。

长时记忆是指信息经过充分的、有一定深度的加工后，在头脑中长时间保留的记忆。它的保存时间长，从 1 分钟以上到许多年不等，甚至终生难忘。其容量没有限度，它存储着我们关于世界的一切知识，使我们的过去、现在和将来连成了一个整体。其信息大部分源于对短时记忆内容的加工，但也有印象深刻、一次完成的。

消费者对企业与商品信息的记忆时间愈长，对厂商愈有利。一旦消费者需要某些商品时便会想到某品牌、某商店，便可能去这家商店购买这个品牌的商品。长时记忆常常是由消费者自觉或不自觉地对短时记忆进行重复强化形成的。信息不断地重复出现，使人们大脑皮层的痕迹不断加深而形成了长时记忆。因此如前所述，消费者如果有更多的机会来重温企业与商品的信息，就能形成长时记忆。

（二）记忆的过程及规律

记忆是一个过程，它是在一定的时间内展开的，可以区分为前后联系的一些阶段。记忆的过程主要包括识记、保持和遗忘、再现等三个环节，任何外界信息只有经过这些过程，才能成为个体可以保持和利用的经验。

1. 识记

识记（编码）是识别和记住的意思，指人们为了获得对客观事物的深刻印象而反复感知的过程，它是记忆的前提，是记忆的开始阶段。在购买活动中，识记常常表现为消费者反复察看商品，多方了解商品的信息，以加强对商品的印象。

前面讲到的有意记忆和无意记忆主要就是指识记过程的两种不同方式，也可以称为有意识记和无意识记。日常生活中，我们看到有意识记的效果明显优于无意识记的效果。有意识记可使人们的全部心理活动指向一个任务，提高效率。消费者要善于把无意识记的内容、对象转化为有意识记，借助相关媒介，如报纸、网络、他人经验等，使自己拥有较为全面、系统的商品信息，经过分析、综合考虑，做出较为科学的消费决策。

2. 保持和遗忘

（1）保持。保持就是保存和巩固已识记的知识和经验，使之较长时间地保留在人脑中的过程，即消费者把识记过程中了解到的有关商品的各种信息作为经验储存在头脑中的过程。

（2）遗忘。记忆的内容不能保持或提取有困难就是遗忘。所以遗忘是与保持相反的一种记忆过程，它主要是信息没有得到复述或深层次的加工而造成的。

知识点滴

艾宾浩斯记忆遗忘曲线

德国心理学家艾宾浩斯最早采用量化方法对保持和遗忘进行了实验研究。他将无意义音节（由若干音节字母组成，能够读出，但无内容意义，即不是词的音节）作为记忆材料，用节省法计算保持和遗忘的数量，并根据实验结果绘成描述遗忘进程的曲线，即著名的艾宾浩斯记忆遗忘曲线，如图 2.7 所示。他发现，遗忘在学习之后就立即开始，而且遗忘的进程并不是均匀的，在识记的最初阶段遗忘很快，以后逐渐变慢，到了一定的时间，几乎就不再遗忘了，也就

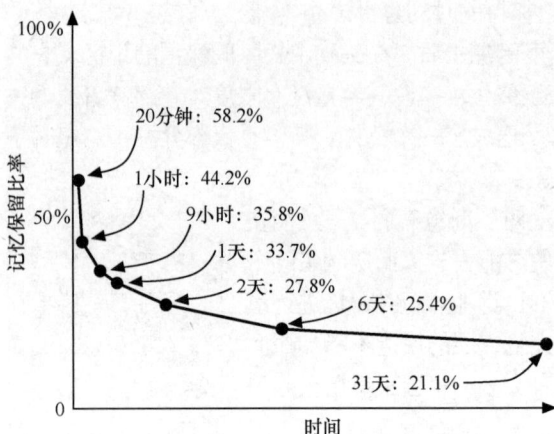

图2.7　艾宾浩斯记忆遗忘曲线

是说遗忘的发展是"先快后慢"的。

专家的多项研究表明：遗忘的进程不仅受时间因素制约，也受其他因素的制约。

识记材料的意义和作用对遗忘进程有很大影响，最容易遗忘的是对识记者来说没有重要意义的、缺乏兴趣的、不符合需要的、在工作和学习中不占主要地位的那些材料。商业广告、商品推广要注意发现、推广该商品的社会、经济和文化价值，以引起消费者的关注并保持记忆。

识记材料的性质对遗忘进程的影响较大。一般来说，人们对熟练的动作遗忘得慢，对有意义的材料遗忘得慢。商业广告的广告语要尽量使用对受众而言有意义、有价值的词语或句子，以便受众识记、保持、避免遗忘。

识记材料的数量对于记忆效果有很大影响。材料越多，所需的阅读时间就越长。商业广告要使受众保持对广告内容的记忆，就应尽量使用简洁的语言，突出特色，避免"多多益善"。

学习程度对遗忘进程也有一定影响。过度学习有利于对识记材料的记忆保持。一般地，将学习一种知识没有达到可以一次性完全背诵的标准的，称为低度学习；将达到可以一次性完全背诵的标准后仍然继续学习的，称为过度学习。实验证明，低度学习容易遗忘，而过度学习比恰能背诵的记忆效果要好一些。当然过度学习有一定限度，花费在过度学习上的时间太多，会造成精力与时间的浪费。一般而言，50%的过度学习效果最好。所以广告在进行产品推广时应注意推广的密度和强度。

识记材料的系列位置也影响着人们的记忆。人们发现，在回忆识记材料时，回忆的顺序有一定的规律性。在一项实验中，实验者要求被试学习由一系列单词组成的词汇表，并在学习后要求他们进行回忆，回忆时可以不按原来的先后顺序。结果发现，最后呈现的词汇被最先回忆起来（近因效应），其次被回忆起来的是最先呈现的词汇（首因效应），而被遗忘最多的是受到前后干扰的中间部分。识记材料的系列位置会对记忆效果产生影响，这就是系列位置效应。它对商业广告播出时段、播出位置的选择，对商业展示会与推广会中商家、厂家位置的选择具有重要意义。就商业广告而言，广告载体相同，广告时长相同，播出时段不同，产生的效果也会不同。商家（厂家）首选的播出时段应是开始的时候，其次是结束的时候，选择中间时段应慎重。商业展示会与推广会中商家、厂家位置的选择也应遵循上述原理。

知识点滴

重复性广告传播效果调查

重复性广告，是指一则广告作品通过某特定载体每轮重复多次、连续推出的一种广告形式。

电视重复性广告具有两种不同的表现形态，一种是广告语的重复，如连续三次重播的"恒源祥，羊羊羊"的广告；一种是广告画面或广告镜头、广告内容的重复，如"脑白金"广告等。

至于选择在不同时段、不同频道、不同媒体推出的同一广告，则不属于重复性广告的范畴。受众喜欢这种广告形式吗？广告商为何为之呢？

2010 年有研究人员对此做了一项调查，这项调查主要以脑白金、恒源祥十二生肖广告等具有代表性的几则广告为调查对象，分别从认知层面、态度层面和行为层面等几个方面展开调查。该调查采用问卷调查的方式进行，为了保证数据的严谨，在同一时间分别对全国几大省份、不同年龄段的人群做了详细的调查。

调查结果显示，虽然恒源祥、脑白金等广告的认知率较高，但在态度方面，则是毁誉参半的。这说明，在调动受众的兴趣上，重复性广告最多只完成了一半的计划，还有大约一半的受众无法对其产生兴趣，更别谈调动其购买欲望了。空有较高的认知率而不能促进销售，并不是广告商愿意看到的结果。

相关调查结果显示，33.8%的受众从未购买过重复性广告的产品，这说明受众在由态度向行为转变方面仍有一定差距，促销方面的力度应该加大。这更加说明了精准的产品定位和恰当的广告战略的重要性。要知道，记住不等于购买。

相关调查结果显示，39.7%的受众认为广告词重复两次最佳，恒源祥广告的重复度显然超出了受众能够接受的范围。恒源祥可以将每轮三次的重复降为每轮两次，将同一声音的重复变成不同声音的重复，将单一画面变成多样的画面。

（资料来源：《青年记者》）

3. 再现

再现是记忆过程的最后一个阶段，记忆好坏是通过再现表现出来的。它有两种基本形式，即再认和回忆。

再认是指经历过的事物再度出现时，人们能把它认出来的过程。例如，消费者通过广告了解的商品在商店里出现时，消费者能把它认出来，就是通过再认实现的。

回忆是过去经历过的事物的形象或概念在人们的头脑中重新出现的过程。例如考试中的填空、问答题等。又如消费者选购商品时，常常回想过去购买使用类似商品的体会、经验，通过比较，验证自己对商品的认识正确与否。根据是否有预定的目的或任务，回忆分为有意回忆（随意回忆）和无意回忆（不随意回忆）。有意回忆是指有预定的目的或任务，自觉地追忆以往的某些经验。例如，某消费者准备购买一套住房，他就会调动大脑中所有的信息（过去的经验），综合分析准备购买房屋的地点、结构、价位等要素，做出科学的购买决策。这时，回忆这种心理现象就发挥着重要的作用。

五、消费者的想象与思维

（一）想象

想象是对已有表象进行加工改造而创造出新形象的过程。所想形象具有直观性和创造性是想象的基本特点。

想象为思维提供了广阔的天空，但想象并非远离现实的幻想、空想，它是以一定的现实客观条件为基础的心理活动。消费者的想象为企业开发新产品、开设新服务项目提供了创意和机会。我们提倡企业开动思想机器，想消费者所想，这样才能发现消费者未被满足的需求，按消费者的需求去开发新产品。如此，消费者的想象就能变成现实，企业就能获得良好的经济效益。

根据新颖程度和形成方式的不同，想象分为再造想象和创造想象。

（1）再造想象。再造想象是根据语言的描述或图样的示意，在头脑中形成与之相符或相仿的新形象的过程。例如，消费者在未见某商品之前，可在头脑中按照说明介绍想象出其形象与结构。营业员的工作需要一定的想象力，优秀的营业员应该想象出哪种商品更适合所接待的消费者。

（2）创造想象。创造想象是根据一定的目的或任务，不依据现成的描述而独立地创造出新形象的过程。作家的新作品、设计师的新设计及科学家的新发明，都是创造想象的产物。与再造想象相比，创造想象具有独创性和新颖性的特点。人们在日常生活中常常伴随着各种想象。例如，人们想象有一个自动化的厨房该多好，下班回家后可以不用自己烧饭做菜。这个想象已部分实现，不久的将来这个想象将完全成为现实。消费者在购物时也会有许多想象，例如想买到以往买不到的商品。如果某家商店能实现他的想象，他将十分高兴；如果不能实现他的想象，他就会感到遗憾。

只要消费活动存在，消费者的想象就必然会发挥作用，因此，商品的设计与生产，无论在功能设计还是外观式样上都要能引发消费者的美好想象。此外，营业员在摆放商品、布置橱窗、介绍商品、展示商品等活动中，都可以发挥创造想象的作用，以促进消费者购买行为的发生。

（二）思维

思维是人脑借助于语言、表象或动作实现的对客观事物的一般属性与事物内在联系的概括、间接反映，是包含知觉、记忆、学习、想象及语言在内的综合性活动，是人的认识的高级阶段。思维是人们从对事物的感性认识发展到理性认识的复杂心理活动。消费者的消费方式与消费行为自始至终都由思维伴随并受到思维的影响与支配。人们不同的思维方式与思维过程常常导致不同的消费理念与消费方式。

1. 思维的特征

概括性和间接性是思维的主要特征。

思维的概括性是指在大量感性材料的基础上，把一类事物共同的、本质的特征和规律抽取出来，加以概括、得出结论的性质。

思维活动借助一定的媒介和知识经验对事物进行间接的认识，这就是思维的间接性。例如，医生诊治内脏方面的疾病，虽不能直接看到内脏，但可通过化验、听诊、切脉等中介手段提供的信息，结合专业理论知识，进行判断推理，最后得出结论。又如，尽管我们无法觉察光的运动，但通过思维活动可以推算出光的速度。

消费者在认知商品的过程中，不仅可通过感觉及知觉了解商品的个性，还可运用思维把握商品的内在构成、制作工艺、内外质量，以及推测商品未来的使用效果，从而获得对商品更为深刻的认识。

2. 思维的分类

根据思维活动的性质和方式，可将思维分为动作思维、形象思维和逻辑思维等三类。

（1）动作思维。动作思维也叫实践思维，是以实际动作来解决直观、具体问题的思维，它是在实际的活动中进行的。例如，消费者购物时对商品的挑选，要在思维的指导下通过手的动作、眼睛的观察及其他感觉器官的协同配合才能完成。

（2）形象思维。形象思维是指利用事物的直观表象来进行分析、比较、综合、抽象、概括等内部的加工，从而解决问题的思维活动。例如，消费者在购买家具时，会运用形象思维对眼前家具的颜色、款式与自己居室的颜色、摆放位置是否协调等进行判断，从而做出正确的购买决策。

（3）逻辑思维。逻辑思维也叫抽象思维，是用抽象的概念和判断、推理的方式解决问题的思维。消费者在购买商品之前，常常对所获得的信息（如广告宣传资料、别人的介绍等）先做抽象的逻辑分析，再做出是否应该到商店去看一下的决定，并对多种信息进行分析判断，最后做出是否购买的决定。

> 💭 **想一想**
> "好货不便宜，便宜无好货"这句话运用了什么思维模式？

🎓 探究活动

请与同学一起，利用各种资源，寻找由于消费者认知能力不足而发生的消费事件。

第二节　消费者的情绪、情感过程

情绪和情感是人对客观事物是否符合自身需要、愿望而产生的态度体验及相应的行为反应。其与认知过程不同，认知过程反映的是客观事物本身的表面现象或本质规律，而情感反映的是客观事物与人的需要、愿望之间的关系。人对客观事物采取怎样的态度，要以它是否满足人的需要为依据；客观事物对人的意义，也往往与它是否满足人的需要有关。凡能满足人的需要的事物，会引起人们肯定性质的体验，如快乐、满意、爱等；凡不能满足人的需要的事物，或与人的意向相违背的事物，则会引起人们否定性质的体验，使人们产生痛苦、忧愁、厌恶、恐惧等不快之感。

一、情绪、情感的组成和关系

1. 情绪、情感的组成

具体地讲，情绪和情感由如下三个部分组成。

（1）主观体验。主观体验是指个体对不同情绪和情感状态的自我感受，如喜、怒、哀、乐等主观感受。任何一种情绪都具有主观体验。没有主观体验，主体就不知道自己是否产生了情绪，不知道欢乐和忧愁、幸福和苦恼，不懂得爱与恨等。

（2）生理变化（生理唤醒）。任何情绪和情感都伴随着内脏器官、内分泌腺或神经系统的一系列的生理变化或者生理反应，而且这种状态会增强情绪的体验，通常表现为血压升高或降低、呼吸加快或变慢、胃肠运动加强或减弱、瞳孔扩大或缩小等由植物性神经系统变化所引起的生理反应。

> 💭 **想一想**
> 仔细回忆一下自己最近的一次购物过程，你在购买到自己心仪已久的商品时的体验有哪些？

（3）外部表现。表情是情绪和情感的外部表现形式。人的许多情绪体验都有明显的外部表现，例如，高兴时笑容满面，悲伤时哭丧着脸，等等。人的表情主要有三种形式：面部表情、语言声调表情和身体姿态表情。

情绪与情感使消费者的行为活动带上感情色彩，对购买决策有着重大影响。在消费实践中，能够满足消费者需要的商品能促使消费者产生积极的情绪与情感，增强消费者的购买欲望，催化和促进消费者的行动，加速购买决策过程。反之，消极的情绪与情感则会阻碍和改变消费者的行动，使消费者延缓甚至放弃购买。若造成了"感情创伤"，消费者就会长期甚至永远不使用某种商品或不进某家商店。比如一个消费者到某家商店购买糕点，看见食品柜中苍蝇飞舞，营业员的手既拿糕点又收钱，不由得内心作呕，并立即打消了购买念头，甚至发誓"永远不买这家商店的糕点"。总之，消费者的情绪与情感对于消费者的购买心理、购买行为具有重要影响，影响着消费者的购买决策。

知识点滴

情感消费

在现代社会，有些人购买商品不仅仅是因为它有用，还因为它能显示自己的与众不同。消费需求的差异化、个性化、多样化，使现代消费观念进入了心理价值和精神价值高过生理满足和机能价值的时代，即人们更加重视个性的满足、精神的愉悦舒适及优越感，这种消费现象被专家称为"感性消费"。感性消费折射出随着人们生活水平的提高，社会进入了情感消费时代，我们称之为"情感经济时代"。

随着人类科技、文化及社会经济的发展，商品逐渐具有了人类活动载体的功能元素并成为人类活动的情感符号，商品的心理功能与精神功能不断增强，越来越走向情感化，人的情感也越来越走向商品化。情感体验或情感消费逐渐发展成为一种越来越重要的消费形式，服务于人的情感需要的"体验式经济"——情感经济也随之发展起来，它是继"实物经济""服务经济"之后又一种重要的经济形式。

营销大师菲利普·科特勒在论"销售"中谈到，星巴克卖的不是咖啡，而是休闲；劳力士卖的不是表，而是奢侈的感觉和自信；希尔顿卖的不是酒店，而是舒适与安心。以上例子描述的都是营销的一种——情感营销。所谓情感营销，指的是把消费者个人情感差异和需求作为企业品牌营销战略的核心，借助情感包装、情感促销、情感广告、情感口碑、情感设计等策略来实现企业的经营目标。未来将会有越来越多的商品销售被赋予情感营销的元素。

2. 情绪、情感的关系

从严格意义上讲，情绪与情感是既有联系又有区别的两种心理体验。情绪一般指与生理需要和较低级的心理过程（感觉、知觉）相联系的内心体验。情绪一般由当时的特定条件所引起，并随着条件的变化而变化，所以情绪表现得比较短暂和不稳定，具有较强的情境性和冲动性。某种情境一旦消失，与之有关的情绪就会立即消失或减弱。例如，儿童面对不同种类的玩具时，由于具有较大的选择余地而会表现出满意的情绪；如果只能选择一种玩具，则会出现不舍与纠结的情绪；如果不被允许购买，甚至被强行带离购物环境则会伤心或哭闹。

想一想

请用心理学知识对"爱之深，责之切"这句话进行分析。为什么会出现这种现象？

情感是与人的社会性需要是否得到满足相联系的一种内心体验，它是人们在长期的社会实践中，受到客观事物的反复刺激而形成的，因而与情绪相比，它具有较强的稳定性和深刻性，是较高级的、深层的心理现象。在消费活动中，情感对消费者心理和行为的影响相对长久和深远。如消费者对某一商店的商业信誉、服务态度、购物环境等方面的赞赏和信任，会使他对该商店有一种美好的情感等。

探究活动

调查一下自己身边的朋友和同学：他们是否会因为自己的偶像代言某种类型的商品而进行购买？这种购买的比例有多少？为什么会产生这种购买行为？

情绪与情感之间具有密切的内在联系。情绪的变化一般受到已经形成的情感的制约；脱离具体的情绪过程，情感及其特点则无从表现、无法存在。因此，从某种意义上说，情绪是情感的外在表现，情感是情绪的本质内容。正因如此，二者经常作同义词使用。

二、情绪、情感的分类

（一）情绪的表现形式

情绪状态是指人们在某个事件或情境的影响下，在一定时间内所产生的某种情绪。依据情绪发生的强度、持续性和紧张度，我们可以把情绪状态划分为心境、激情和应激。

1. 心境

心境是一种比较微弱、平静而持久的情绪状态。它具有弥散性、持续性和感染性的特点，在一定时期内会影响人的全部生活，使语言和行为都感染上某种色彩。在消费活动中，消费者自身良好的心境会提高其对商品、使用环境的满意程度，推动积极的购买行为；相反，不良的心境会使人对诸事感到厌烦。比如有的消费者与家人闹了别扭或在工作中不顺心，可能会到商店找碴儿发作，稍不如意就对销售人员发脾气、泄怨气。

2. 激情

激情是一种强烈的、爆发式的、为时短暂的情绪状态。如果把心境比喻为"和风细雨"式的情绪现象，那么激情便可被描绘成"狂风暴雨"式的情绪表现。消费者处于激情状态时，其心理活动和行为表现会出现失常现象，理解力和自制力也会显著下降，以致出现非理性的冲动式购买行为。所以，避免冲动的最好办法是控制消极情绪的产生，如转移注意力等。

3. 应激

应激是一种高度紧张的情绪状态，它往往发生于出乎意料的危险情境或紧要关头，如突然遇到火灾或地震、遭到歹徒袭击、参加重大活动等，都有可能使人处于应激状态。

在应激状态下，个体往往会在心理上感觉到超乎寻常的压力，在生理上承受超乎寻常的负荷，以充分调动体内的各种机能和资源去应对紧急、重大的事变。

> **想一想**
> 你是否发生过由于心情特别激动而进行的非理性购物？发生这类事情的原因是什么？

个体在应激状态下的反应有积极和消极之分。积极反应表现为急中生智、力量倍增，体力和智力都得到充分调动，即"超水平发挥"。人们此时常能做到许多平时根本做不到的事情。消极反应则表现为惊慌失措、四肢瘫软、意识狭窄、动作反复出错等。在一般情况下，应激状态更易导致消极反应，不利于工作的正常进行。因此，在营销活动中，销售人员应尽量避免不必要的应激状态的出现，并且要做到在面对突发事件时保持头脑清醒，以保证营销工作的顺利进行。

（二）情感的种类

情感与人的社会性需要相联系，可分为道德感、理智感和美感。

1. 道德感

道德感是人们根据一定的道德标准在评价人的思想、意图和行为时所产生的主观体验。在购物活动中，消费者总是按照自己所掌握的道德标准，按照自己的道德需要来决定自己的消费标准与消费行为。同时，营业人员应经过严格的职业道德训练，具有高尚的职业操守，热情礼貌地接待消费者，提供良好的销售服务，不能通过有失职业道德的手段，如通过假冒伪劣、以次充好、短斤少两等获得利润。

2. 理智感

理智感是人们在智力活动过程中，在认识评价事物时所产生的情感体验。它与人的求知欲、好奇心等相联系，是一种热烈追求和探索知识与真理的情感。在购买活动中，消费者对于某些商品的认知过程需要得到一定的商品信息的支持，如果他们的求知欲得到了满足，就会产生理智感，这对消费者的购物活动起着重要的推动作用。有研究表明，喜欢逛商店的消费者，有相当一部分是带着对商品知识的求知欲去的。因此，营业人员应恰当地给消费者解释商品的特点，充分地展示商品，给消费者当好参谋，消除消费者对商品的疑虑，促使营销活动顺利进行。

> **想一想**
>
> 根据自己的亲身经历，思考一下，当遇到包装或者样式具有美感的商品时，你的心理感受是什么样的。你是否有购买的欲望？男女之间在面对这样的情况时是否有不同的选择？

3. 美感

美感是人们根据一定的审美标准鉴赏或评价事物时所产生的情感体验。美感包括自然美感、社会美感和艺术美感等三种。

人的审美标准反映事物的客观属性，因而具有共性。如法国渔民的软呢小帽曾受到美国人的青睐，并立即在美国青年人中形成风尚。巴黎的服装师设计的贝雷帽也一度风靡世界，牛仔服也是如此。流行的服饰体现着人们共同的美感。同时，人的审美标准又受个人的思想观念和价值观念的影响。

不同的文化背景下，不同民族、不同阶层的人对事物美的评价又有差异性。所谓"穿衣戴帽，各有所好"，即是此理。这种差异性必然会使人们在购买的过程中对商品产生不同的美感。即使对同一商品，人们也会由于对美的内涵和形式有不同的理解和体验，从而产生不同的美感和评价。我国人民将红色看作喜庆、热烈、高贵的色彩，在婚庆中，中式礼服常以红色为主。西方人用白色象征纯洁、忠贞，新娘的婚纱通常是白色的。

在产品设计及营销活动中，企业一方面要提供时尚、符合人们消费心理趋势、符合人们共同的审美情趣的消费品；另一方面，也要设计出符合不同消费者的不同审美需求的消费品。企业不仅要使商品外在的造型、颜色、包装等方面的特点满足消费者的审美需求，而且要使商品的成分、品质与功能等符合消费者的求实需求，力求商品的外在美与内在美相统一，从而使消费者在心理上感到和谐与愉悦，以促进商品的销售。

案 例

一生只爱一人的 ROSEONLY

花 520 元买 3 枝玫瑰，值不值得？在情人节，一位男士将鲜花和"一生一世只爱你一人"的承诺送到女朋友面前，她想不想要？

这就是鲜花市场新晋品牌 ROSEONLY 的营销策略。最打动人的，莫过于其打造的"唯一"二字。据其宣传，凡是在 ROSEONLY 订购鲜花的消费者，都需要进行身份登记，并且在注册的时候须填入自己爱人的名字，一生只能将在该品牌所买的玫瑰送给同一个人。因此，按照 ROSEONLY 的理念，消费者收到的不是花，而是一辈子爱的承诺。ROSEONLY 在鲜花

中注入爱的箴言，成功地让自己成为"信者得爱，爱是唯一"的浪漫化身，将高价的玫瑰等同于忠贞不渝的爱情，从而触动了消费者心底最柔软的地方。

启发思考

ROSEONLY 是如何利用消费者的情感达到营销目的的？

三、消费者情绪、情感的外部表现

任何心理反应在发生时，一般都伴随着某种外部表现。情绪和情感是一种内部的主观体验，但情绪和情感在发生时，也总是伴随着某种外部表现。这些与情绪、情感有关的外部表现，叫作表情。对于消费者来说，情绪、情感表现为对商品的特殊反映形式，或者说是消费者对商品是否符合个人需要而产生的体验。每个消费者都会根据自己的需要、价值观、审美标准等，对市场上出现的各种商品做出自己的主观评价，并通过面部表情、动作、语气等各种带有情绪色彩的外部表现表达出来。

面部表情、姿态表情和言语表情是表情最为重要的三种表现方式。

1. 面部表情

面部表情是指通过眼部肌肉、颜面肌肉和口部肌肉的变化来表现各种情绪状态。人的眼睛是最善于传情的，不同的眼神可以表达人的不同的情绪和情感。例如，高兴和兴奋时"眉开眼笑"，气愤时"怒目而视"，恐惧时"目瞪口呆"，悲伤时"两眼无光"，惊奇时"双目凝视"，等等。眼睛不仅能传达感情，而且可以交流思想。通过观察人的眼神，我们可以了解他的内心思想和愿望，推知他的态度。当一个人目不转睛地注视着某一商品时，可能表示他对该商品感兴趣。

2. 姿态表情

姿态表情可分成身体表情和手势表情两种。

身体表情是表达情绪的方式之一。人在不同的情绪状态下，身体姿态会发生不同的变化，如高兴时"捧腹大笑"，恐惧时"紧缩双肩"，紧张时"坐立不安"，等等。

手势表情常常是表达情绪的另一种重要形式。手势通常和语言一起使用，以表达赞成或反对、接纳或拒绝、喜欢或厌恶等态度。手势也可以单独用来表达情感、思想或做出指示。在无法用语言沟通的条件下，单凭手势就可表达开始或停止、前进或后退、同意或反对等意思。

面部表情的识别如果能和姿态表情结合起来，那就更有利于准确地判断一个人的情绪状态。识别姿态表情时，手势表情占有很重要的地位。识别手势表达情绪的准确度可以和识别面部表情表达情绪的准确度一样。在日常生活中，即使我们看不清一个人的面孔，但只要能看清他的身体动作，也能了解其情绪状态。流行于欧洲一些国家的哑剧，演员的面部或涂上白粉或戴上面具，他们不能较多地运用面部表情，但人们根据其姿势动作仍能理解演员所表达的情绪。

一般情况下，消费者在购物过程中，当遇到满意的商品时，往往表现出点头、爱不释手、跃跃欲试的动作；反之，则不屑一顾，匆匆而过。

3. 言语表情

言语表情也是表达情绪的重要形式。语音的高低、强弱、抑扬顿挫等也是表达说话者情绪的手段。说话者由于情绪、情感状态不同，同样一句话，说出来的语气、腔调就会不同，听话人的感受也会有很大差异。在商店购物时，同样一句话"您买什么？"，由于语调的强弱和说话速度的不同，可以反映出营业员亲切、真诚的情感，也可以反映出营业员厌烦、冰冷的情感。

总之，面部表情、姿态表情和言语表情构成了人类的非言语交往形式，心理学家和语言学家称之为"体语"。人们之间除了使用语言沟通之外，还可以通过由面部表情、身体姿势、手势及语调等构成的体语来表达个人的思想、感情和态度。在许多场合下，人们无须使用语言，只要看看脸色、手势、动作，听听语调，就能知道对方的意图和情绪。

四、影响消费者情绪、情感的因素

在购买活动中，消费者情绪、情感的形成与变化会直接或间接地影响其购买行为，因此，企业有必要研究影响消费者情绪、情感的因素，以对经营和营销策略进行调整。这些因素包括以下几种。

1. 商品

商品的价格、包装、商标名称、款式等因素对消费者情绪、情感的形成与变化有直接作用，进而会影响消费者的购买决策和购买行为。当消费者发现某种商品的外观不错时，愉快的情绪就会油然而生；当进一步了解到商品的内在质量有问题时，便会产生失望的情绪。因此，企业应高度重视商品的质量，在竞争激烈的市场上以质取胜，促进商品的销售，同时还要在商品命名、包装等方面精心设计，以诱发消费者的积极情感，促进购买行为的发生。

2. 购物环境

购物环境是指购物现场的整体情况和气氛。消费者的情绪、情感变化首先受购物环境的影响。当消费者步入宽敞明亮、色彩柔和、环境幽雅的商场，营业人员服务周到、彬彬有礼，消费者之间礼貌谦让时，彼此都会感觉愉快、舒畅。如果再配有自动扶梯等现代化设施、轻松愉悦的背景音乐，则更能使人产生一种轻松美好的情绪体验，获得意想不到的购物效果。反之，昏暗、狭窄、脏乱的环境则会给消费者带来压抑、厌烦、失望和厌恶的消极情绪，不利于消费行为的产生。

其中，销售人员的工作态度和服务水准对于消费者的情绪、情感影响也十分明显，微笑服务能使销售人员显得较为亲切，可给消费者留下比较深刻的、美好的情感记忆，还可化解一些消费者的不满，甚至化解挑剔和刁难，避免双方矛盾的激化。销售人员还必须熟悉自己销售的商品，要善于了解和揣摩消费者的消费心理，为其当好参谋，做好售前、售中服务，让消费者乘兴而来、满意而去。

3. 消费者的个人情感

消费者个人情感的倾向性，也是影响购买活动中情绪、情感变化的主要因素。性格开朗活泼，总保持愉快、奋发向上情绪状态的消费者，往往会在购物过程中表现出较高的热情；反之，则会因消极情绪影响购物时的评价、决策及体验等。此外，消费者自身的兴趣、爱好等，也会影响其购物时的情绪状态。

~~~ 案　例 ~~~

不同的经营之道

一个小城里有三个牙科诊所，它们的条件都很不错，环境幽雅洁净，医生的医术高明。它们的不同之处则在于医生接待病人的方式。

第一个："怕痛？拔牙总是要痛的吧？没办法的事，坏牙如果不拔掉，以后更痛！"医生一面说，一面就动手拔病人的坏牙。

第二个："很痛吧？请您稍微忍耐一下，好吗？一会儿就好了。"医生是同情者，一面讲，一面拔牙。他在诊室里放了台电视机，总是会放一些比较轻松幽默的节目。

第三个：医生根本不和病人说话，他板着脸，病人用手一指，他便不由分说把坏牙拔了。

这三个医生都没有拔错过牙，但是，一年之后，第一个和第三个诊所相继关门了。

启发思考

为什么第一个和第三个诊所相继关门了？

4. 消费者的心理准备状态

消费者的心理准备状态对于情绪有直接的激发作用，被激发并兴奋起来的情绪反过来又会影响原来的心理准备状态，二者相互影响，推动着购买行为的进行。消费者的心理准备做得越早，需求水平越高，购买动机就可能越强烈，情绪兴奋程度一般也就越高，购买动机转变为购买行为的可能性也就越大；反之，若消费者的心理准备不足，则难以在短时间内调动起购物情绪，购买行为也就难以实现。所以，企业在新产品上市前应做好广告宣传，使消费者在购物前做好充分的心理准备，调动他们的购物情绪。

总之，消费者的情绪、情感既有稳定、持续的一面，又有冲动、起伏的一面，它们可以促进也可以阻碍消费者购买行为的实现。所以，企业要了解消费者对商品的情绪、情感发展过程和规律，在营销活动中为消费者创造良好的氛围，使商店的货品、服务和设施等有利于激发消费者积极的购物情绪，这对处理好营销人员与消费者的关系，扩大商品的销售具有很大的现实意义。

第三节　消费者的意志过程

消费者在购物活动中，既有对商店、商品的认识，以及在认识的基础上产生的情绪、情感体验，又有意志的参与。因为消费者在购买商品，尤其是购买大宗商品、耐用消费品时，往往需要用意志去排除各种干扰，从而保证购买活动的顺利进行。

一、意志的概念

意志是人自觉地确定目的，并根据目的调节支配自己的行动、克服困难、实现预定目的的心理过程。

（1）自觉地确定目的。人在行动前，行动的目的和结果就以观念的形式存在于人的头脑之中，并能动地调节、支配人的行动。如果没有自觉确定的目的，就失去了意志存在的前提，即失去了有意识地、能动地改造世界的前提。所以，有自觉确定目的的行动才能表现出人的意志。例如，消费者购买洗衣机是为了省去洗衣的劳作之苦并节省时间，为了实现这个目的，消费者就会在开支上制订计划，以便能拿出钱去购买洗衣机。

（2）意志行动与克服困难相联系。意志行动是有自觉目的的行动，在目的确立与实现的过程中必然会遇到种种困难，只有那些能够努力战胜一切困难的人才能充分体现出自己的意志。一个人意志坚定与否，坚定到何种程度，主要依战胜困难的程度而定。

（3）调节购买行为。调节购买行为是指消费者的意志对其购买行为有发动和制止的双重作用。所谓对购买行为的发动，是指意志可以推动和激励消费者为达到目的采取计划和行动；所谓对购买行为的制止，是指意志可以阻止和抑制不利于消费者实现购买目的的行动，此外，还可指消费者在意志力量的作用下，主动放弃不切实际的需求。例如，某女性消费者在商场看上了一件高档时装，但其收入不高，购买这样昂贵的时装对其而言是个沉重的负担，所以尽管爱不释手，她最后还是理智战胜了情感，依依不舍地空手而去。

二、消费者意志过程分析

消费者的意志行动有其发生、发展和完成的过程，可以分为以下三个阶段。

1. 做出购买决策阶段

意志行动是有目的或有目标的活动，因此，行动之前必须先要考虑为什么行动、怎样行动，这就是意志行动的准备阶段。

消费者的购买活动在此阶段表现为购买动机的冲突及取舍，购买目的及购买对象的确定，购买地点、购买方式的选择，购买计划的制订，等等。这些表现有时取决于消费者对具体情况的认识和自身的经验，有时取决于不同购买动机之间的矛盾斗争。该阶段是意志开始参与的准备阶段。

消费者在意志行动中常常具有两个及以上的目标，而这些目标往往不能同时实现，因而引发了意志行动中的目标冲突或动机冲突，消费者经过思想斗争之后，才能确定行动的目标。比如旅游是很有吸引力的活动，但因耗费时间、精力、财物等，人们会进行一番思想斗争，最后确定是否去旅游。个体经过思想斗争，确立了目标之后，就需要根据主客观的具体条件来选择达到目标的方式、方法，制订行动计划。在克服了动机矛盾、确立了目的、制订好了计划之后，意志行动的准备阶段就已结束，并将过渡到实际的行动阶段。

2. 执行购买决策阶段

执行购买决策阶段是消费者按照预定的决策方案组织实施购买计划的过程，是意志行动的高峰期。这期间消费者有时会碰到种种困难与挫折，例如商品的质量、价格、式样等有时并不完全符合自己的要求，这就要求其能够对客观情况做出全面的分析，具有开阔的思维，更要求其努力克服消极情绪、保持冷静的头脑、理智地支配自己的行动，以顽强的毅力克服所面临的困难，坚定地执行决定。消费者如果意志薄弱，就可能放弃执行购买决策；消费者如果能有意识地自觉排除外界干扰因素，战胜所面临的全部困难，就能较好地执行购买决策，完成购买活动。

但是，执行决策并不意味着机械、刻板地行动。有时经过实践活动的检验，人们必须放弃原来的决策，果断地采取新决策、选择新方法，以符合当前的实际情况。将坚定性和灵活性相结合，才能更有效地完成意志行动。

3. 对所购商品的意志体验阶段

这是意志过程的最后发展阶段。诸如消费者在商品使用过程中的体验是否与预想的一致，是否取得了其他附加效果，等等，都可用以检验和评判其当初购买决策的正确与否。意志的这种体验和反省是通过思维进行的，如果结论比较满意，消费者就有可能在意志的肯定下再次惠顾；如果在意志的体验阶段遭到否定或产生矛盾，消费者就会在今后的购买中考虑回避或减少对该商品的购买。

消费者在购买过程中的心理活动从对某种商品的认知过程开始，经历情感过程和意志过程后就基本结束了，相应的购买活动也基本结束了。

三、消费者的意志品质

意志品质是消费者意志的具体体现。在购买行动中，我们常常可以观察到消费者的购买行为具有各种显著的特征。例如，有的人行为果断、快速、冷静、沉着，独立性强；有的人则犹豫、彷徨、冲动、草率，独立性差。如果这些行动特点在一个人的行动中具有明确性和稳定性，就会成为个人特有的意志品质。消费者的意志品质主要表现在以下四个方面。

1. 自觉性

自觉性是指消费者能主动、充分认识到自己行动的正确性及行动所产生的效果，能根据自己的认识与信念，独立地做出决定、执行决定。与自觉性品质相反的是受暗示性和独断性。受暗示性表现为缺乏主见，行动易受影响、易发生动摇，"人云亦云，人行亦行"。独断性则表现为盲目地做出决定并一意孤行，别人的意见无论正确与否都一概加以拒绝。二者都表现为缺乏理智和明确的目的。

富于自觉性的消费者在购买活动中不盲从和鲁莽，因为他们的购买目标、行动计划是在深思熟虑、权衡各种利弊的基础上制订的，因此，购买行动是有条不紊地进行的。在遇到困难时，他们能理智分析，自觉修改购买方案，以利于克服困难，最终实现预设目标。相反，自觉性较差的消费者，其购买行为缺乏计划性、条理性，容易盲目地接受别人的暗示或影响，或者不加分析地接受或拒绝别人的意见，在购买过程中往往表现出依赖、冲动和回避的态度，不愿付出必要的智力、思维和体力，从而影响购买目标的实现。

2. 果断性

意志的果断性是指消费者能够明辨是非，迅速而合理地做出决定并实现所做决定的品质。与果断性品质相反的是优柔寡断和冒失。优柔寡断表现为在做出和执行决定时总是前怕狼后怕虎，顾虑重重，不断地修改和推翻决定，甚至"议而不决，决而不行"。这种人尽管考虑得很多，却长期处于犹豫不决中，所以往往一事无成。冒失则表现为不会深思熟虑，不顾后果、草率行事。这种人做出的决断尽管是迅速的，却也是缺乏根据的，甚至是一时冲动做出的，所以往往是错误的。

果断性较强的消费者在购买过程中往往善于把握机遇，积极、全面思考，正确、迅速决策，并坚定地执行决策。果断性差的消费者则常常表现出优柔寡断、犹豫不决，决策过程容易时断时续，容易受到外界的干扰而发生变化。果断性会给消费者带来一些切身利益；反之，优柔寡断的消费者在不同的购买目标和购买手段之间取舍不定、犹豫不决，往往会错过最佳购买时机或者不利于下一步决策的顺利实现。

3. 自制性

自制性是指消费者善于支配、控制自己的情感，约束自己的言行。在购买过程中，由于消费者心理活动和外界因素交互影响，购买行为常常变得十分复杂，甚至会发生一些出乎意料的事件。例如，消费者与营业员之间发生摩擦，此时，自制性较强的消费者可以较好地控制自己的情绪，约束自己的言行，从而缓和矛盾；自制性较差的消费者则可能会与营业员爆发激烈的争吵，这既影响了购买行为的完成，又会使自己的心灵受伤。所以，消费者应很好地培养、锻炼自己的自制力，成为意志坚定的人。

4. 坚韧性

意志的坚韧性是指消费者能够坚持行动的目标，并能在行动中长期保持充沛的精力（紧张度）和毅力（持续度）的品质。与坚韧性品质相反的是顽固性和动摇性。前者表现为在计划行不通时仍不能正视现实、我行我素、固执己见；后者则表现为见异思迁、虎头蛇尾，一遇困难就动摇妥协，不能有始有终。一般来说，活动的目的越明确，社会意义越大，消费者热情就越高，其坚韧性就越强。坚韧性强弱也与消费者的个性特征有关，做事虎头蛇尾、只有三分钟热度的人，通常坚韧性较差，其购买活动的效率及成功率均较低。

🎓 探究活动

老年人消费意志特性调查

由3~5名学生组成一组，选择周围不同的小区进行调查，活动时间为一上午。活动任务：①了解老年消费者的消费意志现状；②明确哪些因素会促进老年人的消费活动。

归纳与提高

消费者的心理活动过程是指消费者在购买行为中从感知商品到最终购买商品之间，心理活动发生发展的全过程。心理活动过程又可具体分为认知过程，情绪、情感过程和意志过程等三类。

人的认知过程是接收、储存、加工和理解各种信息的过程，也是人脑对客观事物现象和本质的反映过程。消费者的认知过程是消费者通过自己的感觉、知觉、注意、记忆、想象与思维等生理与心理活动，对商品的品质、属性及各方面的联系综合反映的过程。

感觉是大脑对直接作用于感觉器官的客观事物个别属性的反映。知觉是人脑对直接作用于感官的客观事物的整体属性的反映。注意是心理活动对一定对象的指向和集中。记忆是在大脑中积累和保存个体经验的心理过程。想象是对已有表象进行加工改造而创造出新形象的过程。

情绪和情感是人对客观事物是否符合自身需要、愿望而产生的态度体验及相应的行为反应。

意志是人自觉地确定目的，并根据目的调节支配自己的行动、克服困难、实现预定目的的心理过程。

综合练习题

一、概念识记

认知过程　感觉　感受性　感觉阈限　感觉适应　感觉对比　联觉　知觉　错觉
注意　记忆　想象　思维　情感　意志

二、单项选择题

1. 感觉是由感觉器官的刺激作用引起的（　　　）。
    A．客观反映　　　B．主观经验　　　　C．变化　　　　D．体验

2.（　　　）是指感受性由于刺激的持续作用或一系列刺激的连续作用而会发生变化的现象。
    A．联觉　　　　　B．感觉适应　　　　C．错觉　　　　D．知觉

3. 知觉的（　　　）表现在消费者能在众多的商品中把自己所需要的商品区分出来，或者在同一种商品的众多特性中，优先地注意到某种特性。
    A．选择性　　　　B．理解性　　　　　C．整体性　　　D．恒常性

4. 消费者在无目的地浏览、观光时，经常会在无意之中不由自主地对某些消费刺激产生注意，这种注意是（　　　）。
    A．随意注意　　　B．有意注意　　　　C．有意后注意　　D．无意注意

5. 我们观看了服装展览后，能够记住服装的样式和颜色，这是（　　　）。
    A．形象记忆　　　B．逻辑记忆　　　　C．情绪记忆　　D．运动记忆

6. 消费者对以往购物时受到营业员的热情接待的记忆是（　　　）。
    A．形象记忆　　　B．逻辑记忆　　　　C．情绪记忆　　D．运动记忆

7. 消费者在购买家具时，能运用（　　　）对眼前家具的颜色、款式与自己居室的颜色、摆放位置是否协调等进行判断。
    A．动作思维　　　B．形象思维　　　　C．逻辑思维　　D．归纳思维

8.（　　　）是一种高度紧张的情绪状态，它往往发生于出乎意料的危险情境或紧要关头。
    A．心境　　　　　B．应激　　　　　　C．激情　　　　D．理智感

9. 在做出和执行决定时总是前怕狼后怕虎，顾虑重重，不断地修改和推翻决定，甚至"议而不决，决而不行"，与这种行为相反的心理特征是意志的（　　　）。
    A．自觉性　　　　B．果断性　　　　　C．自制性　　　D．坚韧性

10. 消费者与营业员之间发生摩擦，此时，（　　　）较强的消费者可以较好地控制自己的情绪，约束自己的言行，从而缓和矛盾。
    A．自觉性　　　　B．果断性　　　　　C．自制性　　　D．坚韧性

三、多项选择题

1. 心理活动过程可具体分为（　　　）。
    A．认知过程　　　B．情绪、情感过程　　C．意志过程　　　　D．需要过程

2. 知觉的特征有（　　　）。
    A．选择性　　　　B．理解性　　　　　C．整体性　　　　　D．恒常性

3. 记忆的过程主要环节有（　　　），任何外界信息只有经过这些过程，才能成为个体可以

保持和利用的经验。

  A．识记   B．保持   C．再现   D．遗忘

4．依据情绪发生的强度、持续性和紧张度，我们可以把情绪状态划分为（ ）。

  A．心境   B．应激   C．激情   D．理智感

5．在情绪和情感发生时，总是伴随着某种外部表现，包括（ ）。

  A．面部表情 B．言语表情   C．身段表情   D．主观感受

6．消费者的意志特征表现为（ ）。

  A．自觉性   B．果断性   C．自制性   D．坚韧性

7．下列关于感受性与感觉阈限关系的说法中，正确的有（ ）。

  A．感受性是用感觉阈限的高低来衡量的 B．感受性越强，感觉阈限就越低

  C．感受性越强，感觉阈限就越高   D．感受性与感觉阈限没有关系

8．感觉是（ ）。

  A．大脑对作用于感觉器官的事物个别属性的反映

  B．大脑对直接作用于感觉器官的客观事物个别属性的反映

  C．人对作用于感官的事物进行信息加工的过程

  D．认知的心理现象

9．情绪和情感（ ）。

  A．以需要为中介 B．是一种主观感受 C．与认知过程无关 D．会引起生理变化

10．心境的特点有（ ）。

  A．强度比较小，但持续的时间比较长

  B．不是对某一事件的特定体验，而是以同样的态度对待所有的事件

  C．其产生都有原因，但这种原因人们又常常意识不到

  D．对人的生活、工作和健康都会产生重要的影响

四、简答题

1．感觉有哪些基本特性与规律？在市场营销活动中如何运用感觉规律制订促销策略？

2．知觉有哪些特性？它们在市场营销中有哪些应用价值？试联系市场营销工作实际举例说明。

3．怎样才能引起消费者的无意注意？试联系实际进行说明。

4．记忆的规律有哪些？如何运用记忆规律制订市场营销策略？

5．影响消费者情感的主要因素有哪些？

实 训 项 目

1．**实训目的**：分析购买商品时的心理活动及影响因素。

2．**实训内容**：以最近一次购买活动为例，分析购买商品时的心理活动（为什么买？商品如何吸引你，引起你的注意与兴趣？你是如何分辨不同种类商品的？当经济实力不允许的时候，你是怎么解决的？），并写出购后感想。

第三章

消费者的个性心理

【学习目标】

通过对本章内容的学习，读者应了解消费者的需要、动机、气质、性格、能力等个性心理特征，并能分析这些心理特征与消费行为的关系。

【引导案例】

看电影迟到的人

一位心理学家曾以一个人去电影院看电影迟到为例，对人们的几种典型的气质做了说明。假如电影已经开始放映了，门卫又不让迟到的人进去，不同的人便会有不同的表现。

第一种人匆匆赶来之后，对门卫十分热情，又是问好又是感谢，会急中生智地想出许多令人同情的理由，如果门卫坚持不让他进门，他还会围着电影院转一圈，看一下有没有其他的小门可以溜进去。

第二种人赶来之后，对于自己的迟到会感到愤怒，同时他想要进去看电影的心情也十分迫切。在向门卫解释迟到的原因时，他的态度会让人感到有些生硬。如果门卫坚持不让他进门，他可能会跟门卫吵上一架。之后如果门卫还是不让他进去，他就会带着怒气离去。

第三种人来了之后，犹犹豫豫地想进去又怕门卫不让，就会微笑而又平静地向门卫解释迟到的原因，好像他不在乎这电影早看一会儿或迟看一会儿。如果门卫一定不让他进去的话，他也会很平静地走开。

第四种人来到的时候，首先可能会看一看其他迟到的人能不能进去，如果看到别人能够进去，他也会跟进去。如果门卫不让他进，他也不会解释迟到的原因，而是默默地走开，最多只是责怪自己为什么不早一点来。

启发思考

为什么人们在面对相同的事情时的反应不同？为什么不同的消费者会有那么大的差异？

在购买活动中，我们常常会看到这样一些现象，有的消费者购买商品时缺乏主见，不是询问售货员，便是征求其他消费者的意见，有的消费者则不管旁人说长道短，自己想买什么就买什么；有的消费者喜欢反复比较，慢挑细拣，有的消费者则很干脆，接过售货员递过来的商品就付钱；有的消费者崇尚老牌子，有的消费者则爱标新立异，对新产品表现出强烈的兴趣；有的消费者购买后兴高采烈，有的消费者则总有疑虑。这些都是由消费者的个性决定的。因此，在竞争激烈的现代商业社会，企业的经营要想取胜，除了研究消费者的一般心理过程外，还必须研究消费者的个性特点，把握消费者购买行为和心理活动的规律，预测消费动态和消费趋势。

第一节 消费者的需要和动机

一、消费者的需要

消费者行为是以购买行为为中心的，而消费者的购买行为总是从需要的激发开始的。消费者的需要是消费者行为的原动力。

需要是有机体内部的一种不平衡状态，是个体在社会生活中所必需的事物在人脑中的反映。需要在主观上通常被体验为一种不满足感，并成为个体活动的积极性源泉。这一概念包括以下三点含义。

（1）需要是有机体内部的一种不平衡状态。有机体内部的不平衡状态包括生理和心理两个方面。例如，身体中缺乏水分，会产生饮水的需要；血液中的血糖减少，会产生进食的需要；社会治安情况较差，会产生安全的需要。需要得到满足后，这种不平衡状态会暂时消除；新的不平衡出现时，又会产生新的需要。

（2）需要是人类对某种客观要求的反映。为了个体生存和社会发展，人类对环境必然有一定的要求。这种要求来自两方面：一方面是有机体的内部环境，如生理上的不平衡；另一方面是有机体周围的环境，如社会的要求。需要总是反映有机体内部环境和外部生活条件的某种要求，它通常以人们的意向、愿望、动机、兴趣和价值观的形式表现出来。

（3）需要是人们活动的基本动力，是个体行为积极性的源泉。需要常常以一种不满足感的形式被人们所体验着。当人们感到缺少某种东西的时候，为了得到它，人们通常就会开展某种活动去满足这种需求。

> **想一想**
> 乔布斯曾经说过："消费者并不知道自己需要什么，直到我们拿出自己的产品，他们才发现，这是我要的东西。"你如何理解这句话？

（一）有关需要的理论

最著名的有关需要的理论是需要层次理论，该理论是由美国人本主义心理学家马斯洛于 1968 年提出的。他把人类的需要归纳为五种，且将这五种需要由低到高依次排列（参见图 3.1）。只有人们低层次的需要得到基本满足以后，较高层次的需要才有可能出现。

（1）生理需要，是人类为了生存而必不可少的物质需要，包括对食物、水分、空气、睡眠等的需要。生理需要在人类的各种需要中是最基本的需要，如果一个人的生理需要得不到满足，这个人的其他需要均会被推到次要地位。马斯洛举例说，如果一个人同时缺乏食物、安全和爱情，那么这个人对食物的需要最强烈。在我国，也有"民以食为天"的说法。

（2）安全需要，是指人们对稳定、安全、有秩序、受到保护、免除恐惧和焦虑等的需要。如儿童需要大人陪伴，成人需要劳动安全、职业稳定等。人们在满足基本的生理需要后，才会考虑安全需要。

（3）归属与爱的需要，表现为一个人渴望与他人建立感情上的联系，有所归依，如结交

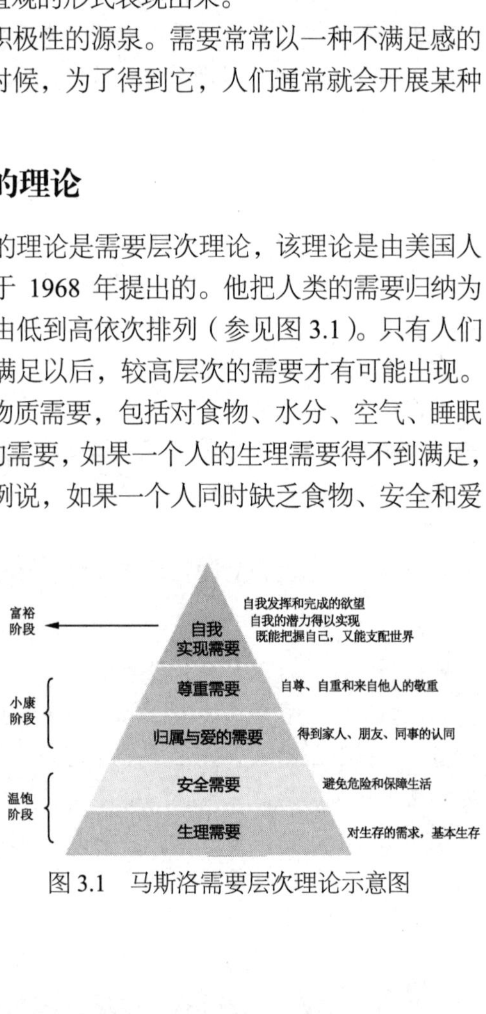

图 3.1 马斯洛需要层次理论示意图

朋友、追求爱情、参加某一团体等。

（4）尊重需要，是指人们希望得到一种稳定的正面评价，包括满足自己的自尊心和得到别人的尊重。自尊心得到满足会使人相信自己的力量和价值，受到别人的尊重会让人产生荣誉感和成就感。反之如果尊重的需要没有得到满足，人们就会感到自卑、疑惧，甚至自暴自弃。

（5）自我实现需要，是人们追求实现自己的能力或潜能，并使之完善的需要，是一种创造性的需要。"美术家必须绘画，诗人必须写诗，这样才会使他们得到最大的快乐。是什么样的角色就应该干什么样的事。我们把这种需要叫作自我实现。"当前面几种需要得到满足后，人们的活动便由自我实现的需要所支配，此时的人们具有高度的自我意识和社会认知能力，富于创造力，能积极面对未知和挑战。

马斯洛认为，人的上述五种需要是天生的，它们处于不同的等级和水平，并成为激励和指引个体行为的力量。

需要层次理论有利于企业搞好市场预测，是企业开展营销活动的重要依据。需要层次理论指出，当人们低层次的需要得到一定程度的满足之后，高层次的需要才会随之出现，然后就需要能满足高层次需要的产品，这为企业预测未来市场提供了一种参照依据。所以企业应研究消费需求层次发展变化的客观规律，分析和预测目前消费者的主导需要层次和未来的发展趋势，不失时机地引导和推动消费者消费需求的变化，以便更好地制订营销策略，满足不同层次的消费需求，取得经营的成功。

（二）消费者需要的基本内容

根据消费者购买产品或服务时所需要获得的满足，我们可以把消费者需要的基本内容概括为以下几个方面。

1. 对产品基本功能的需要

产品的基本功能是指能满足消费者某种需要的物质属性。它是产品被生产和销售的基本条件，也是消费者需要最基本的内容。大多数产品需要具有一定的功能，即能给消费者带来一定的使用效果，否则，这个产品对消费者来说就不具有任何价值。例如，冰箱必须能冷冻或保鲜食品，手表须具有走时准确的性能，这些性能常以技术标准的方式来表述，因此消费者需要产品质量达到技术标准规范的要求。然而，有许多产品的性能无法用技术标准进行表述，如味道、手感之类的特性，此类特性应以满足消费者的要求为依据。

2. 对产品安全性的需要

消费者要求产品在购买、使用、处置的过程中不会对自己的身体、财产造成任何的伤害或损害。例如，蔬菜中化学农药成分过高，化妆品中激素含量过高；儿童玩具中有容易被误食的小部件等，都是一些不安全的因素。各类产品均应符合国家有关的安全规定，确保使用者能够安全使用。对一些生态意识较强的消费者来说，其对产品安全性的需要还包括产品在生产、营销、消费的过程中不对环境造成破坏。

3. 对产品便利性、经济性的需要

便利性是指企业在消费者购买、使用产品的过程中尽可能地为消费者提供方便，减少消费者在时间、精力、体力等方面的付出。在产品或服务的价格、质量等其他条件相同的情况下，

消费者总是会选择那些能提供更大便利性的供应商、产品或服务。甚至在有些条件下，消费者还可能为了便利而放弃其他方面的利益。

经济性是指产品从设计、制造到使用的整个产品生命周期中的成本尽可能低的特性。消费者不仅希望买到价格低廉的产品，还希望能在使用过程中尽可能降低使用费用。例如，消费者都希望洗衣机能节水与节省洗衣粉，空调能节省电能消耗，等等。

美国一家公司曾研制出一种猪皮便鞋，其特点是轻便、舒适、走路无声，故起名为"安静的小狗"。为了解市场反应，该公司采用了请消费者免费试穿的方式，规定在试穿者试穿 8 周后将鞋收回，试穿者也可在 8 周后付 5 美元将鞋留下。结果大多数试穿者都选择了将鞋留下。此后，该公司将这种鞋全面投向市场并大获成功。

4．对产品审美功能的需要

消费者对产品审美功能的需要表现为对产品在工艺设计、造型、色彩、装潢、整体风格等方面的审美价值要求。对美好事物的向往和追求是人类的天性，它体现于人类生活的各个方面。在消费活动中，消费者对产品审美功能的要求，同样是一种持久的、普遍存在的心理需要。在审美需要的驱动下，消费者不仅要求产品具有实用性，还要求产品具有较高的审美价值；消费者不仅重视产品的内在质量，还希望产品拥有完美的外观设计，即实现实用性与审美价值的统一。但是，由于人们在价值观念、社会地位、生活背景、教育修养、职业、个性等方面存在差异，因此不同的消费者往往会具有不同的审美观和审美标准。每个消费者都是按照自己的审美观和审美标准来认识和评价产品的，因而对同一种产品，不同的消费者可能会得出完全不同的审美结论。

5．对产品情感功能的需要

在许多时候，有些消费者会要求所购买的产品具有浓厚的感情色彩，能够体现个人的情绪状态，成为人际交往中感情沟通的媒介，并通过购买和使用这些产品获得情感的补偿、追求和寄托。比如脑白金产品就被赋予了孝敬父母的情感功能。

6．对产品象征性的需要

每个人都有自己的价值观念和追求，产品具有了象征性才能被用来帮助人们表达他们个人的价值观念和追求。比如奢侈品就满足了消费者体现自身身份和地位的需要。

二、消费者的动机

（一）什么是动机

心理学家将动机定义为一种由目标或对象所引导、激发和维持的个体活动的内部心理过程或内部动力。

（1）动机是一种内部心理过程，而不是心理活动的结果。对于内部心理过程，人们不能直接进行观察，但可以通过外部行为间接地推断出来。例如，有的人可以吃得差一点，省下钱来买书，这说明其学习动机强或精神追求高。

（2）动机必须有目标。目标可以引导个体行为的方向，并且提供原动力。例如，当冬季来临时，消费者因寒冷而感到生理紧张，因而产生御寒的需要，进而产生购买冬装的强烈动机。

（3）动机是行为的动力和原因，并要求付诸行动。动机是一种基于需要而由各种刺激引起的心理冲动。需要是动机的基础，但需要并不一定表现为行为，只有当个体感受到对某种生存发展条件的需要，并达到足够强度时，才有可能产生采取行动以获取这些条件的动机。因此消费者的需要须外部刺激加以激活。外部刺激越强，需要转化为动机的可能性就越大。因此，引起消费者动机的外部刺激，是推动其购买动机形成乃至转化为购买行为的重要前提。

通常，人们在清醒状态下采取的任何行为都是由动机引起的，并通过动机导向预定的目标。因此，人类行为实际上是一种动机性行为。动机是行为发生的直接原因和驱动力。同样，消费者的消费行为也是一种动机性行为，他们的购买行为直接源于各种各样的购买动机。因此，研究消费动机可以为把握消费者购买行为的内在规律提供更具体、更有效的依据。

案　例

三个水果商的故事

一个老太太去市场买菜，买完菜路过卖水果的摊位，看到两个摊位上都有苹果卖，就走到第一个商贩面前，问道："苹果怎么样啊？"商贩回答："你看我的苹果不但个大而且很甜，特别好吃。"

老太太摇了摇头，向第二个摊位走去，又向这个商贩问道："你的苹果怎么样？"

第二个商贩答："我这里有两种苹果，请问您要什么样的苹果啊？"

"我要买酸一点儿的。"老太太说。

"我这边的这些苹果又大又酸，咬一口就能酸得流口水，请问您要多少斤？"

"来一斤吧。"老太太买完苹果继续在市场中逛，好像还要再买一些东西。

这时她又看到一个商贩的摊位上有苹果，又大又圆，非常抢眼，便问这个商贩："你的苹果怎么样？"

这个商贩说："我的苹果当然好了，请问您想要什么样的苹果啊？"

老太太说："我想要酸一点儿的。"

商贩说："一般人买苹果都想要又大又甜的，您为什么想要酸的呢？"老太太说："我儿媳妇怀孕了，胃口不好，想要吃酸的开胃。"

商贩说："老太太，您对儿媳妇可是真体贴啊，您儿媳妇将来一定能给您生个大胖娃娃。您要多少？"

"我再来两斤吧。"老太太被商贩说得乐得合不拢嘴，便又买了两斤苹果。

商贩一边称苹果，一边向老太太介绍其他水果："橘子不但酸而且含多种维生素，特别有营养，尤其适合孕妇。您要是再给您儿媳妇买点橘子，她一准儿很高兴。"

"是吗？好，那我就再来两斤橘子吧。"

"您人真好，您儿媳妇摊上了您这样的婆婆，真是有福气。"商贩开始给老太太称橘子，嘴里也不闲着，"我每天都在这儿摆摊，水果都是当天从水果批发市场批发回来的，保证新鲜，您儿媳妇要是吃好了，您再来。""行。"老太太被商贩夸得高兴，提了水果，一边付账一边应承着。

三个商贩都是卖水果的，但效果大不一样。

启发思考

三个水果商贩在卖水果时有哪些不同的表现？第三个水果商贩是如何抓住老太太的心理，促使其购买的？

（二）动机的功能

心理学认为，动机在激励人的行为活动方面具有以下功能。

1. 激活和终止功能

动机作为行为的直接动因，其重要功能之一就是能够引发和终止行为。动机是个体能动性的一个主要方面，它具有发动行为的作用，能推动个体产生某种活动，使个体由静止状态转向活动状态。消费者的购买行为就是由购买动机的发动而产生的。当动机指向的目标达成，即消费者在某方面的需要得到满足之后，该动机就会自动消失，相应的行为活动也就终止了。

2. 指向功能

动机不仅能激发行为，而且能将行为指向一定的对象或目标。这一功能在消费者行为中，首先表现为在多种消费需求中确认基本的需求，如安全、社交、成就等需求，其次表现为促使基本需求具体化，成为对某种商品的具体购买意愿。在指向特定商品的同时，动机还会影响消费者对选择标准或评价要素的确定。通过上述过程，动机使消费行为指向特定的目标或对象。同时，动机还促使消费者在多种需求的冲突中进行选择，使其购买行为朝需求最强烈、最迫切的方向进行，从而获得消费行为效用和消费者需求满足的最大化。

3. 维持和强化功能

动机的作用表现为一个过程。在人们追求实现目标的过程中，动机会贯穿行为的始终，不断激励人们努力采取行动，直至目标的最终实现。另外，动机对行为还具有重要的强化功能，即由某种动机强化的行为结果对该行为的再生具有加强或减弱的作用。正强化是某一行为出现后伴随着喜爱刺激的出现，负强化是某一行为之后伴随着讨厌刺激的消除。消费者在惠顾动机的驱使下，经常对某些信誉良好的商店或商品重复光顾或购买，就是这一功能的明显体现。

🎓 探究活动

请以小组为单位，调查一下自己身边的朋友和同学：是否有过想购买的物品超出自身购买能力的情况？最后是否进行了购买？如果购买了，是怎么达成购买行为的？如果没有购买，当时是怎么思考的？

（三）消费者具体的购买动机

就购买活动而言，消费者的购买动机往往十分具体，其表现形式复杂多样，与购买行为的联系也更为直接。因此，对于企业经营者来说，深入了解消费者形形色色的购买动机，对把握消费者购买行为的内在规律，指导企业的营销实践，具有更加现实的意义。消费者的购买动机可以做如下划分。

1. 追求实用的购买动机

追求实用的购买动机是指以追求商品的使用价值为主要目的的购买动机。持这种购买动机的消费者往往注重商品的使用价值，在购买商品时特别重视商品的质量、功能、使用效果，讲求商品的耐用性、经济性、可靠性，对商品的外观、造型是否时尚等则放在次要位置考虑。倘若商品的使用价值不明确，甚至没有实际用途，消费者便会放弃购买。此类消费者的消费观念朴实而理性，他们有较丰富的购买商品的经验。这种动机并不一定与消费者的收入水平有必然联系，而主要取决于消费者个人的价值观念和消费态度。

2. 追求新奇的购买动机

追求新奇的购买动机是指以追求商品的时尚和新颖为主要目的，注重商品的"时髦"和"新奇"，讲求商品的款式和社会流行趋势的购买动机。具有这种购买动机的消费者往往富于想象，渴望变化，喜欢创新，有强烈的好奇心。他们在购买过程中，特别重视商品的款式是否新颖独特、符合时尚，对造型奇特、不为大众熟悉的新商品情有独钟，而不大注意商品是否实用及其价格的高低。这类消费者在求新动机的驱动下，经常凭一时兴趣，进行冲动购买。他们是时装、新式家具及各种时尚商品的主要消费者和消费带头人。

案　例

淄博烧烤的爆火

2023 年，山东淄博凭借烧烤灵魂"烤炉+小饼+小葱蘸料"三件套火爆全网，同时也带动了整座城市的发展。有关数据显示，山东有望成为旅游市场新"顶流"，淄博 2023 年"五一"住宿预订量较 2019 年上涨 800%，增幅位居山东第一。

自 2023 年淄博烧烤爆火之后，淄博在当年"五一"假期快速策划举办了淄博烧烤节。2024年的"五一"假期，淄博又在同一地点继续举办了第二届烧烤节，游客热度依然有增无减。淄博正努力将"流量"打造成为"留量"。

启发思考

淄博烧烤持续出圈的原因是什么？大家奔赴淄博的动机是什么？

3. 追求美感的购买动机

追求美感的购买动机是指以追求商品的欣赏价值和艺术价值为主要目的，注重商品的颜色、款式、包装等外观因素，讲求商品的风格和个性化特征的购买动机。具有追求美感购买动机的消费者在挑选商品时，特别重视商品的外观造型、色彩和艺术品位，希望通过购买格调高雅、设计精美的商品获得美的体验和享受。这类消费者同时注重商品对人体和环境的美化作用及对精神生活的陶冶作用。例如，通过款式、色彩和谐的服饰搭配美化自我形象，选购具有艺术气息的家庭装饰用品美化居住环境，以及对美容、美发服务的消费，等等，都是消费者追求美感购买动机的体现。

4. 追求廉价的购买动机

追求廉价的购买动机是指以注重商品价格低廉，希望以较少支出获得较多利益为特征的购买动机。具有这种购买动机的消费者，以追求商品价格低廉为主要目的，注重商品的价格变动，对商品的款式、包装、品牌等不十分挑剔。追求廉价的购买动机固然与消费者的收入水平较低有关，但对于大多数消费者来说，以较少的支出获取较大的收益是一种带有普遍性的甚至是永恒的购买动机。

5. 追求名望的购买动机

追求名望的购买动机是指以追求商品的品牌知名度高、品质高档为主要目的，借以显示或提高自己的身份或地位，注重商品的社会声誉和象征意义，讲求商品与其生活水平、社会地位和个性特征的关联性的购买动机。现代商业竞争中，一些名牌商品由于质量精良、知名度高、声誉良好、市场竞争力强而备受消费者的青睐。有些消费者出于慕名心理，在购买前即预先将名牌商品确定为购买目标；在购买过程中，面对众多同类商品，仍会将注意力直接指向名牌商品。追求名望的购买动机不仅可以满足消费者追求名望的心理需要，而且能够降低购买风险，加快商品选择过程，因而在品牌差异较大的商品，如家用电器、服装、化妆品的购买中，已成为带有普遍性的主导动机。

案　例

聪明的售货员

在某商场里，一对外国夫妇对一枚价值 8 万元的翡翠戒指很感兴趣，售货员介绍后见顾客对价格有些犹豫，于是告诉他们，某国总统夫人也曾对它爱不释手，但是因为价格贵而没有买。那位夫人一听，便立即买下了。

启发思考

这位售货员抓住了顾客怎样的购买心理与购买动机？

6. 追求安全、健康的购买动机

现代消费者越来越注重自身的生命安全和健康，并且把保障安全和健康的商品作为消费的重要内容。持有这种购买动机的消费者通常把商品的安全性能和是否有益于身心健康作为购买与否的首要标准。就安全性能而言，消费者不仅要求商品在使用过程中各种性能安全可靠，如家用电器不出现意外事故，住房装饰材料不含有毒物质，汽车的安全性能有绝对保障等，还会刻意选购各种安保用品和服务，如保险、私人保镖等。与此同时，追求安全、健康的动机日益成为消费者的主导性动机。在这一购买动机的驱动下，选购医药品、保健品、健身用品已经成为现代消费者经常性的购买行为。

7. 追求便利的购买动机

追求便利是现代消费者提高生活质量的重要方式。受这一购买动机的驱动，人们把购买目标指向可以减少家务劳动强度的各种产品和服务，如洗衣机、冰箱、洗碗机、方便食品、家庭服务等，以求最大限度地减轻家务劳动负担。电子商务兴起后，消费者对网购送货上门的依赖性越来越强，这是京东商城等电商企业崛起的关键。随着生活节奏的加快，消费者追求便利的购买动机也日趋强烈。

8. 惠顾性购买动机

惠顾性购买动机也称习惯性动机，是指消费者对特定商店或特定品牌产生特殊信任偏好，从而在近似条件反射的基础上习惯性地、重复地光顾某一商店，或反复地、习惯性地购买同一品牌、同一商标的商品。惠顾性购买动机有助于企业获得产品的忠实消费者群体，保持稳定的市场占有率。例如"米粉"和"花粉"，相应地总是会优先选择小米和华为的产品。

9. 储备性购买动机

储备性购买动机是指消费者出于储备商品的价值或使用价值的目的而产生的购买动机。这种购买动机主要有三种表现形式：①保值储备，如购买金银首饰、名贵工艺品、名贵收藏品等；②当市场出现异常（如求大于供）或者社会出现动乱等情况时，消费者会考虑自己的能力而尽量地储备商品，以应对社会的不安定和动乱；③消费者购买有价证券进行保值或投资有风险的增值储蓄。

10. 满足嗜好的购买动机

满足嗜好的购买动机是指以满足个人特殊偏好为目的的购买动机。许多消费者由于专长兴趣和个人嗜好，特别偏爱某一类商品，如摄影作品、花鸟鱼虫、古玩字画、音响器材等。这些嗜好往往与消费者的职业特点、知识结构、生活情趣有关，因而其购买动机比较理智，购买指向也比较稳定和集中，具有经常性和持续性的特点。

11. 纪念性购买动机

纪念性购买动机是指消费者为了记录一种气氛、一种情景以留下美好的回忆而产生的购买动机。与之相关的一些旅游市场的纪念品、各种纪念照的拍摄、摄像服务、各种节日纪念礼品等都是用来满足消费者这类动机的。

12. 取得平衡的购买动机

取得平衡的购买动机是指消费者需要通过购买某种商品来使个人心理状态达到平衡的购买动机，也就是趋同性的购买动机。如当某个消费者周围的人都购买了某种商品，该消费者感觉自己也必须购买同样的甚至高于这个等级的商品，以此来达到心理平衡。

（四）关于动机的理论及其在市场营销中的作用

动机是消费者行为的直接动力。在市场营销过程中，营销人员要善于去激发和调动人们的消费动机，因此很有必要了解几种影响较大的与动机相关的理论。

1. 本能理论

19世纪中期，生物学家和早期的比较心理学家们对动物行为进行了大量的研究，发现了很多低等动物所显示的大量复杂的本能行为模式。例如，黄蜂无须教育就能建造形式复杂的蜂窝，候鸟能够迁徙几千千米而无须向导。

人生来就会吃，困了就睡觉，这种有机体生来具有的、特定的、不学而能的行为倾向，就是本能。本能理论认为，人的大部分行为是由本能控制的，本能是人类行为的原动力。在心理学领域开展本能研究的代表人物主要有詹姆斯、麦独孤等。

从营销的角度来看，理解这种行为的价值在于，可以基于消费者的本能行为设计出更有效的营销刺激。例如，在婴儿用品的广告画面中，运用婴儿可爱的影像往往能够激发妈妈们的母爱，也容易赢得一般受众对广告和广告产品的好感，从而增强广告的效果。

在复杂的人类行为中，本能行为只是很小的一部分，许多被视为"人类天性"的行为也可以通过后天的学习来改变。因此，现在很少有学者坚持将人的天性或本能作为人类复杂行为背后的动因。

2. 精神分析理论

自有人类以来，人们就在思考推动人类行为的原动力是什么。奥地利心理学和精神病学家弗洛伊德提出的精神分析理论是具有代表性的一种动机理论。

弗洛伊德认为人有两大本能。一种是生的本能，像饮食、性、自爱、他爱等个人所从事的任何愉快的活动，都是生的本能。另一种是死的本能，他称之为"萨那托斯"（即希腊神话中的死神），像仇恨、侵犯和自杀等都是死的本能。这两种本能在现实生活中都不能自由发展，常常受到压抑而进入无意识领域，并在无意识中并立共存，驱使人们行动。人们的每一种动机都是无意识的生的本能和死的本能的混合物。

弗洛伊德把心理比作冰山，把露出水面的一小部分比作意识领域，把水下的大部分比作无意识领域。人们会有意识地压抑自己的本能冲动，但无意识的本能冲动不能消除，也不能被完全控制。这些无意识的本能冲动常以梦、失言、笔误及神经症状等形式表现或显现出来。要了解人类行为背后潜藏的动机，只分析意识领域是不充分的，也是不恰当的。于是，弗洛伊德采用自由联想、释梦等方法来解释人们无意识的动机过程。

根据弗洛伊德的精神分析理论，人们可能会因为种种原因而压制和隐藏一些原始的本能冲动。具体到消费者行为，很多时候消费者对商品的选择，可以说是由消费者本人没有意识到的深层次动机驱动的。因此，很多时候我们是无法直接探明消费者购买某种商品的真正原因的，只有通过一定的心理学的方法和技术，分析消费者的无意识领域，才有可能找到消费者购买这种商品的真正原因。

3. 驱力理论

驱力是指由个体生理需要所引起的一种紧张状态，它能激起或驱动个体行为以满足需要、消除紧张，从而恢复机体的平衡状态。赫尔是驱力理论的代表性人物。

驱力理论认为，驱力与需要紧密相连，心理学把需要理解为短缺，而驱力理论把需要局限于生理需要短缺。例如，需要食物就意味着缺少食物，不需要喝水就说明机体不缺水。所以，这个理论认为，有机体的需要缺失（如饥、渴等不平衡状态）会激起一种强烈的生理唤醒状态（如饥饿），这种状态就是驱力；驱力引发个体做出特定的活动（如寻找食物并吃掉它）以满足需要，消除紧张状态，使机体恢复平衡。一般来说，某种生理上的短缺越严重，则需要越强烈，来自内部的特定驱力也就越大，由此产生的行为也就越积极、越有力；随着需要渐渐得到满足（比如逐渐吃饱），相应的内驱力渐渐减弱，行为也就渐渐消极起来；当需要完全满足后，内驱力减弱到零，行为于是停止（比如吃饱了就"不想"吃了，也就"不吃"了）。因此，动机的内驱力减弱被解释为：动机是需要未满足时产生的内部驱动力，行为是这种内驱力的表现；行为的目的是满足需要，也就是减弱内驱力。

从营销角度来说，驱力理论集中于令人产生不愉快状态的生理需要。根据驱力理论，企业在营销时应使自己的产品成为导向的目标，应使这种产品成为人们用于减少被激发起的紧张感的唯一购买目标。

4. 诱因理论

驱力理论强调了个体活动来自内在的动力，但它忽略了外在环境在引发行为上的作用，针对这种缺陷，人们提出了诱因理论。诱因是指能满足个体需要的外部刺激，它具有激发或诱使个体朝向目标的作用。

本能理论和驱力理论注意到行为是"被推动的"一面，动机的诱因理论却注意到行为是"被拉动的"一面。你不想吃吗？美味佳肴可以"诱使"你吃。因此，所谓"诱因"，是指可以诱发行为的一切外部因素。例如价格的高昂和便宜都可能成为个体做出购买行为的诱因，尽管购买者实际上并不短缺该物品。诱因分为"正"诱因和"负"诱因。如果你口渴，那么水就成了"正"诱因，它诱使你趋向它；导致疼痛的刺激则称为"负"诱因，它使你回避它，所以诱因具有双重的功能。

比起动机的本能理论和驱力理论，动机的诱因理论有很多的优点。它充分认识到人们的心灵是一个复杂的信息加工系统，而五花八门的诱因其实就是丰富多样的信息及其组合。这样，诱因理论为我们通过改变环境因素来影响人们的购买行为开辟了广阔天地，使我们在引发和阻止他人做出特定的行为方面更加有所作为。例如，家具生产企业可以通过外形、色彩的精心设计，给消费者以美感，激发他们的购买欲望。酒店可以通过氛围的营造，如空间、色彩、背景音乐、气味等的组合运用，给消费者以愉悦、舒适的享受，进而增加他们的胃口和食欲。又如，企业可以通过可靠的产品质量、完善的售后服务，争取和强化消费者的重复购买行为。总之，营销人员可以通过对营销工具进行有效的组合运用，引导消费者的预期或影响消费者的特定行为，达到营销的目的。

案例

最牛的销售员

一个乡下来的小伙子去应聘城里"世界最大"的"应有尽有"百货公司的销售员。

老板问他："你以前做过销售员吗？"

他回答说："我以前是村里挨家挨户推销的小贩儿。"老板喜欢他的机灵："你明天可以来上班了。等下班的时候，我会来看一下。"

一天的光阴对这个乡下来的穷小子来说太长了，有些难熬。但是年轻人还是熬到了5点，差不多该下班了。老板真来了，问他："你今天做了几单买卖？"

"一单。"年轻人回答说。"只有一单？"老板很吃惊地说，"我们这儿的销售员一天基本上可以完成20到30单生意呢。你卖了多少钱？"

"30万美元。"年轻人回答道。"你怎么卖到那么多钱的？"目瞪口呆、半晌才回过神来的老板问道。

"是这样的，"乡下来的年轻人说，"一个男士进来买东西，我先卖给他一个小号的鱼钩，然后是中号的鱼钩，最后是大号的鱼钩。接着，我卖给他小号的鱼线、中号的鱼线，最后是大号的鱼线。我问他上哪儿钓鱼，他说海边。我建议他买条船，所以我带他到卖船的专柜，卖给他长20英尺、有两个发动机的纵帆船。然后他说他的大众牌汽车可能拖不动这么大的船。于是我带他去汽车销售区，卖给他一辆丰田新款豪华型'巡洋舰'。"

老板后退两步，几乎难以置信地问道："一个顾客仅仅来买个鱼钩，你就能卖给他这么多东西？"

"不是的，"乡下来的年轻售货员回答道，"他是来给他妻子买卫生棉的，我就对他说：'好好的周末，干吗不去钓鱼呢？'"

启发思考

消费者的需要是固定的吗？营销人员如何才能激发消费者的需要与购买动机？

第二节　消费者的气质

气质与性格都是消费者典型的个性心理特征，都对消费者的购买行为有着重要的影响。研究消费者的气质，主要是观察和判定消费者具有哪些气质特征，从而发现其购买活动的规律，有针对性地提供各种服务，更好地满足消费者的需要。

一、气质的概念

在日常生活中，气质是指一个人的"脾气""秉性""性情"。在现代心理学中，气质是指表现在人们的心理活动或行为的动力方面的稳定的个人特点。

人们一般把知觉的速度、思维的灵活性、动作反应的快慢归结为心理活动速度方面的特点，把情绪的强弱、意志的紧张度归结为心理活动强度方面的特点，把注意力集中时间的长短、情绪的起伏变化归结为心理活动稳定性方面的特点，把心理活动倾向于外部事物或自身内部归结为心理活动指向性方面的特点。这些方面的特点组合在一起，使人表现出不同的气质特征，如有的人思维敏捷、动作灵巧，有的人反应缓慢、行动迟缓；有的人性情急躁、容易冲动，有的人沉着冷静、比较稳重；有的人热情活泼、善于交际，有的人沉默寡言、喜欢独处。

气质是人的天性，并无好坏之分。它不能决定一个人的社会价值，与人们的道德品质也没有必然联系。但气质的确会给人的活动涂上一层个人色彩，使人完成活动的动力特点不同。而且，一个人的气质往往会表现出相对稳定的特点，并会对他的心理和行为产生持久影响，每个消费者都会以其特有的气质类型出现在他的各种消费活动之中。在购买同一商品时，不同气质类型的消费者可能会采取完全不同的行为方式，而气质类型相同或相近的消费者常常有近似的行为特点。例如，有些消费者唯恐吃亏上当，左挑右选；有些消费者则唯恐买不到，冲动购买。

气质虽然具有稳定的特点，但在教育和生活条件的影响下也会发生缓慢的变化。首先，人的神经系统在环境刺激和外界条件下进行活动，具有可塑性。在生活环境和教育的影响下，人们的气质可以被隐藏或得到一定程度的改变。其次，从个体心理的发展角度来看，人们的气质往往随年龄增长而有所改变。例如，在青少年时期，人们往往会表现得好动，情绪易冲动、热情；到中年以后，人们在行为活动中则趋向沉稳、理智和冷静。

微视频
解读气质

二、气质学说与类型

（一）主要的气质学说

最具代表性的气质学说是希波克拉底的气质的体液学说和巴甫洛夫的高级神经活动类型说。

1. 气质的体液学说

希波克拉底认为，人体内有四种基本体液，即血液、黏液、黄胆汁和黑胆汁，它们分别产生于心脏、脑、肝和胃。这四种体液在不同人体内所占的比例不同，如果太多或太少，或者彼此游离、不能结合，人就会痛苦；它们的比例适当，和谐流动时，人才会健康幸福。因而气质的原意是比例、关系的意思，是指整个人的体质（其中包括气质），而不是单指现在心理学上的气质。

公元 2 世纪，罗马医生盖伦发展了希波克拉底的体液学说，他把人的气质分为 13 类，后又被医学家们简化为四类：多血质、黏液质、胆汁质、抑郁质。其中每一种气质类型的特点都由体内某种占优势的体液的特点所决定，并产生相应的心理表现：黄胆汁占优势时表现为胆汁质，其特征是兴奋性强、急躁易怒；血液占优势时表现为多血质，其特征是活泼、快乐、好动；黏液占优势时表现为黏液质，其特征是沉静、情绪淡漠、不好动；黑胆汁占优势时表现为抑郁质，其特征是忧郁、变化迟缓、易哀愁。

用体液来解释气质虽然缺乏科学依据，但是对后世的影响相当大。这四种气质类型的名称被许多学者采纳，并一直沿用至今。

2. 高级神经活动类型说

生理学家巴甫洛夫主张用高级神经活动类型来解释气质。巴甫洛夫通过实验发现，高级神经活动有两个基本过程：兴奋过程和抑制过程。每个过程都有三个基本特征：①强度，即神经细胞和整个神经系统的工作能力或耐力，有强弱之分；②平衡性，即兴奋和抑制过程一致性的程度，有平衡和不平衡之分；③灵活性，即兴奋和抑制过程转换的快慢难易，有灵活和不灵活之分。

巴甫洛夫根据神经系统的这三种特征的不同组合，确定了四种高级神经活动的基本类型：①强、平衡、灵活型，又称活泼型，其特点是神经过程非常平衡，反应灵敏，容易兴奋，能迅速适应变化了的外在环境；②强、平衡、不灵活型，又称安静型，其特点是行动迟缓，难于兴奋，由于神经过程难以从一种状态转化为另一种状态，因此不大容易适应迅速变化了的环境；③强、不平衡型，又称兴奋型或不可遏制型，其特点是兴奋强度胜过抑制强度，易冲动，神经质，对自己的行为常常难以控制；④弱型，又称抑制型，其特点是兴奋和抑制过程都很弱，行为拘谨，在适应生活方面有一定困难，容易表现为神经症。

这四种高级神经活动类型正好与体液学说中四种传统的气质类型相对应，见表 3.1。

表 3.1 高级神经活动类型与气质类型的关系

高级神经活动过程	高级神经活动类型	气质类型
强、平衡、灵活	活泼型	多血质
强、平衡、不灵活	安静型	黏液质
强、不平衡	兴奋型或不可遏制型	胆汁质
弱	抑制型	抑郁质

（二）气质类型的心理特征和行为特征

现代心理学中对体液学说四种气质类型的心理特征和行为特征做了较为明确的界定和描述，见表 3.2。

表 3.2 四种气质类型的典型心理特征和行为特征

气质类型	心理特征	行为特征
多血质	敏感性弱，反应性、主动性强，行动敏捷，情绪兴奋性强，可塑性强，外倾	活泼好动，反应迅速，喜欢与人交往，注意力易转移，兴趣易变换，具有外向性
胆汁质	敏感性弱，反应性、主动性强，行为较刻板，情绪易冲动，可塑性较差，外倾	急躁、直率、热情，情绪兴奋性强，易冲动，心境变化剧烈，具有外向性
黏液质	敏感性弱，反应性和主动性弱，反应迟缓，行为刻板，兴奋性弱，情绪平和，可塑性差，内倾	稳重、安静，反应缓慢，沉默寡言，情绪不易外露，注意力稳定且不易转移，善于忍耐，具有内向性
抑郁质	敏感性强，反应性和主动性弱，反应迟缓，行为刻板，情绪抑郁，可塑性差，内倾	行动迟缓而且不强烈，孤僻，情绪体验深刻，感受性很强，善于觉察别人不易觉察的细节，具有内向性

丹麦漫画家皮特斯特鲁普创作的《一顶帽子》形象地表现了不同气质的人对同一事物的不同反应，如图 3.2 所示。

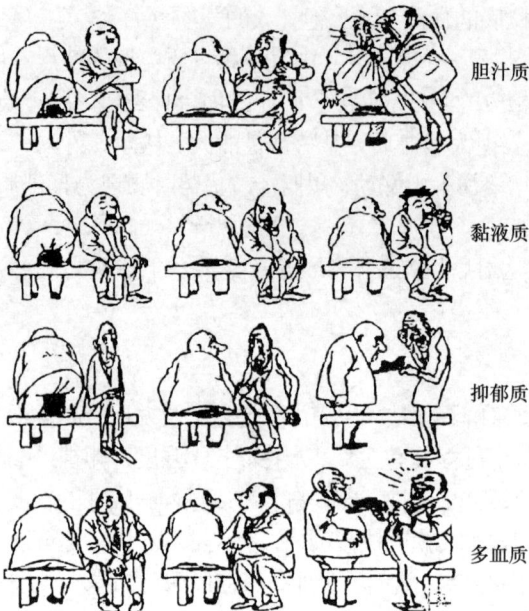

图 3.2　《一顶帽子》漫画

上述为典型气质的特征，在现实生活中，具有这样的典型气质的人比较少，多数人属于一般型气质（某一气质倾向稍高于其他倾向）或混合型气质（两种气质倾向相近，并明显高于其他倾向）。

三、气质与消费者行为

气质对消费者的影响是多方面的。消费者对商品的种类（风格）的喜恶、对不同类型广告的接受程度，以及在实际购买场合的表现等都与其气质类型密切相关。

1. 多血质型

多血质型气质的人情绪外露，反应灵活，行动敏捷，兴趣广泛，兴奋性较强，因而对商品的感受性强，而且容易与售货员或其他顾客交换意见；在购买商品时，决心下得快，主意改变得也快。这类顾客在购物时，对周围环境及人物的适应性较强，乐于向售货员咨询，但有时商品目标会转移，行为中感情色彩浓，富于想象力。对待这种类型的顾客，售货员应热情周到，尽量主动为他们提供各种服务、信息，当好参谋，只有这样才能取得他们的信任与好感，促进其购买行为的完成。售货员还应尽可能使谈话主题围绕所出售的商品，避免谈论与商品无关的事。但售货员必须对这种顾客所谈的事给予较大的关注，切不能以不感兴趣、漠不关心的态度来对待他们。

> **想一想**
>
> 　根据日常行为，分析一下自己及小组中其他同学的气质类型。
>
> 　扫描二维码，进行气质类型自测，看测试结果与你对自我的了解是否一致。

2. 胆汁质型

胆汁质型气质的人精力充沛，热情果断，情感强烈，但抑制能力差。反映在购买活动中，这类顾客情绪体验强烈而持久，心境变化剧烈，脾气急躁，情绪容易激动。他们对售货员及商品的评价直截了当，行动干脆，喜欢提问题、提意见。这类顾客在购买活动中的显著特征是容易冲动，如被商品的某一特点所吸引，兴趣一上来，可能会立即做出购买行为，事后又后悔。接待这一类顾客，售货员要头脑冷静，充满自信，动作快速准确，语言简洁明了，态度和蔼亲切，使顾客感到售货员能急他所急，想他所想，全心全意为他服务。

3. 黏液质型

黏液质型气质的顾客在购物时少言、较谨慎、细致、认真，情绪兴奋性不强，内倾性较明显，反应速度较慢，稳定性强，灵活性弱。在购买活动中，他们多数情况下独自慢慢进行挑选，对商品的好坏不轻易下结论，行动稳重、缓慢，语言简练，善于控制自己，一般不征求他人的意见，也不易受外界环境因素影响，甚至不喜欢售货员过分热情。对这类顾客，售货员要待其挑选一会儿后再与其接触，以免影响他们观察商品的情绪，也不要主动、过早地表达自己的见解，尽可能让他们自己挑选。

4．抑郁质型

抑郁质型气质的顾客在购买商品时，情绪变化缓慢，观察商品细致而认真，体验深刻，往往能发现商品的细微之处。他们语言谨慎，行动小心，决策也较缓慢，容易反复，既不完全相信自己的判断，又怀疑商品的质量，易受外界因素的影响。售货员的服务态度、其他人对商品的评价、广告等都有可能引起他们心理上的波动，从而完成或中止购买行为。针对这些特点，售货员对抑郁质型气质的顾客要耐心细致，体贴周到。售货员还要熟知商品的性能、特点，耐心回答这类顾客提出的问题。

第三节　消费者的性格

一、性格的概念

在现代心理学中，性格是指人们对现实的态度和习惯化的行为方式所表现出来的稳定的个性心理特征。例如，"勤劳"与"懒惰"，"勇敢"与"怯懦"，"诚实"与"虚伪"，等等，都是对人们性格的描述。

性格表现了一个人的品德，人的性格会受价值观、人生观、世界观的影响，如有的人大公无私，有的人自私自利。对于这些具有道德评价含义的人格差异，我们称之为性格差异。人们的性格是在后天社会环境中逐渐形成的，是人的最核心的人格差异。性格有好坏之分，能直接地反映一个人的道德风貌。

二、性格与消费者行为

消费者的性格是在购买行为中起核心作用的个性心理特征。不同的消费者有不同的性格特点，这些特点体现在各自的消费活动中，形成了不同的消费者行为。可从不同角度对不同性格的消费者进行划分。

> 微视频
> 性格的先天和
> 后天

1．从消费态度的角度划分

从消费态度的角度，我们可以将消费者分为节俭型、保守型、随意型等三种类型。

（1）节俭型的消费者，在消费观念和态度上崇尚节俭，讲究实用，在选购商品过程中较为注重商品的质量、性能、实用性，以物美价廉为选择标准，而不太在意商品的外观造型、色彩、包装、品牌及消费时尚，不喜欢过分奢华、高档昂贵、无实用价值的商品。

（2）保守型的消费者，在消费态度上较为严谨，生活方式刻板，性格内向，怀旧心理较重，习惯于传统的消费方式，对新产品、新观念持怀疑、抵制态度，在选购商品时，喜欢购买传统的和有过多次使用经验的商品，而不愿冒险尝试新产品。

（3）随意型的消费者，在消费态度上比较随意，没有长久稳定的看法，生活方式自由而无固定的模式。这种类型的消费者在选购商品时表现出较强的随意性，且选择商品的标准往往多样化，经常根据实际需要和商品种类有不同的选择标准和要求，同时受外界环境及广告宣传的影响较大。

2. 从购买行为方式的角度划分

从购买行为方式的角度，我们可以将消费者分为习惯型、慎重型、挑剔型、被动型等四种类型。

（1）习惯型的消费者，在购买商品时习惯参照以往的购买和使用经验，一旦认准某一品牌的商品，便会重复购买，产生惠顾性购买行为，同时受社会时尚、潮流影响较小，不会轻易改变自己的观念和行为。

（2）慎重型的消费者，在性格上大都沉稳、持重，做事冷静、客观，情绪不外露。选购商品时，这种类型的消费者通常根据自己的实际需要并参照以往的购买经验，进行仔细慎重的比较权衡，然后才会做出购买的决定。在购买过程中，这种类型的消费者受外界影响小，不易冲动，具有较强的自我抑制力。

（3）挑剔型的消费者，性格特征表现为意志坚定，独立性强，不依赖他人。这种类型的消费者在选购商品时强调主观意愿，自信果断，很少征询或听从他人意见，对营业员的解释说明常常持怀疑和戒备心理，观察商品细致深入，有时甚至过于挑剔。

（4）被动型的消费者，在性格特征上比较消极、被动、内倾。由于缺乏商品知识和购买经验，这种类型的消费者在选购过程中往往犹豫不决，缺乏自信和主见；对商品的品牌、款式等没有固定的偏好，希望得到别人的意见和建议。由其性格决定，这类消费者的购买行为常处于消极被动状态。

> **想一想**
> 根据自己的亲身经历，思考一下自己是什么性格类型的消费者。

应该注意的是，以上对不同性格的消费者所做的分类，只是为了便于了解性格与人们的消费行为之间的内在联系及不同消费者行为的具体表现。在现实购买活动中，由于周围环境的影响，消费者的性格往往表现得比较模糊。所以，在观察和判断消费者的性格特征时，我们应当特别注意其稳定性，不应以一时的购买表现来判断其性格类型。

第四节　消费者的能力

人们进行任何一项社会活动，都需要一定的能力做保证，才能顺利地达到预期的目的。例如，读书需要有理解能力、记忆能力，写作需要有创作能力、文字表达能力，广告工作需要有想象能力、创意能力、艺术表现能力、团队协作能力等。能力会直接影响消费者的购买行为。因此，研究消费者的能力结构及其对消费者行为的影响具有重要的现实意义。

能力是直接影响活动效率，决定活动能否顺利进行的个性心理特征。能力的强弱会影响一个人掌握某种活动技能的快慢、好坏。在其他因素相同的条件下，能力强的人比能力弱的人可以取得更好的活动效果。

在现代市场经济条件下，随着各种资源要素、物质产品、精神产品、服务的商品化及人们生活水平的不断提高，消费者从事消费活动的内容和领域迅速扩展，在深度和广度上超过了以往任何时代。消费者要想获得需求的满足，就需要具有认识问题、收集信息、判断选择、购买决策及做出购后评价的能力。如果某方面能力较弱，消费者行为就会受到限制，他们的需求就会难以获得有效的满足。

一、一般能力

一般能力是指在不同种类活动中表现出来的能力，如观察力、记忆力、思考力、想象力、创造力等。其中，思考力（抽象逻辑思维能力）是一般能力的核心。在消费者实际购买活动中，对商品的感知、记忆、辨别能力，对信息的综合分析、比较评价能力，购买过程中的选择决策能力等都属于一般能力。一般能力的强弱会直接导致不同消费者消费行为方式和效果的差异。

（一）感知力

感知力是指消费者对商品的外部特征和外部联系直接反应的能力。感知力是消费行为的先导，通过它，消费者可以了解到商品的外观造型、色彩、气味、轻重及所呈现的整体风格，从而形成对商品的初步印象，为进一步做出分析判断提供依据。因此，感知力是消费者行为需要的一种基本能力。

消费者的感知力差异主要体现在速度、准确度、敏锐度上。感知力的强弱会影响消费者对消费刺激的反应。感知力强的人往往能发现他人不易察觉的商品的优点或缺点，在购物中，对商品的质量是否过关，造型有无缺陷，制作是否精美，他们能很快地做出比较全面的评价；而感知力较弱的人往往看不到商品的某种不太明显的优缺点，这样，他们既可能失去购买某种优质商品的机会，又有可能购买到有某些缺陷的商品。因此，在营销活动中，针对感知力较差的消费者，售货员应主动提醒其注意某些不易被察觉的优点，对某些虽不明显但有一定影响的缺点也应如实告知，避免其购买后因发现这些问题而造成负面影响。

（二）记忆力

记忆力是指人们记住经历过的事物，并在一定的条件下重现或在这个事物重复出现时能确认曾感知过它的能力。记忆力对消费者的购买行为有着重要的影响，甚至在一定程度上决定着其购买决策。一般而言，记忆力强的消费者，其购买决策受广告影响较大；记忆力差的消费者，其购买决策受购物现场环境的影响更大。

（三）注意力

注意力比较强的消费者，往往一进商店，就能在琳琅满目的商品中迅速找到他们所需要和喜欢的商品，或者能很快发现他们感兴趣的商品，而注意力比较差的人很难做到这一点。现实生活中经常会出现这样的情况，两个人具有相同的购物目的，都到过同一家商店，前者买到了称心的商品，后者看到后也很喜欢，但后者当时在商店里根本未注意到这件商品。

（四）思维想象能力

消费者的思维想象能力包括以下几个方面。

1. 辨别能力

辨别能力是指消费者能将不同的产品区分开来的能力。

消费者的辨别能力与个人经验密切相关。如果消费者购买、消费经验丰富，产品知识渊博，其辨别能力就会比较强。特别是对一些技术含量较高的产品或时尚产品，有一定专业知识的消费者，其辨别能力要比普通消费者强得多。他们不仅能通过实体产品的特征（如色彩、型号、大小、重量等）辨别出不同的产品，还能根据专业知识区分不同产品的内在品质及其所能提供的价值和利益。而普通的消费者只能从产品的外观上了解其大概。一些重传统经验的消费者，辨别产品的方法比较简单，习惯于眼看、手摸、嘴尝、耳听、鼻嗅。而购买经验丰富、接受新鲜事物较快的消费者，他们的辨别方法则比较灵活，不仅靠自己的感官感知产品，而且会充分利用各种形式收集尽可能多的信息，辨别不同品牌或产品在性能、质量、可靠性和特色上的差异。

2. 分析评价能力

分析评价能力是指消费者对收集的产品信息进行整理、加工、分析、比较，进而对产品的优劣、好坏做出判断的能力。

从信息论的角度考察，消费活动是消费者不断接收市场输入的产品信息，进行加工处理，然后输出信息的活动过程。在这个过程中，对信息进行加工处理就是要对有关的产品做出评价，并对不同产品之间的优劣做出判断。因此，分析评价能力强的消费者，能清楚地了解产品的优缺点、不同购买选择的利弊，从而往往能做出正确的购买决定。而分析评价能力差的消费者，往往难以从众多的信息中提取到有用的信息，更不能做出迅速、准确的分析和判断。分析评价能力在影响消费者行为中的作用是相当大的。如果不了解产品的性能、使用方法及其能给自己带来的利益，消费者就会有较多的顾虑和担心，从而推迟或放弃购买。分析评价能力较强的消费者，由于能对产品做出合理并且自信的判断，评价结论一旦得出，就会立即做出是否购买的决策，而不会有太多的等待和观望。

3. 选择决策能力

选择决策能力是消费者购买行为中最主要的能力，它是指消费者在对产品进行评价、选择的基础上，在不同的备选购买方案中做出最优选择的能力。

消费者选择决策能力的强弱直接受其自信心、性格、气质及对产品的认知程度、参与水平、经验和购买习惯等因素的影响。自信心较强、处理问题迅速果断的消费者选择决策能力较强；反之，自信心不足、处理问题优柔寡断的消费者选择决策能力较弱。消费者对某种产品越熟悉，参与水平越高，有关的购买和使用经验越丰富，或者属于习惯性购买，那么他的选择决策能力就越强，决策也越果断、越迅速；反之，消费者对某种产品越陌生，参与水平越低，有关的购买和使用经验越少，那么他的选择决策能力就越弱，决策也越迟缓。

4. 应变能力

应变能力是指消费者所具有的对消费过程中出现的意外情况的适应和应对能力。例如，消费者去商店本来打算买某个牌子的产品，但是商店没有这个牌子的产品，其他牌子的同类产品却很多，是买还是不买？买哪一个牌子的？又如，当发现自己想买的车子有一点小"毛病"时，如何与卖主砍价？在买房时，如何与开发商就购买合同的具体条款进行谈判？要灵活处理这些问题，就需要消费者具有应变能力。应变能力强的消费者面对突发情况能够冷静分析，权衡利弊，重新做出判断选择，并尽可能地争取自己的利益；而应变能力差的消费者面对新情况时，往往不知如何是好，甚至可能会放弃购买。

🎓 探究活动

评价地毯实验

有一个专家做过这样一个实验：从同一卷地毯上割下四块相同的地毯样本，在四块地毯样本前面分别标示高级商店、高价格，高级商店、低价格，低级商店、高价格，低级商店、低价格，要求被试给这四块地毯样本的质量划分等级。结果发现，被试认为高价格地毯的样本质量要比低价格地毯样本的质量好得多。

请分析产生这种结果的原因。

二、特殊能力

特殊能力是指消费者购买和使用某些专业性商品所应具有的能力，它通常表现为以专业知识为基础的消费技能。例如，对高档照相器材、专用体育器材、古玩字画、钢琴、珍贵毛皮、中药药材、计算机、轿车及音响等消费品的购买和使用，需要相应的专业知识以及辨析力、鉴赏力、监测力等特殊的消费技能。倘若不具备这些特殊能力而购买某些专业性商品，则消费者往往很难取得满意的消费效果，甚至无法发挥商品应有的使用效能。

在满足物质需要的基础上，通过商品消费美化生活环境，是现代消费者的共同追求。有些具有较高品位和文化修养的消费者，在商品美学价值评价与选择方面显示出较高的审美情趣与能力。这种能力往往使他们在服饰搭配、居室装饰布置、美容美发、礼品选择等方面做得更好。

三、消费者对自身权益的保护能力

在市场经济条件下，消费者作为居于支配地位的买方主体，享有多方面的天然权利和利益。这些权利和利益经法律认定，成为消费者的合法权益。然而，这一权益的实现不是一个自然的过程。在市场环境中，侵犯消费者权益的事件屡有发生，这在客观上要求消费者自身不断增强自我保护能力。

《中华人民共和国消费者权益保护法》规定，消费者享有九项基本权利，概括如下：①安全保障权；②知情权；③自主选择权；④公平交易权；⑤求偿权；⑥结社权；⑦获得有关知识权；⑧人格尊严和民族风俗习惯受尊重权；⑨监督权。所有消费者都应通晓这些内容，清楚自身的合法权益。

归纳与提高

需要是有机体内部的一种不平衡状态，是个体在社会生活中所必需的事物在人脑中的反映。需要在主观上通常被体验为一种不满足感，并成为个体活动的积极性源泉。

动机是一种由目标或对象所引导、激发和维持的个体活动的内部心理过程或内部动力。

　　动机是消费者行为的直接动力，关于动机的理论主要有本能理论、精神分析理论、驱力理论、诱因理论。

　　在日常生活中，气质是指一个人的"脾气""秉性""性情"。在现代心理学中，气质是指表现在人的心理活动或行为的动力方面的稳定的个人特点。气质的体液学说将气质划分为四种类型：多血质、黏液质、胆汁质、抑郁质。

　　性格是人们对现实的态度和习惯化的行为方式所表现出来的稳定的个性心理特征。

　　能力是直接影响活动效率，决定活动能否顺利进行的个性心理特征。

综合练习题

一、概念识记

　　需要　动机　气质　性格　能力

二、单项选择题

　　1．决定人的气质的主要因素是（　　　）。

　　　　A．职业因素　　　B．性别因素　　　　C．先天因素　　　　D．后天社会因素

　　2．驱力其实就是（　　　）。

　　　　A．生理性动机　　B．社会性动机　　　C．内部动机　　　　D．外部动机

　　3．美国人本主义心理学家马斯洛所提出的需要理论叫（　　　）。

　　　　A．精神分析理论　B．需要层次理论　　C．三重需要理论　　D．需要演化理论

　　4．《三国演义》中的张飞属于（　　　）气质类型。

　　　　A．胆汁质　　　　B．多血质　　　　　C．黏液质　　　　　D．抑郁质

　　5．以情感爆发强烈，为人热情、直率，表里如一，行动敏捷为特点的气质类型是（　　　）。

　　　　A．多血质　　　　B．胆汁质　　　　　C．黏液质　　　　　D．抑郁质

　　6．诚实或虚伪、勇敢或怯懦、谦虚或骄傲、勤劳或懒惰等描述的是个体的（　　　）。

　　　　A．性格特征　　　B．能力特征　　　　C．气质特征　　　　D．认知特征

　　7．需要层次理论中，（　　　）在最高层。

　　　　A．尊重需要　　　B．归属与爱的需要　C．缺失需要　　　　D．自我实现需要

　　8．（　　　）不是一般能力。

　　　　A．感知力　　　　B．记忆力　　　　　C．思维想象能力　　D．鉴赏力

三、多项选择题

　　1．马斯洛认为需要的满足是（　　　）。

　　　　A．有规律的　　　　　　　　　　　　　B．由低层次向高层次不断发展的

　　　　C．由高层次向低层次不断发展的　　　　D．每个人都不同的

　　2．以下关于需要层次理论的说法中，正确的有（　　　）。

　　　　A．人的需要有五个层次：生理需要、安全需要、归属与爱的需要、尊重需要、自我实现需要

B．层次越高的需要出现得越晚

C．层次较低的需要直接关系到个体的生存，所以又叫生长的需要

D．层次较高的需要有益于健康长寿和精力旺盛，所以又叫缺失的需要

3．诱因（　　　）。

　　A．能引起有机体的定向活动　　　　B．是由生理需要引起的

　　C．是可激发活动的动机　　　　　　D．是追求需要满足的唤醒状态

4．下列关于气质和性格的说法中，正确的有（　　　）。

　　A．气质是先天的，但在一定条件下也可以改变；性格是后天形成的，但也具有一定的稳定性

　　B．相对于气质来说，性格更具有社会道德评价意义

　　C．气质和性格是个性的两个不同的组成部分，它们既有区别又有联系

　　D．气质更多地体现了个体的生物属性，性格更多地体现了个体的社会属性

5．多血质型的人的行为特征是（　　　）。

　　A．活泼好动，善交际，不怯生

　　B．言语、行动敏捷，兴趣多变

　　C．注意力转移的速度慢，注意力容易集中

　　D．行为外向，容易适应外界环境的变化，容易接受新事物

6．以下说法中，正确的是（　　　）。

　　A．性格有好坏之分　　　　　　　　B．多血质的人比抑郁质的人好

　　C．性格是在后天因素的作用下形成的　D．性格是稳定的，不可改变

7．黏液质型的人的行为特征是（　　　）。

　　A．情绪的兴奋性弱，但很平稳　　　B．注意力不太容易集中

　　C．反应速度慢，行为内向，举止平和　D．不善言谈，交际适度

四、简答题

1．消费者需要的基本内容有哪些？以消费行为实例加以说明。

2．什么是需要层次理论？根据需要层次理论，说明需要发展变化的规律。

3．在购买行为中，消费者经常表现出来的动机有哪几类？

4．试述主要的购买动机理论。根据购买动机理论，企业应该如何制订市场营销策略？

5．气质有哪几种典型形式？我们应如何根据消费者的气质特点做好营销工作？

实 训 项 目

1. **实训目的**：通过调查了解同学气质类型与其消费特点之关系。

2. **实训内容**：以小组为单位，通过测验，分析每位同学的气质类型，制定简易问卷调查其消费特点。分析他们的气质类型与消费特点是否有一定的关系。如果有，是什么关系？

消费者购买决策与购买行为

【学习目标】

通过对本章内容的学习，读者应理解消费者购买决策的内容和过程，了解消费者购买行为的概念与类型，掌握消费者购买决策的类型，掌握消费者购买行为的一般模式，能运用购买行为理论分析现实生活中的消费行为问题、影响消费者购买决策的原因、消费者非理性购买的心理原因。

【引导案例】

买衣服

某天，某商场老年服装专柜来了一家人，走在前面的是一对中年夫妇，爷爷拉着孙子走在后面。中年女人围着柜台转了一圈，拿起一件衣服打量了半天又放了下来，最后选中了一件比较高档的衣服，让老爷子试穿。

老爷子："衣服虽然好看，但是太贵了。"

中年男人："您过生日，我们花钱，不用管贵不贵。"

老爷子听了，面色不悦，转身要走。

中年女人急忙打圆场，说："爸，您先试试，不合适的话，咱们就不买。"

小孙子也在旁边鼓劲："就是，就是，爷爷快去试一试。"

营业员见状，眼明手快地给老人选了一个尺码，并请老人去试衣间试一下衣服。几分钟之后，老人从试衣间走出来，中年女人夸奖道："您穿着真好看，看起来特别精神。"

小孙子围上去，拍着手说："这个好，这个好，爷爷都年轻了。"

营业员说："您真有福气，儿孙一片心意，孝敬您的，就收下吧。"

老爷子面露笑容，中年夫妇见状赶紧付款，营业员手脚麻利地将衣服包好，一家人高高兴兴地出了商场。

启发思考

（1）在这个家庭的购买决策过程中，每个人扮演了怎样的角色？

（2）购买过程中包含了哪些决策内容？

消费者选定最佳购买方案的决策过程，在消费者购买活动中占有极为重要的地位，它直接决定了消费者是否会发生购买行为。因此，消费者购买决策与购买行为之间的关系十分紧密。

第一节 消费者购买决策

一、购买决策的内容

所谓决策，是指在几种备选方案中进行选择的过程。

消费者购买决策是指消费者为满足某种需要而实施的寻找、选择、评价、判断和决定等一系列心理活动，是消费者在可供选择的若干购买方案中确定一种最佳方案的心理过程。简单来说，其包括消费需求的确定、购买动机的形成、购买方案的选择和实施，以及购买后的评价等环节。

一般来说，消费者购买决策的内容可以概括为 5W1H。

（1）购买者决策（Who）主要解决的是由谁购买、为谁购买、谁决定购买、谁是购买发起者、谁影响购买等一系列问题。在"引导案例"中，购买的发起者是中年女人，购买的影响者是中年男人、营业员、小男孩，购买决策者是老爷子，购买者是中年夫妇，购买使用者是老爷子。购买者对商品销售影响很大。不同性别的消费者对商品的鉴别能力不一样。比如，女士在购买服装、食品等商品时，挑选能力往往比男士强，此类商品大多由女士购买；而对于家电等商品，往往是男士的挑选能力比较强，通常由男士购买；重要的商品，如住房，则往往需要全家一起决定。

（2）购买目标决策（买什么/What）是购买决策的核心和首要问题。确定购买目标不只是确定购买类别，还要确定购买的具体对象及内容，包括商品的名称、品牌、款式、规格和价格。例如，同样是买一件上衣，有长袖的，有短袖的；有真丝材质的，有棉麻材质的；有翻领的，有圆领的；等等。

（3）购买原因决策（为什么买/Why）即权衡购买动机。例如，小王购买了一台洗衣机，是为了洗衣服省时省力；小李购买了一台新款洗衣机，是为了淘汰家中使用已久、功能欠佳的旧式洗衣机；小张也购买了一台洗衣机，是为了孝敬父母，减轻父母的家务负担。由此可见，即便消费者有同样的购买行为，其背后也可能有不同的购买动机。

（4）购买地点决策（在哪里买/Where）。购买地点受多种因素影响，如消费者的购买经验和购买习惯，产品价格、数量、质量，服务态度，路途远近，等等。它既和消费者追求便利的动机有关，又和消费者的求廉动机、求速动机有关。

（5）购买时间决策（何时买/When）也是购买决策的重要内容，它与主导购买动机的迫切性有关。在消费者的多种购买动机中，往往由需要强度高的购买动机来决定购买的时间。例如，我们做晚饭的时候发现没有盐了，通常会马上去距离最近的超市买一袋；家里的电视机用了多年，虽然款式比较老旧，但功能依然正常，大多数消费者会等到商家有较大优惠力度的时候再选择购置新的电视机。除此之外，购买时间的选择也和市场供应状况，商场的营业时间，交通情况和消费者的闲暇时间、购买力等因素有关。

（6）购买方式决策（如何买/How）。消费者在购买商品时，要事先决定采用什么购买方式。购买方式的选择会受消费者的个性、受教育程度、职业、年龄和性别等多种因素的影响。购买方式还受各种外界因素影响，比如消费者想用微信支付，卖方是否接受；是否能延期或分期付款；等等。

总之，一般人的购买行为都是在各种条件下，通过各种信号对大脑的刺激，决定谁要买、买什么、为什么要买、在哪儿买、何时买以及如何买。当然，心理状况不同、生活习惯不同、生活水准不同、生活能力不同、消费观念不同以及生活环境不同的消费者，都要对上述几方面的问题进行考虑，而后才能将思维与行动相结合，做出最终的购买决策。

📖 知识点滴

除可将消费者购买决策内容概括为 5W1H 外，还可以将其概括为 7O，即购买者（Occupants）、购买对象（Objects）、购买目的和动机（Objectives）、购买组织（Organizations）、购买行为（Operations）、购买时机（Occasions）、购买地点（Outlets）。

二、购买决策的类型

购买决策是一个较为复杂的问题，从多方面对购买决策进行分类，有助于我们对购买决策的理解和应用。

1. 按照购买决策的方式分类

按照购买决策的方式不同，购买决策可以划分为个人决策、家庭决策和社会协商决策。

（1）个人决策是指消费者利用个人的知识经验和掌握的信息而做出的购买决策。人们平日大量的购买决策都是这种决策。例如，消费者对日常生活用品的购买，就是凭借自己的经验直接做出购买决策的。也有一些特殊情况，如遇到抢购短缺商品或其他紧迫问题时，市场上的某种商品供不应求，消费者来不及和他人商量，需要立刻做出个人购买决策。这种决策方式可以提高决策效率，但容易出现失误。

想一想

想一想，自己在最近的一次大型购买活动中充当了什么角色。

（2）家庭决策是指由主要的家庭成员共同商议，凭借大家的经验和智慧共同做出的购买决策。例如，家庭在购买所需的大件耐用商品（家用电器等）、房产和汽车等时，就需要发挥家庭成员的决策能力，共同做出购买决策。购买商品的消费支出占家庭消费支出的比重越大，个人决策的可能性就越小。家庭决策需要花较多的时间搜集多方信息，经过反复评价选择得出结果后再做出购买决策，因而决策比较慎重，失误较少。

（3）社会协商决策是指消费者在购买决策过程中，通过社会化的渠道广泛搜集信息，协商讨论，凭借社会群体的经验做出的集体性决策。由于家庭成员对某类产品的了解较少，且产品不断推陈出新，因此仅靠家庭内部的信息做出决策是不够的，这时消费者就需要听取亲朋好友的意见、销售人员的介绍和建议、厂商的广告宣传等信息后，再做出购买决策。在这类决策中，厂商传递给消费者的信息及营销人员提供的咨询与建议均会对消费者的购买决策起到较大的作用。

2. 按照购买决策的性质分类

按照购买决策的性质不同，购买决策可以划分为战略性购买决策和战术性购买决策。

（1）战略性购买决策是指消费者针对家庭及家庭成员的未来、长远规划所做出的购买决策，又称为家庭宏观购买决策。如，消费者决定未来家居环境要紧跟时代潮流，更加注重科技的力量，就必然要考虑在未来几年内购买什么大家电。这种购买决策主要用于家庭发展战略上。

（2）战术性购买决策是指为实现战略性购买决策目标而采取的具体方式和方法，它比战略性购买决策更具体、更现实，考虑的时间也短一些，又称为家庭微观购买决策。如消费者做出了未来家居环境向高科技化靠拢的决定，就要考虑近期先购买什么及购买方式、购买时间等。

3. 按照购买决策问题的风险分类

按照购买决策问题的风险不同，购买决策可以划分为确定型购买决策和风险型购买决策。

（1）确定型购买决策是指影响消费者购买决策的因素是确定的，是可以预料的，因而购买决策的结果也是确定的、可以预料的。也就是说，一个方案只有一种确定的结果，消费者做出购买决策时对未来的情况已完全掌握，没有不确定的因素。

（2）风险型购买决策是指购买决策中存在多种不确定的但某种情况下又可以预测的因素，因而一个方案可能会出现几种不同结果的决策，消费者做出这种购买决策需要承担一定风险。例如，消费者投资股票，第一次在不熟悉的网站购买某种商品。消费者做出风险型购买决策时出现的各种可能的结果，大多以概率为依据。

4. 按照购买决策的重复程度分类

按照购买决策的重复程度不同，购买决策可划分为常规性购买决策和非常规性购买决策。

（1）常规性购买决策是指消费者对经常或者例行购买行为的决策，如消费者对米、油、盐、肥皂等生活必需品的购买决策。这种类型的购买决策具有简单性、重复性、可把握性的特点。

（2）非常规性购买决策是指消费者对偶然发生或首次进行的、非重复性购买的商品的购买决策，如购买房产、汽车等。

5. 按照购买决策的目标要求分类

按照购买决策的目标要求不同，购买决策可以划分为最优购买决策和满意购买决策。

（1）消费者总是力求通过购买决策方案的选择、实施，取得最大效用，使某一方面的需求获得最大限度的满足，按照这一指导思想做出的决策即为最优购买决策。这种购买决策的实质就是要实现理想条件下的最优目标。

（2）在现实条件下，理想条件很难存在，消费者只需要得到相对满意的购买结果。对于这样的购买决策，我们称为满意购买决策。满意购买决策比最优购买决策的实用性更强。

三、购买决策的过程

消费者在实际购买商品之前，必然会有一系列的活动，购买之后还会有购后感受。消费者完整的决策过程是以购买为中心，包括购前、购后一系列活动在内的复杂的行为过程。

（一）问题认知

购买行为始于消费者对某一问题或需要的觉察。问题认知是指当消费者的期望（理想状态）与现实情况（即时状态）间存在差距时，消费者会产生对某种产品或服务的需要。问题认知或确认需要，是消费者决策的第一步。心理学研究表明，当人们缺乏某种东西时，会产生紧张不安的感觉，个体察觉后便产生了消除这种紧张不安的心理愿望，形成了购买需求。消费者的这种购买需求，可以是由内部刺激引起的，也可以是由外部刺激引起的。概括来说，引起消费者购买需求的因素可以归纳为以下五种。

（1）存货的耗尽或不足是引起消费者产生购买需求的最常见的原因。消费者的消费品，诸如米、油、盐等生活必需品用尽时，必须再次购买以满足自身需要。这种实际上的缺乏与应有的补充之间所存在的差距，使消费者产生购买需求。

（2）对现有物品的不满会引起消费者对问题的认知。例如，女性的服饰随时尚潮流变化较大，虽然有时旧衣服仍旧能穿，但有的人会不愿意穿着过时、老气的衣服。因此，不少女性会关注当下的服饰潮流，并对其产生购买需求。

（3）新的需要的产生。个体或家庭在不同阶段会有新的需要，产生新的消费。例如，随着个体的成长，到了婚龄期，从住房、家具到家用电器，会产生诸多购买需求；子女出生后，就需要为子女购买专用的衣物和用品；等等。

（4）新产品的问世。随着科学技术的发展，许多新产品具有更优的性能，以吸引消费者关注和购买。例如，扫地机器人能够大大节省人力和时间，受到消费者的追捧。

（5）营销活动。对于市场营销人员来说，产品本身（质量、性能、包装、品牌）、定价、销售渠道、广告媒体的宣传，都可作为外界刺激传递给消费者，引起消费者对现状的不满足，促使消费者产生购买愿望和购买行为。这些市场营销策略的效果在一定意义上取决于消费者可能从中认知到的对某产品的需要程度。

（二）信息获取与处理

消费者不断地认知问题，了解需要，于是为了解决这些问题和满足需要就必须进行信息的搜集，将其作为决策依据，帮助自己做出决策，这是一个不断进行的过程。

1. 信息的获取

消费者可以从内部、外部同时获取信息。消费者可以利用记忆中的相关经验、知识等信息，确定是否有现存的令人满意的解决方法，并对各种方法进行比较，这属于内部搜寻。消费者搜寻的是记忆中的与问题有关的信息，包括消费者通过自己使用、参观、试验得到的信息。当通过内部搜寻未能找到合适的解决方法时，搜寻过程将集中于与问题解决相关的外部信息，如市场信息源（推销人员、经销商、广告、包装、产品介绍等提供的信息）、相关群体信息源（从家庭成员、亲戚、朋友等处得到的信息）、公众媒体信息源（广播、电视、网络及其他大众传播媒介提供的信息）等。

通常，消费者获得的信息大部分来自市场，对其影响最大的则是相关群体。一般来说，消费者获得的信息越丰富，就越有利于其做出购买决策。

2. 信息的处理

当确定自己的需要后，消费者就会考虑自己要买什么样的商品，希望这些商品有什么样的功能和特点。这些希望拥有的功能和特点就是消费者的评价标准。每个消费者的要求不同，对商品的评价标准也不同，越符合其要求的商品，越能在消费者的评价标准体系中胜出。

🎓 探究活动

对比不同商场的消费者需求

3~5名学生组成一组，对周围不同的人群进行调查，活动时间为一上午。活动任务：①调查不同人群获取信息的来源有哪些，这些信息来源的重要性是如何排序的；②分析不同人群信息来源不同的原因。

（三）备选方案的评估

消费者在经过信息的获取与处理后，会对这些信息做认真的加工、整理和筛选，从中选出最佳的方案。由于各种方案各有利弊，消费者要根据自己的评价标准对各种备选商品的质量、效用、款式、价格、品牌、售后服务等进行比较评价，分析它们的优缺点，缩小选择的范围，这是消费者决策过程中决定性的一环。总的来说，对于不同的商品，消费者感兴趣的属性不同。例如，消费者买冰箱时多关心容积够不够，耗电量大不大；买洗衣机时会关心衣服洗得干不干净，费不费水；买空调时会特别在意制冷效果和静音效果。对于同一件商品，不同的消费者所关注的商品属性可能不同。例如买手机时，有的消费者关心拍照是否清晰美观，有的消费者关心手机音质是否优异，还有的消费者关心性价比是否令人满意。

～～～～ **案　例** ～～～～

多多益善？

2000 年初，美国斯坦福大学和哥伦比亚大学曾经做了一项很有意义的实验，实验结果表明，一个人面前的机会越多，反而会产生越严重的负面结果。

第一次实验是在美国斯坦福大学一位教授的指导下实施的。他首先让一组 10 个人在 6 种巧克力面前选择自己喜欢的巧克力，然后他又让另一组 10 个人在 36 种巧克力面前选择自己喜欢的巧克力。当教授问两个小组的成员对自己选择的巧克力的满意度的时候，让教授感到特别意外的是，后一组的人居然都不满意自己的选择，认为自己应该多选选，都因为没有找到理想的巧克力而后悔。

第二次实验是由哥伦比亚大学的一位教授在美国一家特大商品超市实施的。这位教授让工作人员设置了两个食品销售点。同样，在第一个销售点有 6 种口味的食品，在第二个销售点有 36 种口味的食品。实验结果表明，第二个销售点吸引了 260 多人，但是在做统计的时候，让教授失望的是，仅有 18 人买了第二个销售点处的食品，而且在工作人员的询问下，这些人表示自己并不满意所买的食品；而仅有 6 种口味的销售点虽然吸引了不到 80 人，却有 90%的人购买了食品。

启发思考

备选方案或选择的种类是如何影响我们的决策的？

通常情况下，消费者可以根据以下几个原则来评价备选方案。

（1）理想商品原则。每个消费者心目中都有一个理想商品的形象。一般情况下，消费者在评估时会将实际商品与自己理想中的商品相比较，实际商品越接近理想商品，就越容易被消费者接受。

（2）最低标准原则。最低标准原则是指消费者往往为商品的各种属性规定了一个最低可接受水平。当所有的属性都达到了最低可接受水平时，该商品才会被消费者考虑或接受；对于没有达到最低可接受水平的商品，消费者通常都不会考虑。

（3）单因素评价原则。有的消费者只用一个单一的标准来选择商品。任何备选方案只要在消费者认为最重要的那一个属性上能达到最低要求就可以被接受，这时候只需要选择性价比最高的就可以了。

（4）补偿性原则。假设商品有若干属性，有的属性可能低劣，有的属性可能优异。消费者在做决定的时候，往往希望能够在一些表现极好的属性与较差的属性之间进行某种程度的平衡。补偿性原则反映的是依据评价标准判断，总体表现最好的品牌将会被消费者选中。

（5）排序原则。排序原则的操作方法类似于编辑词典时所采用的词条排序法，因此又叫"词典编辑"法，即消费者首先将商品的一些属性按照自己认为的重要性程度从高到低排出顺

😊 **想一想**

根据自己的亲身经历，思考一下，自己在购买不同类型商品时都应用了哪些原则。

序，再按顺序依次选择最优品牌。也就是说，消费者先根据排序中第一重要的属性对各种备选品牌进行比较，如果在这种比较后出现了两个及以上的品牌，那么消费者必须根据第二重要的属性进行比较，甚至根据第三、第四重要的属性等进行比较，直到剩下最后一个品牌为止。排序原则与补偿性原则很相似，差别只是排序原则在每一步都寻求表现最佳的品牌，而补偿性原则只是寻求总体表现最佳的品牌。

（6）频次原则。频次原则是指消费者在选择商品时仅简单地计算某个品牌超过其他品牌的属性的数量，而不考虑属性重要性的原则。

（四）购买决策

购买决策是消费者头脑中的内隐活动，是消费者购买过程中最关键的阶段，消费者要根据已掌握的信息资料对购买时间、地点、数量、价格、支付方式等进行选择。然而购买决策并不等价于购买行为，决策内容的具体性和复杂性决定了消费者购买行为会受多种因素的影响和制约。例如，有关商品行情的新变化，购物环境、营业员的态度等，都可能使消费者改变原来的购买决策，如消费者会产生更换品牌、改变购买地点、减少购买数量或推迟购买等行为。

消费者改变购买决策、推迟或取消购买，很大程度上是受到了所感受到的风险的影响。费用很高的购买一般都带有风险，消费者无法确定购买的回报，便会感到担心。消费者所感受到的风险的程度是随所支付费用的多少、属性不确定的程度及自身的自信程度而变化的。消费者对掌握的商品信息进行分析、评价之后，就进入了购买决策阶段。消费者一般有三种性质的购买行为。

（1）试购。由于消费者没有实践经验，为消除疑虑、降低风险，消费者常常先购买少量商品试用，如购买小瓶的洗衣液、化妆品小样等，以证实商品是否货真价实。

（2）重复购买。对于以前购买的效果较好的商品，消费者会继续购买，这种重复购买行为会使消费者产生对品牌的偏好。

（3）连带购买。当产品用途之间具有密切相关关系时（即互补产品），消费者的购买行为也会表现出连带性。例如，买地毯时通常连带购买吸尘器，买砧板时也可能会购买擀面杖，等等。

🎓 **探究活动**

以小组为单位（每组 5~7 人）进行探究活动。在小组中，每个人都分享自己经历过的或者正在经历的一次购买决策过程（最好是重要的或大件商品的购买），分析影响自己购买决策的因素都有哪些。

（五）购后评价与行为

购买商品之后，消费者往往会通过自己使用或他人的评判，与期望值进行比较，产生一定的购后感受，这种感受一般表现为满意、基本满意、不满意三种情况。消费者购后感受的好坏或满意度，会影响消费者是否重复购买。许多企业信奉的名言是："满意的顾客是最好的广告。"以下仅对满意与不满意进行介绍。

💻 **知识点滴**

用户完全满意模式

所谓用户完全满意模式，就是在市场经济条件下，在激烈的市场竞争中，企业为了赢得用户，使用户完全满意。为此，企业应做好各种典型事项，满足各种要求，这体现在市场调研、产品开发、生产销售、售后服务等全过程中。以下是一些知名企业关于顾客满意的宣传口号。

格力集团：顾客满意百分工程。

澳柯玛集团：没有最好，只有更好。

沃尔玛公司：顾客至上。

本田集团：我们的顾客之所以这样满意的理由之一是我们不满意。

1. 满意

购买过程各个环节的信息都会影响消费者对商品的最终评价，如信息的可获取性、价格、零售店服务、产品品质、产品性能、售后服务等。消费者对一次购买的整体满意度就包括了上述各个方面的满意程度。

人们发现，消费者对商品功效的评估和对商品质量的评价密切相关。消费者在购买商品之前一般先形成自己对商品的期望，在消费或者使用商品的过程中体验产品的功能属性，将其与自己之前的期望值进行对比，从而得出对商品是否满意的评价。

商品的功效一般包括工具性功效和象征性功效两个层面。工具性功效与产品的物理功能相关。如对家用电器、手机和其他工具性产品来说，正常运转和发挥实际作用至关重要。而象征性功效同审美或形象强化有关，如衣服的样式、房子的装修风格等都属于象征性功效。运动衣的耐穿性是工具性功效，样式则是象征性功效。只有对这两方面的功效都满意，消费者对此商品才会做出最终的满意评价。一项关于期望功效、实际功效和服装购买满意情况之间关系的研究，得出了以下一般性结论：不满意往往是由工具性功效令人失望造成的，完全满意则需要工具性功效和象征性功效都达到或高于期望水平。

例如购买冰箱后，使用结果会出现两种可能。一是实际功效大于期望功效（实际>期望），这会鼓励消费者在将来重复同样的购买行为。二是实际功效小于期望功效（实际<期望），消费者可能会重新开始整个决策过程，相应的品牌极可能被列入排除名单，在新一轮决策中不会再被考虑。

📟 知识点滴

品牌忠诚

在日常生活中，我们经常听到一个词——回头客，其实这里面暗含消费心理学中的一个现象——品牌忠诚。消费者会对某一品牌或厂商具有情感上的偏爱，以一种类似于友情的方式喜欢该品牌，并在较长的一段时间内持续购买该品牌的产品。

通常一个满意的消费者会这样做：更多地购买并且长时间地对某公司的产品保持忠诚；购买该公司推荐的其他产品并且提高购买产品的等级；经常会说该公司和产品的好话，较少注意竞争品牌的广告，并且对价格也不敏感；会给该公司提供有关产品和服务的好建议。

美国经济学家在大量调查的基础上，科学地归纳出一个比例式——1∶25∶8∶1，即1个满意的消费者，可以影响25个其他消费者，并诱发其中8个消费者产生购买欲望，当中至少有1个消费者会采取购买行为。由于老顾客交易惯例化，因此会比新顾客节省交易成本。

2. 不满意

在面对不满意的商品时，消费者一般会做出以下几种行为。

（1）口头反映。消费者向销售者投诉，要求退货或者赔偿。

（2）私下反映。消费者向朋友或邻居表达对该商品的不满，并告诫他们不要去某处消费或不要购买某款商品，或者是尝试联合亲友抵制某家店铺或某款商品。

（3）向第三方反映。消费者向政府机构或消费者协会投诉，甚至采取法律手段保护自己的合法权益。

也有个别消费者不采取行动。如果消费者不采取行动，就意味着他决定容忍这种不满意状况。对不满意的购买是否采取行动取决于以下几个因素。

（1）购买对消费者的重要程度。如果是大件商品，比较昂贵或者对消费者很重要，那么消费者一般会采取行动；如果购买的仅是一些小物件，那么消费者就可能不去追究商家的责任，也不会采取针对商家的行动。

（2）采取行动的难易程度。如果原来的商家倒闭，或者消费者居住地的周围没有所购商品的代理商等，致使采取行动的代价太大，会导致消费者很难采取针对商家的行动，那么消费者有可能在权衡之后不采取行动。

（3）消费者本身的特点。消费者不同的个性特征、维权意识的强弱也会影响他们对不满意商品的处理方式。

🎓**探究活动**

以小组为单位进行探究活动，每个小组 5～7 人。第一步，每个小组分别选择不同的人群（可以按照年龄划分，也可以按照工作种类或地域划分）作为调查对象；第二步，每个小组收集所选取调查对象可能的消费品类；第三步，调查他们在对所购买的商品不满意的时候，一般会采取哪些行为。

四、购买决策中的非理性行为

"经济人假设"认为人的行为都是理性及自利的，不掺杂情感并以追求个人利益最大化为目的。然而在现实生活中，人们往往会受价值观、个人偏好、情绪变化等多种因素的影响而做出非理性的消费行为。

（一）消费者非理性购买行为与特征

消费者购买决策中的非理性行为具有盲目性和冲动性的特点。

在购买商品时，消费者受当时的心态和环境因素的影响，购买行为的目的可能会发生变化，甚至可能会偏离初衷。个体由于内部需要和外在诱因的共同作用而产生购买需求，这种需求如果受到外部其他强有力的诱因的影响，则会产生新的动机，这种诱因的外部影响有时会超越内部需要，使消费者产生非理性购买行为。

消费者的非理性购买行为呈现出以下一些规律性的变化。

1. 随个体成长的过程呈现出的规律

一般来说，伴随着人的成长，消费行为逐步由感性向理性过渡，其非理性行为是逐步减少的。

儿童消费是一种感性消费，他们在购买商品时不做太多的考虑，也不考虑约束条件。因此，儿童消费中非理性成分比较大。

青少年的消费行为以理性为主，但当他们受到其他外在因素影响时很容易会产生非理性消费行为。

中青年消费者大多正处于或将处于人生事业的黄金时期，丰厚的收入决定了其具有较强的购买力，其个人的消费行为很可能直接决定着整个家庭的消费行为。因此，他们在消费时往往经过慎重思考，也具有一定的知识和经验，大多数情况下能够理性消费。

总体上来说，老年消费群体注重实际需要，消费比较谨慎，追求实用，相对来说消费时最为理性。但有一部分老年人忧患、风险意识过强，投资保值心理比较重，过多依赖已有的经验，容易对未来产生错误的估计，容易被他人所利用，产生非理性消费行为。此外，还有一部分老年消费者的消费观念依旧停留在"短缺阶段"，边际消费倾向（消费变动额和收入变动额之间的比率）非常低，也属于非理性消费的一种。

2. 伴随着知识的积累呈现的规律

消费者的很多非理性消费是由于缺乏对消费品有关信息、知识的了解造成的。俗话说"吃一堑，长一智"，通过对经验、教训的积累或相关知识的学习，消费者可以逐渐避免一些非理性消费行为。事实上，消费者的行为倾向基本上都是通过知识积累产生的，包括态度、价值观念、情趣、偏好等。消费者积累的知识，有的是从小跟长辈学到的，有的是通过老师、报纸等媒介获得的，有的是从与同学、同事的相互交流中得到的，有的是通过自己的消费实践得到的。一般来说，消费者积累的相关知识越多，消费行为越理性。

3. 随收入的高低呈现的规律

收入层次不同，消费者的消费行为也不同。低收入者的消费主要集中于吃、穿、住等基本消费，每月（年）的变化不大；而高收入者的消费更注重休闲消费、个性化消费，变化幅度比较大。在进行决策时，低收入者会很谨慎，认真考虑每一笔花销，因此，他们的消费行为更理性。而高收入者在消费时往往不花费太多的时间思考，消费的随意性比较大，因此，他们非理性的消费行为出现得比较多。

（二）非理性购买的心理分析

消费者做出非理性购买行为受很多因素的影响，比如购买环境、产品营销活动等外部因素，文化、群体等环境因素，还有消费者自身的内部心理因素。其中内部心理因素是非理性购买行为最主要的影响因素。

1. 人格与动机

人格与经济行为是密切相关的，个体的经济行为是与其人格特征相适应的。如对品牌个性的研究中，我们可以把品牌当作人来看待，使品牌人格化、生活化。品牌个性如同人的个性一样，它是通过品牌传播赋予品牌的一种心理特征，是品牌形象的内核，它是特定品牌使用者个性的类化，是使用者心中的情感附加值和特定的生活价值观的体现。所以，消费者钟爱的品牌及该品牌的个性特征往往反映了他们的个性特征，而他们的个性特征又在一定程度上决定了其倾向于购买哪些品牌的消费品。

美国心理学家阿特金森指出，人们有追求成功的动机和避免失败的动机。若人们为了获得满足感，其动机就具有追求成功的倾向；若人们为了减少痛苦、避免失败，其动机就具有避免失败的倾向。也就是说，成就动机高的人希望成功的倾向更强烈。多项研究发现：在企业中那些具有高成就需要的人比那些具有低成就需要的人所获得的晋升机会要多很多。这说明高成就动机更能促进人们的行为成功，由此说明了动机是影响个体活动成效的一个重要因素。另外，动机不同也决定了人们在经济活动中自觉地扮演不同的角色，导致了人们不同的经济行为选择。

2. 心理账户

心理账户是指人们在心理上无意识地把财富划归为不同的账户进行管理，不同的心理账户有不同的记账方式和心理运算法则。由于心理账户的影响，人们在经济活动中常常偏离基本"经济人"的理性原则。心理账户的非替代性是心理账户最本质的特征。在实际生活中，人们的心理存在一个具有特定结构和特点的账户，金钱会被贴上不同的标签，归为不同的心理账户，不同账户里的钱具有不同的功能与用途，产生心理账户的非替代性效应。芝加哥大学著名行为金融和行为经济学家理查德·塞勒（Richard Thaler）在研究中发现，不同消费或支出类别、不同来源的财富、不同的储蓄方式等导致不同心理账户之间存在非替代性。

📟 知识点滴

心理账户

1982年，特维尔斯基教授和卡尼曼教授通过设计以下实验情境，引入"心理账户"的研究。

实验情境A如下。假定你要买一件夹克和一个计算器。在某商场夹克的价格是125美元，计算器的价格是15美元。这时候有人告诉你，开车20分钟后到另一个街区的一家商场，计算器的价格是10美元。请问：你会去另一家商场买计算器吗？

实验情境B如下。假定你要买一件夹克和一个计算器。在某商场夹克的价格是15美元，计算器的价格是125美元。这时候有人告诉你，开车20分钟后到另一个街区的一家商场，计算器的价格是120美元。请问：你会去另一家商场买计算器吗？

在这两个情境中，其实都是对"是否开车20分钟从140美元的总购物款中节省5美元"做出选择。然而，实验对象在两个情境中的回答却不一样。在情境A中，68%的实验对象选择去另一家商场；而在情境B中，只有29%的实验对象选择开车去另一家商场。选择偏好发生了反转。

卡尼曼提出，消费者在感知价格的时候，是从三个不同的心理账户出发进行得失评价的。一个是最小账户，就是不同方案所优惠的绝对值。本实验中的最小账户就是5美元。另一个是局部账户，也可称为相对值账户。例如，在实验情境A中，开车前往另一家店的"局部账户"表现为计算器价格从15美元降为10美元（相对差额为1/3）；而在实验情境B中，"局部账户"表现为计算器价格从125美元降为120美元（相对差额为1/25）。第三个是综合账户，综合账户就是总消费账户，该实验的综合账户为140美元。

卡尼曼认为，在上面的实验中，实验对象自发运用了局部账户，即通过相对优惠值来感知价格。情境A有33.3%的优惠，而情境B仅有4%的优惠。因此，人们的选择偏好发生了反转。

3. 心理预期

心理预期是指经济活动主体为谋求个人利益最大化，对与经济决策有关的不确定因素进行的主观预测。预期理论是由行为经济学创始人卡尼曼和特维尔斯基提出的。预期理论有三个基本观点：①面对获得，人们倾向于风险规避；②面对损失，人们倾向于追求风险；③获得和损失是相对于参照点而言的。也就是说，人们在面临获得时，往往小心翼翼，不愿冒风险；而在面对损失时，人人都成了冒险家。在面对损失的时候，人们愿意冒风险；面对获得的时候，人们愿意要肯定的获得，而不要可能的获得。

诺贝尔奖获得者、心理学家丹尼尔·卡尼曼（Daniel Kahneman）认为，认知偏差会极大地影响个体的经济决策并使其出现非理性经济行为。卡尼曼指出：大多数人在面临获得的时候总是倾向于风险规避，在面临损失的时候总是有风险偏爱，人们对损失比对获得更敏感。例如，你是一家高科技公司的总裁，正在进行一个科研项目并已投入了 500 万元，若再投资 50 万元，产品就可以正式上市。这时你忽然获悉，另一家科技公司刚刚开发了一种与你的研究项目极其相似、功能几乎完全相同的产品，而且正在做市场宣传。因此，不考虑已有的投入，如果继续这个项目，该公司有很大的可能性（90%）会再损失 50 万元，有很小的可能性（10%）会盈利 2500 万元。你会继续投资还是放弃该项目？结果大部分人选择的是继续追加投资。这是由于人们在面临损失时，总是有风险偏好的，而很少有人会考虑继续投资会有很大的可能性（90%）损失更多。

心理预期的参照点是人们对某一事物的期望值。消费者在进行消费时如果认为所要进行的购买行为是存在风险的，那么在传统理论上，消费者是规避风险的，而当消费者面临不消费就会失去手中已有的东西时，通常就会做出自己认为理性的不理性行为。例如购物时所获得的购物券，消费者有时会为了消费掉这些额外得来的购物券而购买一些自己暂时不需要的东西。

心理预期对个体经济行为的影响主要体现在以下三个方面。首先，心理预期对个体消费行为的影响。在消费函数中，个体消费行为是由其消费意愿决定的，而消费意愿的大小取决于个体现有的收入水平、未来收入状况、资产拥有状况、对物价的预期等因素，这些因素影响个体的消费支出和消费结构。其次，心理预期对个体投资行为的影响。个体投资的偏好性受收益预期与价格预期的影响。在现实经济生活中，当个体的基本消费需求得到满足后，投资行为就会发生，其目的是实现资产的增值，而投资的收益预期是决定个体投资方向、投资大小的重要因素。最后，心理预期对个体储蓄行为的影响。储蓄是人们对占有货币并达到一定数额的一种渴求和欲望，是人们各种需要的间接反映。当个体预期未来的通货膨胀率提高时，这一方面意味着个体的储蓄会贬值，另一方面意味着个体的实际储蓄收益会下降。因此，消费者将减少当前储蓄，甚至动用过去的储蓄，购买未来的消费品或转向投资。

案　例

蜜雪冰城的定位

"你爱我，我爱你，蜜雪冰城甜蜜蜜……"一首歌让蜜雪冰城迅速走红。没有什么高深的文案，接地气的歌曲反而更让大众接受。最初，蜜雪冰城的定位就是三四线城市，售卖的甜筒、奶茶也不过 3～10 元。这样清晰的人群定位，造就了品牌对外形象一定要接地气和亲民。

蜜雪冰城的火并不是偶然，它有清晰的定位，价格便宜，不装、不做作的品牌形象深入人心，深受下沉市场的热爱与追捧。连锁门店从 2018 年的 5000 余家迅速增长，截止到 2023 年 9 月，加盟店有 36000 余家。

启发思考

相较于其他的茶饮店，为什么有人更愿意选择蜜雪冰城？

第二节　消费者购买行为

消费者购买行为的概念有广义和狭义之分。广义的购买行为是指从购买决策形成到商品转移到消费者手中的过程；狭义的购买行为是指消费者在购物场所选择商品、支付费用并获得商品使用权的过程。这两者的共同点是，商品转移到消费者手中并由其取得所有权。

一、购买行为的类型

消费者的购买行为有多种类型，可从不同的角度进行划分。

1. 根据消费者行为和所购商品的不同划分

根据消费者行为的复杂程度和所购商品本身的差异性大小，消费者购买行为可以划分为复杂型、和谐型、简单型、多变型等四种。

（1）复杂型。复杂型购买行为是指消费者初次购买差异性很大的耐用消费品时发生的行为。购买这类差异性比较大的商品时，消费者通常要经过一个认真考虑的过程，要广泛搜集各种有关信息，对可供选择的品牌进行反复评估，在此基础上建立起品牌信念，形成对各个品牌的态度，最后慎重地做出购买选择。如购买汽车、住房等大件消费品，一般都属于这种类型的购买行为。

（2）和谐型。和谐型购买行为是指消费者购买差异性不大的商品时发生的行为。由于商品本身的差异不明显，消费者一般不必花费很多时间去搜集并评估不同品牌的各种信息，而主要关心的是价格是否优惠，购买时间、购买地点是否便利等。因此，和谐型购买行为从引发需要和动机到决定购买的时间较短。如购买一般纸笔等文化用品，就属于这一类购买行为。

（3）简单型。简单型购买行为是一种简单的、常规的购买行为。消费者已熟知商品特性和各主要品牌的特点，并已形成品牌偏好，因而不需要寻找、搜集有关信息。这种购买行为一般出现在消费者购买价值较低、频率较高的商品时，如每天买新鲜蔬菜，每月买两块肥皂等。

（4）多变型。多变型购买行为是为了使消费多样化而常常变换品牌的一种购买行为，一般出现在消费者购买品牌差别虽大但较易选择的商品时，如购买方便面等速食品。

2. 根据消费者态度的不同划分

根据消费者态度的不同，消费者购买行为可以划分为习惯型、理智型、冲动型、经济型、情感型和疑虑型等六种。

（1）习惯型。习惯型购买行为是指消费者根据过去的使用习惯而采取的定向购买行为。这种购买行为实际上是一种"认牌型"购买行为。这类消费者重视以往的购买和使用经验，较少受广告宣传和时尚的影响。

（2）理智型。理智型购买行为是指消费者在购买商品时比较慎重、有主见，不易受外部因素的影响。采取这种购买行为的消费者在购买前通常要做广泛的信息收集和比较，他们还会认真考虑商品的价格、质量、损坏或发生故障的频率以及维修服务的价格、商品的使用寿命等因素。

（3）冲动型。冲动型购买行为是指消费者受到外界因素的影响而迅速做出购买决策的购买行为。采取这种购买行为的消费者在购买时感情容易冲动，他们较多注意商品的外观、外形，容易受广告宣传的影响。

（4）经济型。经济型购买行为是指消费者对商品价格非常敏感，在选购商品时多从经济角度考虑，一心寻求最经济划算的一种购买行为模式。采取经济型购买行为的消费者在购买时特别注意商品价格。这种购买行为有两种表现形式：一种是选低价行为，消费者对价格改变反应特别灵敏，购买时会选择价格低的商品；另一种是选高价行为，购买者认为商品一般质价相符，高价格必有高质量。

（5）情感型。情感型购买行为是指消费者受感情支配做出购买决策的行为。某些消费者由于情感体验深刻，想象力丰富，在购买时对购物环境，商品的外观、色彩、命名和知名度都极为敏感，并在情感的支配下产生购买行为。

（6）疑虑型。疑虑型购买行为是指由于消费者性格内向、谨慎、多疑等特点导致的购买行为。如有些消费者对包装精美的商品不会轻易相信，担心上当，在购买时犹豫不决就属于这种购买行为。

此外，还可以根据消费者在购买现场的情感反应，将购买行为划分为沉静型、温顺型、活泼型、反抗型、傲慢型等五种。根据这五种购买行为，消费者也可被区分为不同的类型。

知识点滴

冲动购物

冲动购物是指一种受无计划的、瞬间产生的一种强烈的、持续的、立即购买的渴望驱使而产生的购物行为。在超市中，75%的消费者的购物决定是在15秒钟之内做出的。因此，如何在关键的时刻影响消费者的购买行为成为厂商关注的焦点。

有研究分别统计了女性和男性易冲动购物的商品名单。结果显示，女性易买衣服、鞋子、内衣、家居装饰、手袋、化妆品或护肤品、首饰、护发用品、食物，男性易买数码相机、笔记本电脑、音箱、手机、电脑游戏、衣服、运动用品、食物。

影响消费者冲动购物的主要因素有以下几个。

时间：购物时间越充裕，冲动购物行为越多。

交通状况：交通不便会减少消费者的冲动购物行为。

购物地点：线上消费（尤其是观看电商直播）时经常会导致冲动购物行为。

商品品类的丰富程度：门店商品种类越多，消费者在其中的购物时间越长，越容易产生冲动购物行为。

商品促销：门店进行商品促销时，往往能够激发消费者的购物冲动。

商品的特性：一些小型、轻巧、易于携带的物品更有可能引发消费者冲动购买。

可支配收入：消费者的可支配收入越多，冲动购物行为产生的概率就越大。

即学即练

一位研究者观察了 120 名消费者在三家超市购买洗衣液的行为。结果发现，70%的消费者只看了一种品牌包装的洗衣液，30%的消费者看了两种及两种以上品牌包装的洗衣液；83%的消费者只买了一种洗衣液，而 17%的消费者购买了两种及两种以上的洗衣液。

请根据所学的知识分析这些消费者的购买行为分别属于什么类型，并分析自己属于什么类型的消费者。

二、购买行为的一般模式

尽管不同的消费者有不同的行为方式，但根据行为科学的解释，每一个消费者都不是孤立的，而是隶属于一个群体的社会成员，有其特定的需求动机和意识，因而其购买行为必然有一定的规律。研究这一规律对于诱导消费需求，影响消费者的购买行为，实现企业的营销目标，有着重要的实际意义。营销人员可以通过研究消费者的实际购买行为而了解他们买了什么，在哪里买的，买了多少，等等，但了解消费者为什么采取这样的购买行为就比较难了，因为这些答案往往藏在看不见、摸不着的消费者大脑中。营销人员最感兴趣的是消费者对于企业安排的营销刺激会如何反应。企业如果能真正了解消费者对产品特征、价格和广告宣传（这被称为营销刺激）会如何反应，就会在竞争中处于优势地位。所以，无论是企业还是学术界，都注重研究"营销刺激"和"消费者反应"之间的关系。

新行为主义对此的解释是，人们的购买行为是受心理活动支配的，外部的营销与其他刺激必须经过盛有"心理活动过程"的黑箱才能引起消费者反应，导致购买行为。消费者购买行为模式如图4.1所示。

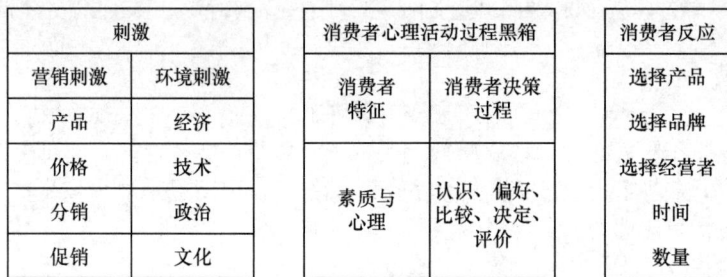

刺激		消费者心理活动过程黑箱		消费者反应
营销刺激	环境刺激	消费者特征	消费者决策过程	选择产品
产品	经济			选择品牌
价格	技术			选择经营者
分销	政治	素质与心理	认识、偏好、比较、决定、评价	时间
促销	文化			数量

图4.1 消费者购买行为模式

在消费者购买行为模式中，刺激包括营销刺激和环境刺激。所谓营销刺激，是指企业营销活动的各种可控因素，即产品、价格、分销和促销等因素；环境刺激是指企业营销活动的各种不可控因素，即经济、技术、政治、文化等因素，如政治经济的变化、币值的波动、失业率的高低等。所有这些刺激一起进入消费者的黑箱中，在里面转换成一系列可以观察得到的消费者反应，即消费者对产品、品牌、经营者、时间、数量等方面的具体选择。

营销人员要想了解刺激如何在消费者的黑箱中转变成特定的消费者反应，需要明白以下两点：首先，消费者的特征影响其对刺激的理解与反应，是影响消费者购买行为的主要因素；其次，消费者的决策过程本身也影响购买行为。

三、购买行为的理论

许多学者试图从理论角度来解释消费者购买行为产生的原因、规律以及影响因素。比较具有代表性的消费者购买行为理论有习惯养成理论、减少风险理论、认知理论、象征性社会行为理论等。

（一）习惯养成理论

习惯养成理论认为，消费者的购买行为实际上是一种习惯建立与保持的过程。其观点主要有以下几个。

1. 重复形成喜好与兴趣

习惯养成理论认为，消费者对商品的喜好与兴趣是在重复使用该商品的过程中建立起来的。曾经有人做过一个实验，让美国学生重复看完全不认识的汉字，有的字重复看的次数多，有的字重复看的次数少。结果发现，重复看的次数越多的汉字他们越喜欢。这个实验证明，在排除认知过程作用的情况下，消费者对商品信息的长期重复接收和对商品的长期使用，确实可以导致消费者喜好乃至兴趣的产生。

2. 购买习惯的养成取决于"刺激—反应"的巩固程度

习惯养成理论的心理学基础是条件反射学说。条件反射学说认为，人们的行为总是由刺激引起的，如果数次的某种刺激均引起同一种行为（反应），则会在人的大脑皮层形成某种暂时的神经联系，使这种"刺激—反应"成为一种相对稳定的习惯。消费者经常购买某种商品，这种购买行为就会成为习惯，建立一个稳固的条件反射，当他再次见到该商品或重新产生对该类商品的需要时，就会自然而然地再去购买它。而且"刺激—反应"的强度越大，条件反射建立得就越牢固，这种带有某种"定向"性质的购买行为就越容易出现。比如，我国北方的广大消费者烧菜时习惯用酱油做调味品，一旦酱油用光，便会再去购买，而不会去买虾油、蚝油或者鱼露之类的调味品；生活在福建省的广大消费者就与此不同，通常他们的首选商品是蚝油，在没有蚝油时，才不得不买酱油。

微视频
斯金纳的操作条件
反射实验

3. 强化物促进习惯性购买行为的产生

购买行为是一种习惯建立的过程，实质上就是消费者新行为（购买行为）建立的过程。条件反射理论指出，任何新行为的建立都必须使用强化物。只有通过强化物的反复作用，才能使一种新的行为产生、发展和完善，最后获得巩固。例如，消费者在购买使用某种商品后，亲身感受到它质量的可靠和功能的完美，从而对这种商品产生良好的购后评价与情感。于是，当他第二次需要时就会再次购买它，又会导致同样的肯定，结果就会促成第三次的重复购买……长此以往，消费者对这种商品产生了消费信心，从而导致习惯性购买行为的形成。商品的质量就是消费者购买行为的强化物。我们平时讲的"老顾客""回头客"，其实也是习惯养成理论的典型例子，他们的强化物是企业可靠的产品质量、实惠的价格、周到的服务等。

案 例

可口可乐公司与百事可乐公司之间的竞争和营销策略

可口可乐公司与百事可乐公司一直进行着激烈的竞争，他们在制订竞争策略时都非常重视消费者的消费习惯。当百事可乐诞生之时，可口可乐已经登上了世界饮料霸主的宝座，百事可乐曾几次面临被可口可乐吞并的命运。然而，不服输的百事可乐终于在竞争激烈的饮料市场上争得一席之地，并且向可口可乐发起了猛烈的进攻。

1963年，百事可乐公司成功地掀起了一场名为"百事新一代"的市场营销运动。该公司认为，与其艰难地吸引可口可乐的忠实顾客，让他们变换口味改喝百事可乐，不如努力赢得尚未养成习惯而又有迫切需求的目标顾客。

面对这一不利局势，可口可乐公司于1985年4月宣布改变沿用了99年之久的老配方，而采用研制成功的最新配方，并声称要以新配方再创可口可乐在世界饮料行业的新纪录。但是，当新配方的可口可乐推出后，市场上却掀起了轩然大波。可口可乐公司每天收到无数封抗议信件和多达1500次以上的抗议电话，原因是该公司的老顾客已习惯了老配方的口味，不接受新配方的口味。这情景可乐坏了百事可乐公司的领导者，他们认为这是百事可乐的最大机遇，于是花费巨资做广告，企图吸引可口可乐的老顾客。然而，可口可乐公司面对这次市场危机，于1985年7月10日宣布，恢复生产老配方的可口可乐，同时继续生产新配方的可口可乐，双管齐下。一时，新老配方可口可乐的销售额比上年同期上升了8%，可口可乐公司的股票每股上涨了1.75美元。

启发思考

请利用习惯养成理论对两家公司的决策进行分析。

（二）减少风险理论

风险是指消费者在购买商品之后可能遭受损失的危险。消费者遭受损失的表现有：买了冒牌货，经济上受损；商品功能与其广告宣传不符，不能满足使用需要；购买的商品甚至会对消费者的生命财产造成损害；等等。减少风险理论认为，消费者在购买过程中冒有某种程度的风险，每个消费者都会努力回避或减少这种风险。具体来说，减少风险理论的内容包括以下三点。

1. 消费风险程度

消费者在购买商品时所冒风险的大小与购买后造成损失可能性的大小、实际造成损失的大小呈正相关关系。购买商品时所冒的风险越大，消费者的损失很可能也越大。

2. 消费风险种类

消费者因购买行为而遇到的风险种类较多，大致可分为经济风险、安全风险、功能风险、社会风险和心理风险等。

（1）经济风险。消费者在购买商品后，有时会发现别处同样商品的价格低于自己所购商品的价格而给自己造成经济损失，或者是耗费了时间和精力，却因为所购买的商品质量差而给自己带来了不利影响。

（2）安全风险。消费者购买了某种商品之后，商品本身可能会给消费者带来麻烦和潜在的危险，比如烟花爆竹，有毒有害的家装建材，不健康的食品、药品、化妆品等。一旦消费者购买的这些商品质量不过关，就容易引发安全问题。

（3）功能风险。消费者在购买并使用了商品后，商品功能没有广告宣传或消费者预期的那样好，或者没有达到消费者使用的预期目的。比如，某医用理疗仪被商家宣传具备治疗很多种疾病的功能，但消费者实际使用后发现并非如此。

（4）社会风险。消费者在购买某商品后受到社会的评价，有时会损害、影响其人际关系，对其造成社会声誉的损失。这种现象在风格新颖的服饰类商品消费中比较典型。比如在特定的生活或工作环境中，消费者因服装风格与同事、朋友相差较大，可能会招致他人较多的注意和议论，有些消费者就会产生一定的焦虑与担心，害怕在工作群体或生活群体中失去认同感。

（5）心理风险。消费者购买商品后，有时会感觉不满意、后悔，从而产生心理负担。例如，消费者花高价买了一件奢侈品，因而感到内疚和自责。

3. 消费者降低风险的途径

消费者为了避免购买风险造成的损失，可以采取以下措施降低购买风险。

（1）全面搜集信息，增加对所需购买的商品的了解。消费者可以从大众传媒的广告宣传、营销人员的介绍、亲朋好友的经验中学习、了解这些商品知识，加强对这些商品的认识，从而加强对这些商品可能带来的风险的认识。当消费者认识到购买风险远小于这些商品所能带来的益处，或者此风险可以化解或降低时，就会坚定购买信心，实施购买行为。如果消费者认为购买这些商品风险很高，或无法克服和化解时，便有可能改变原来的购买决策。

（2）选择熟悉的商品、品牌商品或形象好、信誉好的店铺。消费者应购买质量好、信誉度高的品牌商品和自己熟悉的商品，而不要轻易购买知名度低、自己不熟悉或从没听说过的商品。

（3）比较价格。俗话说："一分价钱，一分货"。当消费者缺乏对某种商品的实际了解，无法正确判断其质量时，可用价格高低来做判断。一般来说，价格越高的商品，质量越好；价格越低的商品，质量越差。

（4）多听有经验的人的意见和建议。消费者在购买前应尽量请专业人员提出参考意见或邀请有过同类消费经验的消费者一起购买，尤其是购买大件商品、复杂商品时应该更加谨慎。

此外，消费者还可借助企业的"三包（包退、包换、包修）"制度、权威机构的商品质量检测、保险公司的质量保险、免费试用等方法降低购买风险，寻求安全保证。

虽然，消费者采取的降低或回避购买风险的方法多种多样，但是，在市场行为不规范，消费者处于弱势地位，信息不对称等市场环境下，消费者很难做到完全避免购买风险，这需要依靠社会、企业、消费者三方面的共同努力。只有这样，才能真正避免或降低消费者的购买风险。

（三）认知理论

认知理论的核心是把消费行为看成一个信息处理过程。该理论认为，从消费者接收商品信息开始，直至最后购买行为结束，整个过程始终与信息的加工和处理直接相关。消费者对商品信息的加工、处理过程就是消费者接收、编码、储存、提取和使用商品信息的过程，它包括注意、知觉、记忆、思维、经验、学习等内容。

消费者的认知是由引起刺激的情景和自己内心的思维历程引发的，同样的刺激、同样的情景，对不同的人往往会产生不同的效果。具体地讲，当外来的商品信息刺激消费者时，经过消费者的知觉选择过滤，可能被接收，也可能被拒绝。当信息被接收后，如果消费者对此不感兴趣，就会视而不见、听而不闻，这些信息就无法进入消费者的记忆。只有当这些信息被注意后，才能转入短时记忆，这时消费者就会认知这些信息、了解这些信息，如这些信息与自己的知识经验相一致就予以接收，否则就可能会拒收。这些信息一旦被接收，就将转入长时记忆，以备取用。当消费者面对某种商品信息时，长时记忆中储存的这些信息就会与新接收的信息整合起来，形成消费者对该种商品的态度，从而影响消费者的购买决定。因此，有的心理学家提出了"认知决定论"，即消费者心中的认知会决定其是否购买某商品及其后续行动。

（四）象征性社会行为理论

任何商品都是社会产品，都具有某种特定的社会含义，尤其是专业属性强的商品，其社会含义更为明显。因此，特定的商品在一定程度上反映了消费者的自我意识、社会地位、经济地位及其生活情趣和格调的高低。比如，一个悬挂许多山水画，摆设奇石文玩的家庭，会令人感受到浓郁的艺术气息。商品之所以具有象征性的社会意义，原因在于以下几个方面。

（1）商品在某些情况下可以作为个人身份的代表，可以表示个人身份及地位的改变。知名品牌的商品往往被赋予了超越其本身价值的含义，拥有这些商品的人，可能通过它们来展示自己的经济实力、社会地位或独特品位。例如，佩戴高端手表、驾驶豪华汽车、穿着设计师品牌服装等，都可以成为个人身份和地位的直接体现。

（2）商品常常作为礼品被馈赠交换，发挥其特定社会含义，表现馈赠者与接受者之间的情谊。在消费者的日常生活中，商品不仅能满足消费者个人的消费需要，还具有礼品功能。一般来说，礼品越稀罕、贵重或者新颖，所代表的馈赠者的情义就越重，越表明馈赠者与接受者之间的关系密切、不一般。

（3）在流行性购买中，商品可以体现购买者的情趣与追求。每位消费者都有独特的个性，有自己的情趣与审美追求，这些都可以通过商品购买来实现。例如，购买书刊表现了消费者对知识的追求，购买字画表现了消费者对艺术审美的追求，购买流行商品表现了消费者对时尚的追求，等等。而不同类型的书刊、不同类型的字画又表现了消费者不同的审美偏好。

即学即练

比较分析上面几种消费者购买行为理论的优缺点。

第三节　影响消费者购买决策和行为的因素

在消费过程中，很多因素会影响人们的购买决策和购买行为，概括来说，主要包括心理因素、个人因素、社会因素、文化因素、商品因素、市场因素等。

一、心理因素

影响消费者购买决策和行为的最直接的因素是心理因素，主要包括动机、知觉、学习和态度等四个方面。

1. 动机

行为取决于动机，但并不是每一种动机都会导致行动，只有最强烈的动机，即"优势动机"才能导致行动。例如，某人有一些储蓄，想买服装，还想去旅游，至于最后他究竟把这笔钱用于何处，则取决于其优势动机。

2. 知觉

一种商品（刺激物）直接作用于人的感官（眼睛等），人脑马上会对这种商品的色泽、造型、质量等方面做出综合反应，产生整体印象。在同一时间内，作用于人们感觉器官的客观事物是多种多样的，但人们不会对所有这些事物都做出反应，而只会有选择地对少数事物做出明确的反应，对其余事物的印象则比较模糊，这在心理学上被称为知觉的选择性。具有同等强度购买动机的不同消费者对于同一商品的知觉可能大不相同：有的人可能爱不释手，马上购买；有的人可能不屑一顾，弃之而去。

3. 学习

学习是指消费者在购买和使用商品的实践中，逐步获得和积累经验，并根据经验调整购买行为的过程，它是市场营销心理学家最感兴趣的领域之一。一切营销策略都直接建立在与消费者交流的过程中，交流过程则以消费者的学习活动为根基。应用比较普遍的解释消费者行为的学习理论是行为主义的"刺激—反应（S-R）"理论。该理论认为，人们的学习过程包含五种连续作用的因素：驱动力、刺激物、提示物（诱因）、反应和强化。"驱动力"是一种内在的心理动力。例如，一位消费者有健身的驱动力，当这种驱动力被引向一种"刺激物"——健身训练时，就会形成一种动机。在这种动机的支配下，这位消费者将做出购买跑步机的"反应"。但是，他的这种反应是在何时何处以及怎样做出的，往往取决于一些较小的或较次要的刺激物，即"提示物（诱因）"（如亲属的鼓励，看到朋友圈分享的成功案例，等等）。当他购买了跑步机后，如果使用时感到满意，他就会经常使用并"强化"对它的反应。今后如遇上同样的情况，他便会有相同的反应，甚至在相似的刺激物上做出类似的反应——购买同一厂家或同一品牌的其他商品；反之，如果他使用时感到不满，以后就不会做出相同的选择。这就是消费者的学习过程。

4. 态度

态度是指人们对于某些刺激因素或刺激物以一定方式表现的行为倾向。消费者对某种品牌或产品的信念与态度组成了品牌形象的一部分，进而影响其购买行为。如果一个消费者对某个品牌持有积极态度，那么他在评估该品牌的产品时，可能会更加倾向于给予正面评价，从而增加购买的可能性。反之，如果消费者对某个品牌持负面态度，那么他们可能会对该品牌的产品产生抵触情绪，降低购买意愿。消费者态度的形成一般受三方面因素的影响：一是消费者与产品或服务的直接接触，二是受其他消费者（如亲友或群体中的其他成员）的直接或间接的影响，三是家庭教养和社会经历。

总之，分析研究影响消费者行为的内在心理因素，目的是采取适当的营销技巧，以诱导消费者做出对企业有利的购买决策。

案　例

泰国曼谷的东方饭店

泰国曼谷的东方饭店被誉为亚洲酒店之最，与其他的五星级酒店相比，在硬件基本相似的前提下，东方饭店的客房价格远高于曼谷其他的五星级酒店。即便如此，东方饭店几乎天天客满，不提前数月预订是很难有机会入住的。

我们来看一下一位客人的下榻经历。

余先生因公务经常出差泰国，并下榻在东方饭店。第一次入住时良好的酒店环境和服务就给他留下了深刻的印象，当他第二次入住时，几个细节更使他对酒店的好感迅速升级。

早上在他准备去餐厅时，楼层服务生和餐厅服务生都能恭敬并准确地称他为"余先生"。在餐厅，服务生礼貌询问："余先生，还要老位子吗？"接着问："老菜单？一个三明治，一杯咖啡，一个鸡蛋？"连续的操作让余先生的惊讶升级。经过询问，余先生了解到，酒店要求服务人员熟练掌握入住酒店的每位客人的信息，当客人去往餐厅时，楼层服务生之间会及时沟通，餐厅服务生会及时调阅客人之前的信息并为之准备。这种细致的服务不要说在一般的酒店，就是在住过的最好的酒店里，余先生都没有见过。这一次早餐给余先生留下了终生难忘的印象。

后来，由于业务调整的原因，余先生有三年的时间没有再到泰国去，在他生日那天却收到了一封东方饭店寄来的生日贺卡，里面还附了一封短信："亲爱的余先生，您已经有三年没有来过我们这里了，我们全体人员都非常想念您，希望能再次见到您。今天是您的生日，祝您生日愉快。"余先生当时激动得热泪盈眶，发誓如果再去泰国，绝对不会到任何其他的酒店，一定要住在东方饭店，而且要说服所有的朋友也像他一样选择。

启发思考

（1）试分析：为什么余先生会成为东方饭店的忠实客户？

（2）影响余先生消费决策和行为的因素有哪些？

二、个人因素

通常，在文化、社会各方面因素大致相同的情况下，仍然存在消费者购买行为具有极大差异的现象，这主要是由消费者的年龄、性别、职业、收入、生活方式等个人情况的差别引起的。如儿童和成年人的需求不同；教授与农民的需求不同；在城市生活的人和在农村生活的人的生活方式不同，需求也不同；等等。

个人因素可以分为稳定因素和随机因素两大类。

稳定因素并非指一成不变的因素，而是指稳定存在于个体消费活动中的因素，主要包括个体所具备的某些特征，诸如年龄、性别、民族、收入、家庭背景、职业等。稳定因素能影响个体购买决策的速度。在购买决策过程的某一特殊阶段，购买行为也部分地取决于稳定因素。例如，在搜集信息阶段，一个人的年龄和收入就会影响信息来源的数量和类型，以及用来搜集信息所花费的时间。

随机因素是指消费者进行购买决策时所处的特定场合和具备的一系列条件。有时，消费者的购买决策是在未预料的情况下做出的，或者某种情况的出现会延迟或缩短人们的购买决策过程。例如，一位正在考虑购买笔记本电脑的消费者可能会在评价与选择上耽搁较长时间，这就会减慢购买决策过程，甚至会导致他放弃购买。但是，假如此人在另外一种不同的情形下，譬如工资上涨20%的情况下，其购买决策过程可能就会快得多。

三、社会因素

影响消费者行为的社会因素大体上有四类，分别是家庭状况、参照群体、社会阶层和社会角色。

1．家庭状况

家庭是社会的细胞，它对消费者个人影响较大，如消费者的价值观、审美情趣、个人爱好、消费习惯等大多是在家庭的影响与熏陶下形成的。家庭状况对消费者行为的影响主要表现在三个方面：一是每个家庭成员对购买决策都产生或多或少的影响；二是个体在家庭生命周期的不同阶段有不同的需求；三是家庭对消费者购买行为的影响方式具有特殊性，因而作用特别大。

微视频
名人广告效应

2．参照群体

参照群体是指影响消费者购买行为并与之相互作用的群体，一般分为三种类型：一是主要群体，即相对稳定地在一起工作、学习、生活的人组成的群体，如同事、同学、邻居等，这一群体往往对消费者的购买行为产生直接影响；二是次要群体，即有共同的业务要求但接触较少的群体，如各种专业协会、学会等，它们往往对消费者的购买行为产生间接影响；三是向往性群体，如知名人士、权威人物等，他们的一举一动常成为其崇拜者和追随者模仿的样板，因此，现在很多厂家斥巨资请明星做广告，常常会获得明显效果。

3．社会阶层

社会阶层是指具有相似社会经济地位、价值观念和生活方式的人组成的群体。不同阶层的消费者有着明显不同的价值观念、生活习惯和消费行为，这主要是由消费者所处经济地位的不同决定的。但有时即使收入水平相同，不同阶层的人的生活方式和消费行为也仍然有明显差别。

4. 社会角色

消费者在不同的社交场合扮演着不同的角色,因而会有不同的需要,并购买不同的商品。如一个成年男士,他可能会在不同的场合中分别是儿子、父亲、丈夫、领导、同事等,这使他在扮演不同的社会角色时会有不同的购买决策和行为。

> 微视频
> 不一样的社会角色

~~~ 案　例 ~~~

盲盒经济

盲盒是指消费者不能提前得知具体产品款式的玩具盒子,具有随机属性,消费者只有打开才会知道自己抽到了什么。盲盒营销在中国的早期应用,源于 20 世纪 90 年代开始的一系列"集卡式营销"。最为典型的代表案例就是小浣熊、小当家等干脆面中附赠的水浒英雄卡,它们几乎成为整个"90 后"群体的集体童年回忆。盲盒在 2019 年才真正爆火,成为一种普遍的经济现象。

心理学研究表明,不确定的刺激会加强重复决策。近年来,盲盒因未知、不确定的特质让不少人"上了头"。

2021 年 3 月 15 日,《北京日报》发文提醒,文具盲盒带有一定的趣味性,但也容易令身心发育尚不成熟的学生们沉迷,有可能激起攀比之心,甚至诱导孩子频繁购买。

2023 年,市场监管总局印发的《盲盒经营行为规范指引(试行)》规定:"盲盒经营者不得向未满 8 周岁未成年人销售盲盒。向 8 周岁及以上未成年人销售盲盒商品,应当依法确认已取得相关监护人的同意。"

启发思考

哪些因素影响了盲盒的消费群体的决策和行为?

四、文化因素

文化是区分不同社会群体的主要因素,是人们通过学习区别于其他群体行为特征的集合。文化一般由两部分组成:第一,全体社会成员共同的基本核心文化;第二,具有不同价值观、生活方式及风俗习惯的亚文化。在一个国家的大文化中,通常还包括若干个亚文化群,如民族的亚文化群、宗教的亚文化群、地理的亚文化群等,这些不同的亚文化群形成了人们不同的风俗习惯和道德观念。

文化因素是造成消费者购买行为差异的重要因素,也对消费者的购买行为产生了深远的影响。在我国,有许多广告宣传是针对老年人群体的,很多商品也会注明是老年人专用的,很受我国老年人的欢迎;但在美国等西方国家,这样的商品会备受冷落,因为那里的人们忌言年老。像"老先生、老太太"这样的称呼,在我国表示对老年人的尊重,在西方则会引起老年人的反感。

五、商品因素

商品因素也是影响消费者购买决策和购买行为的重要因素,如商品的质量、价格、包装、品牌和企业的服务、促销方式等。俗话说"货比三家",消费者购买同类商品时会综合考虑多种因素。例如，某消费者想购买一台冰箱，在对比了海尔、海信、美的、西门子等多个知名品牌，参考了产品参数、外观特点、售后服务、性价比等因素，又考虑了京东商城、天猫等网上商城和苏宁等线下卖场的促销优惠力度后，最终购买了自己心仪的商品。

六、市场因素

市场起着无形杠杆的作用，供大于求和供不应求都会影响消费者的购买决策和行为。

例如，限量发行的纪念币、邮票通常会引起收藏爱好者的抢购热潮。除商品自身具有较高的价值外，供不应求的情况也会激发消费者的购买欲望。2010年，我国流行一句时髦用语"蒜你狠"（谐音"算你狠"），这源于大蒜产量下跌导致供不应求，价格疯涨十多倍，一斤大蒜的价格甚至超过了一斤猪肉的价格。受当时市场价格的影响，许多以往做菜用蒜调味的消费者纷纷改变习惯，少买甚至不买大蒜。同样，2022—2023年鸡蛋价格坐上过山车，因为供不应求的市场局面，鸡蛋价格暴涨，被戏称为"火箭蛋"。面对持续上涨的价格，许多消费者减少了鸡蛋的购买量。2023年3月，因为供需矛盾缓和，鸡蛋价格开始回落，甚至出现了连降六周的现象。

归纳与提高

消费者购买决策是指消费者为满足某种需要而实施的寻找、选择、评价、判断和决定等一系列心理活动，是消费者在可供选择的若干购买方案中确定一种最佳购买方案的心理过程，包括消费需求的确定、购买动机的形成、购买方案的选择和实施，以及购买后的评价等环节。

消费者决策过程包括问题认知、信息获取与处理、备选方案的评估、购买决策、购后评价与行为五个阶段。

解释消费者购买行为的理论主要包括习惯养成理论、减少风险理论、认知理论、象征性社会行为理论。

影响消费者购买决策和行为的因素有心理因素、个人因素、社会因素、文化因素、商品因素、市场因素等。

综合练习题

一、概念识记

消费者购买决策　心理账户　心理预期

二、单项选择题

1. 下列不属于消费者购买决策内容的是（　　）。

 A. 购买者决策　　B. 购买原因决策　　　C. 购买时间决策　　　D. 购买性别决策

2. 消费者购买决策的正确过程是备选方案的评估（　　）。

 A. 问题认知、信息获取与处理、备选方案的评估、购买决策、购后评价与行为

 B. 问题认知、评价选择、信息获取与处理、购买行为、购后评价与行为

 C. 信息获取与处理、问题认知、评价选择、购买行为、购后评价与行为

D．问题认知、信息获取与处理、购买行为、评价选择、购后评价与行为

3．下列不属于按照购买决策的方式分类的是（　　　）。

A．个人决策　　　　B．战略决策　　　　C．家庭决策　　　　D．社会协商决策

4．（　　　）是将商品的一些属性按照自己认为的重要性程度从高到低排出顺序，再按顺序依次选择最优品牌。

A．析取原则　　　　B．关联原则　　　　C．频次原则　　　　D．排序原则

5．从（　　　）处获得的信息最直接，也最为消费者所信赖。

A．个人来源　　　　B．亲友来源　　　　C．经验来源　　　　D．大众来源

6．下列（　　　）不是消费者可用来减少购买风险的措施。

A．选择低价、平价商品

B．选择熟悉商品、品牌商品和形象好、信誉好的经销店

C．多听有经验的人的意见和建议

D．全面搜集信息，增加对商品的了解

7．某商场在每个柜台上安排了两个穿着色彩搭配非常鲜艳的售货员，以此吸引消费者的注意，这主要利用了消费者的（　　　）心理因素。

A．动机　　　　　　B．知觉　　　　　　C．态度　　　　　　D．学习

三、多项选择题

1．（　　　）属于外部信息来源。

A．报刊　　　　　　B．记忆来源　　　　C．亲友推荐　　　　D．推销人员

2．下列各项中，属于影响消费者购买行为的社会因素的是（　　　）。

A．家庭状况　　　　B．社会角色　　　　C．参照群体　　　　D．社会阶层

3．消费者的非理性行为特征有（　　　）。

A．盲目性　　　　　B．多变性　　　　　C．冲动性　　　　　D．外显性

4．消费者购物存在诸多风险，主要包括（　　　）。

A．安全风险　　　　B．经济风险　　　　C．寿命风险　　　　D．功能风险

四、简答题

1．简述习惯养成理论的主要内容。

2．简述消费者决策过程。

3．简述减少风险理论的主要内容。

4．简述认知理论的主要内容。

实 训 项 目

1．实训目的：总结影响购买活动的影响因素。

2．实训内容：以某种商品（手机、电脑、食物等）的购买者为调查对象进行调查，如他们的购买目的是什么（自己用、帮他人购买、作为礼品赠送等）？如果是自己用，最应考虑哪些因素？如果是送给别人，最应考虑哪些因素？

第五章

消费者群体与消费心理

【学习目标】

通过对本章内容的学习，读者应了解消费者群体的概念和类型，理解消费者群体对消费心理的影响，掌握消费者性别、年龄、家庭对消费心理的影响，能够根据不同消费者群体的特点采取相应的营销策略。

【引导案例】

她经济

京东消费及产业发展研究院发布的《2022年中国女性消费报告》显示，2022年，平台上女性消费者整体成交额增速大幅领先男性，其中营养保健、珠宝首饰和服务消费增速位居前三，充分显示了女性"深度悦己"的消费趋势。

近年来，随着女性经济和社会地位的提高，女性理财、消费形成了特有的经济圈，带动消费市场转变，滋生出"颜值经济""辣妈经济""闺蜜经济"等一系列消费热潮，涵盖美妆、医美、母婴、理财等众多细分领域。

根据天眼查信息，截至2022年，我国共有492万家"她经济"相关企业。专家表示，当代女性对于生活的态度发生转变，她们已从早年的物质追求转向生理、心理的多重追求，在提高自身价值的同时，也享受着物质层面带来的更高体验。

启发思考

结合你身边的女性消费行为，请分析女性消费的特点及其近几年消费特点的变化。

第一节　消费者群体概述

消费者群体是指具有某些共同消费特征的消费者所组成的群体。同一消费者群体中的消费者在消费心理、消费行为、消费习等方面都具有明显的共同之处，而不同消费者群体之间在消费心理、消费行为、消费习惯等方面可能会存在很多差异。

一、消费者群体的类型

消费者群体的形成是内在因素与外在因素共同作用的结果。内在因素主要有性别、年龄、个性特征、兴趣爱好等消费者生理、心理方面特点。外在因素主要有生活环境、所属国家或地区、民族、宗教信仰、文化传统、政治背景等。

一般来说，消费者都具有一定的群体意识和归属感，遵守群体的规范和行为准则，承担角色责任，同时也会意识到群体内其他成员的存在，由此形成的群体成员在心理上相互呼应，在行为上相互影响。

消费者群体按照不同标准可以分为以下几种类型。

1. 正式群体与非正式群体

根据消费者群体组织的特点，我们可以将其划分为正式群体与非正式群体。正式群体是指具有明确的组织结构、完备的组织章程、确切的活动时间的消费者群体。正式群体中的消费者必须遵守群体的行为准则，严格保证群体活动的规范性。例如，职业协会、消费者活动俱乐部、同业者联谊会等均属于正式群体。正式群体的规模比较大。与之相反，一般规模较小的或没有明确组织结构与章程的消费者群体统称为非正式群体。例如，几个相交较密的朋友、多年的邻居、具有某种共同兴趣的爱好者等，都属于非正式群体。

2. 首要群体与次要群体

根据群体对成员影响力的大小，我们可以将其划分为首要群体与次要群体。首要群体也称作主要群体或主导群体，是由有着极其密切关系的消费者所组成的群体。首要群体不但对其成员的消费心理，而且对其成员的消费行为都有十分重要的影响。例如，家庭成员、亲朋好友、单位同事组成的群体便属于首要群体。次要群体也称作次级群体或辅助群体，是指对成员的消费心理与行为的影响相对较小的消费者群体，通常是由具有某种共同兴趣、需要、追求的消费者组合而成的。

3. 所属群体与参照群体

根据消费者与群体关系的状况，我们可以将其划分为所属群体与参照群体。所属群体是指消费者已经加入其中的群体，参照群体是指消费者渴望加入其中但实际尚未加入的群体。这两种群体对消费者的影响有很大的不同，前者对消费者的心理与行为都有重要的影响，后者则对消费者行为具有很强的示范作用，导致其模仿行为的产生。

4. 自觉群体与回避群体

根据消费者对群体的意识与态度的不同，我们可以将其划分为自觉群体与回避群体。自觉群体是指消费者根据自身条件在主观上把自己列为其成员的某个群体，如中年知识分子群体、"老三届"群体、敬业者群体、传统型消费者群体等。自觉群体中的成员并无直接交往，但是他们通常会自觉地约束自己的行为，使之符合该群体的规范。回避群体是指消费者认为与自己完全不符合并极力避免与之行为相似的群体。消费者对于回避群体的消费行为持坚决的回避态度，并且极力排斥其对自身行为的影响。例如，成年人对于青少年的消费行为，男性消费者对于女性消费者的消费行为等，都在一定程度上采取回避态度。

5. 长期群体与临时群体

根据消费者与群体联系的时间长短，我们可将其划分为长期群体与临时群体。长期群体指消费者加入时间较长的群体。长期群体的规范和准则对消费者的消费行为具有重大且稳定的影响，甚至可能使群体成员形成一定的消费习惯。临时群体是指消费者暂时参与其中的群体。临时群体对消费者消费行为的影响通常是暂时的，但影响力可能很大。例如，某企业因某款产品质量问题处理不当引发消费者集体诉讼，此时上诉的消费者就是一个临时群体。

6. 实际群体与假设群体

根据消费者群体的真实存在与否，我们可以将其划分为实际群体与假设群体。实际群体是指现实生活中客观存在的群体，这些群体的成员之间具有实际交往与相互间的影响。假设群体也称作统计群体，特指具有某些共同特点的消费者群体，但这些群体的成员之间并没有现实的联系，也没有任何的组织形式，只是具有统计意义或研究意义。例如，不同年龄、不同性别、不同职业、不同收入水平、不同受教育水平、不同家庭规模、不同文化、不同宗教信仰、不同居住地区、不同居住环境的消费者群体，都属于假设群体。

即学即练

请分析：作为手机这一产品的消费者，在购买你现在所用的手机时，影响你当时决策的有哪几类群体？在这些群体中你充当了什么样的角色？

二、消费者群体对消费心理的影响

微视频

群体压力实验

由于消费者群体的类别较多，组成情况有很大差异，不同群体对消费心理的影响力也不相同，故这里仅从一般意义上说明消费者群体对消费心理三个方面的影响。

1. 提供适宜的生活方式

消费者个人总是生活在一定的群体之中，与众多的群体成员在一起生活，随时传递各种信息，群体成员之间进行相互沟通与交往，必然会产生一种相互感染、相互影响的集体心理现象。集体心理现象的存在使群体成员趋向于某种共同的追求和目标，形成具有群体特征的生活方式。既然是群体所认可的生活方式，群体成员一般会自觉遵守，并且对新加入成员具有明确的示范作用。

2. 形成共同的消费习惯

具有较强影响力的消费者群体或消费者自我归属意识十分强烈的消费者群体，会对其成员的消费态度与习惯产生重要的诱导作用。以成为某个群体成员而自豪的消费者，都愿意按群体的消费习惯做事，以表明自己作为该群体成员的特征。例如，年轻人是音乐节等演出活动的主力消费人群；普通工薪阶层的穿着多比较简朴，以中低档衣着为主，较少佩戴昂贵的饰物；在校中小学生的穿着则多以校服为主，不加任何修饰，言谈举止大方、活泼。

3. 促使成员行为的一致化

群体共同的心理特征必然导致成员行为的一致化。作为某个群体的成员，消费者在大多数情况下都会自觉采取与其他群体成员一致的消费行为，这是因为不同的群体有不同的内部规范。消费者对商品的评价、选择、购买、使用都会受群体内大多数成员的影响。

尽管随着社会经济的发展，消费者的消费行为正向着个性化、独特化方向发展，但群体成员消费行为的一致化仍然表现得十分普遍。比如，如果孩子的同学在正常学习之余大多会报名参加绘画班、舞蹈班、乐器班等课外班，受此影响，有些家长也可能会给自己的孩子报上一个培训班。

探究活动

请以小组为单位进行调研与讨论：如何针对不同群体的消费心理，有效激发消费潜力？

第二节　性别与消费心理

由于不同性别的人的社会责任与角色不同，总体上，男女在消费方面的表现也不同。

案　例

由性别产生的消费心理差异

一天，有一位男顾客不耐烦地对身边的女顾客说："到底买还是不买？买就赶快交钱，不买就走。"此时的女顾客仍然在几种可供选择的商品间犹豫不决，看看商品，看看营业员，又看了看身边的男人，最后，叹了口气依依不舍地离开了商店。

启发思考

请分析男性消费者与女性消费者在商品购买活动中的消费心理差异。

一、女性消费群体的消费心理特点

当今女性消费者已成为市场上最活跃的主角，市场潜力巨大。女性消费者不仅数量大，而且在消费中起着重要作用。女性消费者不仅购买自己所需消费品，还扮演着妻子、母亲、女儿等多种角色，因此也是家庭其他成员用品的购买者。准确了解女性消费者的消费心理特点，对企业开展营销活动具有重要意义。女性消费群体通常有以下一些消费心理特点。

1. 追求时尚、美感和个性化心理

追求时尚、美感是当代女性一个明显的特点。通过消费，女性希望既能保持自然美，又能增加修饰美。在购买商品时，她们特别注意商品包装、色彩和艺术美，重视商品对人体的美化作用、对环境的装饰作用和对人的精神陶冶作用。女性往往以时尚为美，乐于走在时代潮流的前沿，更加注重商品所能带来的审美享受和自我表达。

2. 追求自立心理

由于价值观的转变，现代女性的自主意识逐步增强，希望在经济和精神方面都能自立。现代女性的自立已是社会的主题，能表现女性自立和强调自我意识的商品更能博得她们的欢心。

3. 追求商品的实用性心理

女性消费者在购买时装、首饰、化妆品等高档消费品时，往往会受流行风尚的影响，将满足自己精神需要的因素放在首位，而把商品的实用程度置之脑后。但是，由于女性消费者在家庭中具有重要作用，具备处理家务的经验，因此她们在购买各种基本的生活用品时往往会从商品的实用性和具体利益的大小出发去衡量商品价值，要求商品具有物美价廉、经久耐用等特点，即具有典型的实惠心理。这种心理的具体表现是：购买商品时具有女性特有的细腻和仔细，往往不厌其烦地反复挑选，全面权衡利弊，商品的某些细微的优点或不足都会引起她们的注意，并影响其购买决策。

4. 较强的自我意识和自尊心

女性消费者在购买心理上具有较强的自我意识与自尊心，常常以一定的选择眼光、购买内容及购买标准来评价自己和别人，希望自己购买的商品最有价值，对别人的否定见解不以为意，典型表现就是拿着刚买回来的商品让别人猜价钱，当别人猜的价位高于她实际所花的钱时，则洋溢出得意的表情。部分女性消费者在购物过程中确实会表现出较强的自尊心，并期望得到销售人员的尊重和认同。这种心理需求源于个人自尊感和对自我价值的认可，这在购物这一社交行为中尤为凸显。

5. 购买商品时比较挑剔

很多女性消费者视购物为自己的本分和专长，并以此为乐趣。由于所购买的商品种类繁多，可选择性强，竞争激烈，加之女性特有的认真及细腻等特点，她们在购买商品时往往千挑万选，直到找不出什么毛病了，才会下决心购买；另外，女性消费者通常具有较强的表达能力、感染能力和传播能力，善于通过说服、劝告和传话等方式对周围其他消费者的购买决策产生影响。

6. 情感性心理

女性消费者易于在情感的支配和影响下临时产生购买欲望或形成对某种商品的偏爱，在为亲人购买物品时，这种心理表现得更为突出。例如，商品造型新颖、包装优美华丽、气味芬芳，会使女性产生喜好的情感，甚至本来没有购买欲望，但一经接触便会产生强烈的购买欲望。很多女性消费者面对销售人员的讲解，"听着听着就走不动了，买下来才发现其实没有多大的用处"。

7. 模仿、从众心理

女性消费者在购买活动中经常表现出以下两种特征。一是受别人影响而产生购买欲望。有些女性向来对某种商品没有购买欲望，但当她们见别人使用某种商品时，就会产生购买这种商品的欲望。女性喜欢留心观察别人的穿着打扮，注意别家的房间布置，如果发现奇特美妙的物品，就可能仿效购买。二是在购买时仿效别人。在确定购买某一物品时，她们会看看别人是否也购买，当看到别人也买时会立即变得果断起来。

8. 追求商品便利性和生活的创造性心理

现代青年女性既要工作，又担负着家务劳动，她们对日常用品的便利性具有强烈要求。新出现的、能减轻家务劳动的便利性消费品往往会赢得她们的青睐。对于现代女性而言，既能照顾家人，又节省自己时间的有效办法，就是利用省时的商品。同时大多数女性消费者具有追求新鲜和变化的心理，不希望一成不变地生活在一个静止状态的环境中，希望拥有有创造性的事物、生活，比如希望室内布置发生变化、服装款式不断变换等，都是一种创造性心理的需要。

📠 知识点滴

针对女性消费者的营销策略

女性消费者在消费活动中所处的特殊地位和扮演的特殊角色，使其形成了独特的消费心理和消费特点。商家要充分重视这一庞大主体，针对女性消费者的特点，改善生产和经营，以便吸引和维系女性消费者，为企业带来源源不断的利润。

（1）现场促销活动要关注女性消费者的情绪变化。男性消费者往往比较注重服务人员的知识和技能，而女性消费者对服务人员的态度比较敏感，服务人员不经意间一个怠慢的动作，一句不耐烦的话语，一个轻蔑的眼神，都会将之前的产品推销努力毁于一旦。

（2）女性产品的设计要重视细节和外观形象，体现流行趋势和时尚感。女性通常对流行趋势和时尚感的反应要比男性快，女性的审美观影响着社会消费潮流。

（3）开展名目繁多的促销活动，迎合对价格敏感的女性消费者。采用适当的促销手段，增进女性消费者对本企业及产品的好感，是开拓女性消费者市场的重要途径。

鉴于女性消费者的消费心理对整个消费市场十分重要，企业在制订营销组合策略时，应特别注意现代女性消费者的心理特征及其变化趋势，并采取适宜的措施。例如，企业的橱窗布置应注意营造明朗、热烈的气氛；产品设计要注意诱发女性消费者的情感；在产品的包装、经营方式等方面，要新颖、别致、适时、方便。向女性消费者宣传某产品的好处和具体利益比向她们宣传产品的质量、性能效果好。

二、男性消费群体的消费心理特点

男性在消费上基本处于被动状态，即需要时才会购买；男性消费者对产品结构与功能的了解大多优于女性消费者，他们一般是较为复杂消费品的主要选购者；出于男性的成就感和控制欲，他们对新产品的接受度更高；男性消费者对某种产品的购买动机一旦形成，往往会迅速采取购买行动。

~~~ 案 例 ~~~

满足男性心理需求的广告语案例

在广告语的选择上，与面向女性的温柔、细腻的风格不同，面向男性的广告中较多使用简练而意境悠长的广告语。像广告语"世界上最宽广的是海，比海更高远的是天，比天更博大的是男人的情怀"的中心语是男人的情怀，前面的海和天是蓝色的，那么男人的情怀就是比海和天更深的"蓝"。男人的情怀代表两个层面：一是像海一样宽广的、有容乃大的、包容万物的男人的胸怀，大海就是这样；二是像天空一样高远，超越时空，跨越历史，纵横天下的男人的梦想。一再宣称代表"男人的世界"的金利来，更是在品牌麾下，聚集了男性的各种宝贵品格：雄浑，冷静，热情，理智。

启发思考

如果你是广告设计人员，针对男性消费品的广告，你会进行怎样的设计？

~~~~~~~

一般来说，男性消费群体的消费心理主要有以下几个特点。

1. 求新、求异的好胜心理

相对女性而言，男性具有更强的攻击性和支配性。男性的这种心理在消费上表现为求新、求异和开拓精神，他们往往对新产品的特性有较高要求，敢于尝试新生事物。

2. 目的明确，决策果断、迅速，具有较强的自信心

男性消费者购物时往往都有明确的目标，他们逻辑思维能力强，善于独立思考，自己做决

定，一般不会轻易受外界环境或他人的影响；他们大都善于控制自己的情绪，处理问题时能够冷静地权衡各种利弊因素，能够从大局出发。有的男性把自己看作能力、力量的化身，具有较强的独立性和自尊心。这些个性特点也直接影响他们在购买过程中的心理活动。因此，男性消费者的购买决策果断、迅速，并能立即导致购买行为，即使处于比较复杂的情况下，如当几种消费动机发生矛盾冲突时，他们也能够果断处理，迅速做出决策。

3. 重视商品的整体效果，不太关注细节

男性消费者大多是理性购买者，对商品的性能往往比女性消费者了解得多。他们在购物时重视商品的整体效果，许多男性消费者不愿斤斤计较，购买商品时也只是询问大概情况，对某些细节不十分关注，也不喜欢花较多的时间去比较、挑选。即使他们买到稍有瑕疵的商品，只要无关大碍，大多也不会去计较。

4. 消费力求方便、快捷

男性往往注重自己的事业发展，对家庭日常消费关心较少，购物过程缺乏耐心，遇到目标商品会迅速购买、尽快离开。男性消费者这种力求方便、快捷的心理，在购买日常生活用品时表现得尤为突出。

5. 消费动机具有被动性

普遍而言，男性不像女性那样经常料理家务、照顾小孩和老人，因此，男性消费者的购买活动远远不如女性消费者频繁，购买动机也不如女性消费者强烈，比较被动。许多情况下，男性消费者购买动机的形成往往是受外界因素的作用，如家人的嘱咐、同事或朋友的委托、工作的需要等，他们购买动机的主动性、灵活性都比较差。我们常常看到这样的情况，许多男性消费者在购买商品时，事先记好所要购买的商品品名、式样、规格等，如果商品符合他们的要求，则采取购买行动，否则就放弃购买。

> **想一想**
>
> 　　根据自己的亲身经历，思考一下，自己的消费特点是否如上所述。

6. 感情色彩比较淡薄

男性消费者在购买活动中情绪的变化不如女性消费者强烈，他们不喜欢联想、幻想，相应地，他们的感情色彩也比较淡薄。所以，男性消费者的购买动机形成后稳定性较好，其购买行为也比较有规律。即使男性消费者出现冲动性购买，他们往往也自信决策正确，很少反悔退货。

需要指出的是，男性消费者的审美观同女性消费者有明显的差别，这对他们购买动机的形成也有很大的影响。例如，有的男性认为，男性的特征是粗犷有力，因此，他们在购买商品时，往往对具有明显男性特征的商品感兴趣，如越野汽车等。

图 5.1 是一张流传极广的男女购物路线图，形象地说明了男性和女性在购物中的不同。

总之，性别对消费者的消费方式、决策模式及商品特色方面会产生较大影响，但就具体

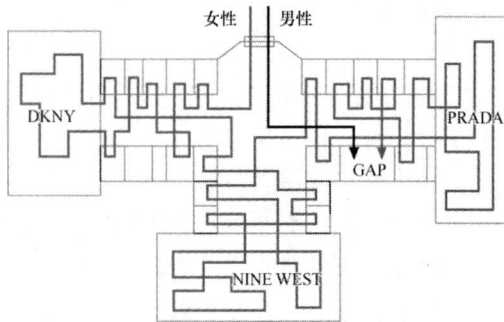

图 5.1　男女购物路线图

的消费者而言，性别对消费者心理的影响程度不尽相同。

第三节 年龄与消费心理

不同年龄的消费者在个人成长和家庭发展周期上存在着不同的消费心理和消费特点，诸如少年儿童消费心理、青年消费心理、中年消费心理和老年消费心理，了解他们的消费心理和特点是商家做好营销的前提。

案 例

"蹭老式"消费出圈

据 2023 年 11 月 17 日《中国青年报》报道，近来，年轻人的身影频频"闯"入老年生活场景，引发网络热议。"蹭老"一词本不受大众欢迎，但"蹭老式"消费却吸引了大批年轻人。去老年食堂尝味美价廉的菜品，上老年大学学习插花，报"夕阳红"旅行团旅游……原本走在高消费与快生活前线的年轻人爱上了"蹭老"。不少年轻人表示，因为"陪伴式"经历或偶然的一次消费体验，看到了老年消费场景与自己生活的契合点。

"蹭老式"消费给年轻人带来了高质量、高性价比的享受。在现代化装潢的老年食堂就餐，点餐台隔板干净透亮，点餐流程甚至有科技感，许多年轻人感叹"味道超出预期，价格也很实惠""比外卖更适合我的口味"，让人吃了放心，看了舒心；跟着老年团旅游，不少年轻人将跟团经验制作成短视频，表示"没有社交压力，不用费心安排，也不用担心掉队，真好"。

启发思考

"蹭老式"消费表明了年轻人的哪些消费心理的转变？

一、少年儿童消费群体的消费心理特点

少年儿童群体是指年龄为 0～14 周岁的人群，这部分消费者在人口总数中所占比例较大。他们一般由父母养育和监护，自我意识尚未完全成熟，道德观念有待完善，缺乏自我控制能力，没有独立的经济能力，因此，这个群体具有特定的心理和行为。这部分消费者又可根据年龄特征分为儿童消费群体（0～11 周岁）和少年消费群体（11～14 周岁）两类。

（一）儿童消费群体的消费心理特点

儿童时期是指从出生到 11 周岁前的这段时期。儿童的心理发展过程可分为婴儿期、幼儿期和童年期三个阶段。在这三个阶段中的儿童，正处于快速的心理和生理发育阶段，缺乏稳定的消费倾向和认识，易受外部环境的影响，消费心理和消费行为变化很大。在这个阶段，他们开始了学习过程，逐渐有了认知能力、意识倾向、兴趣爱好等，学会了思维，行为上逐渐从被动转变为主动。儿童群体具有他们独特的个性，例如记忆力、模仿能力强，思想活跃，追求自然、自信、时尚等。但是他们自控能力差，依赖性强。随着家庭经济条件的改善和家长教育观念的转变，越来越多的家长会选择给孩子一定的零用钱，以培养他们的财商和自主管理能力。这些零用钱通常用于购买零食、文具、玩具等。然而，由于儿童的心智尚未成熟，他们往往难以做

出理性、全面的消费决策。他们可能更容易受到广告、同伴或即时满足感的驱使而冲动消费，不考虑长期的价值和后果，因而他们零用钱的数额和用途往往受到家长的限制和监督。

儿童消费群体主要有如下几个消费心理特点。

（1）消费的依赖心理。儿童的购买行为还没有完全独立，在购买商品时他们往往缺少主见，因此，他们表现出很强的购买依赖性，而且年龄越小，购买的依赖性就越强。他们只知道要购买某些商品，而不会去考虑为什么要购买这些商品。

（2）消费的占有心理。年幼的儿童虽然没有太多的生活知识和经验，不了解购物活动，也缺乏选购能力，但他们内心有较强的占有欲，尤其是当他们看到电视上播放的广告以及同龄人拥有的物品时，其占有欲就更为强烈。

（3）消费的天真好奇心理。儿童具有天真的心理特点，他们纯情幼稚，又富有童话般的幻想色彩，因此，他们在购买商品时会表现出一种天真好奇的消费特点，他们的需求往往是成年人难以理解的。

（4）消费的直观心理。儿童对外界事物的认识主要依赖于感知，常常停留于事物的表面现象，而不能认识事物的本质。他们对商品的选择和比较是从直观印象上进行的，而不会去比较商品的质量、性能等。

> **想一想**
>
> 如果你是一个儿童品牌店的经理，在销售商品的时候应该注意哪些方面的问题？

（5）可塑心理。儿童尚处于认识事物的学习阶段，易于接受新生事物，同时他们的思维批判性尚未成熟，对于老师等人所说的话深信不疑。在消费心理上，儿童最容易被那些动人的推销宣传说服和左右。

（二）少年消费群体的消费心理特点

少年消费群体是指 11～14 周岁的消费者。少年时期是儿童向青年过渡的中间阶段，在生理上呈现出第二个发育高峰，心理上也有较大变化。他们对未来充满美好幻想，追求浪漫时尚，积极追求自我，对同龄人有很高的认同感，喜欢做年轻人做的事；他们已有了成人意识，希望得到别人的认可、尊重，并开始用成人的眼光审视社会，模仿成人独立地购买自己喜欢的商品。

少年时期是依赖与独立、成熟与幼稚、自觉性和被动性交织在一起的复杂时期。一方面他们开始摆脱父母，另一方面他们又热衷于寻求能够理解自己的人。他们对一些想法、主张做比较时，往往感到朋友的主张有价值。对朋友坦率相告一切的"开放性"和疏远父母的"闭锁性"这两种矛盾心理在他们身上同时存在。在家寡言少语的少年，在伙伴中间可能会朝气蓬勃，和同龄人融为一体，并且他们的着装有很强的一致性。同龄伙伴的偏爱远比父母的意见重要，这最终使他们屈从于同龄伙伴的规范。那些在穿着上想与众不同的少年，既渴望受到别人注意，又明白这是一种不尊重大家的方式。模仿和顺从是少年群体的普遍心理特征。

少年消费群体主要有如下几个消费心理特点。

（1）独立性增强。独立性增强是少年消费群体自我意识发展的显著心理特征。在主观上，他们认为自己已经长大成人，就应该有成人的权力与地位。这反映在消费心理方面，则是他们不愿意受父母过多的干涉，希望按自己的意愿行事，要求独立购买所喜欢的商品。

（2）购买行为的倾向性开始确立，购买行为趋于稳定。少年消费群体由于对社会环境的认识不断加深，知识不断丰富，兴趣趋于稳定，鉴别能力得到了提高。随着购买活动次数的增加，他们的购买行为趋于习惯化、稳定化，购买的倾向性也开始确立。

（3）模仿、从众心理较突出。少年消费群体由于参加集体学习、集体活动，接触社会的机会增多，受社会环境影响的程度逐渐增加，其消费观念和消费爱好由主要受家庭影响逐渐转变为受同学、朋友、老师、名人、书籍及大众传媒等社会因素的影响。

二、青年消费群体的消费心理特点

青年群体是指处于从少年向中年过渡时期的群体，年龄一般在 14～35 周岁。现代青年长期浸淫在多元化的文化状态中，这使他们的消费行为更具有可塑性和宽容精神。他们具有独立性，善于追逐时尚、展现个性魅力。他们知道追求时尚与新鲜的事物不一定具有现实的价值，但这能给他们带来新鲜感和好心情。青年消费群体主要有如下几个消费心理特点。

1. 追求时尚、富于时代气息

青年人思维活跃，富于幻想，勇于创新，渴求新知，追求新潮，积极向上。这些心理特征反映在消费心理方面就是他们更倾向于追求新颖与时尚，力图站在时代前列，领导消费新潮流，体现时代特征。他们对新产品有极大的兴趣，喜欢更换品牌，体验不同的感受。青年消费者往往是新产品或新的消费方式的尝试者、追求者和推广者。

2. 突出个性、表现自我

处于青年时代的消费者的自我意识逐渐增强，他们追求个性独立，希望形成完善的自我形象。这反映在消费心理方面就是他们愿意表现自我个性与追求，非常喜欢个性化的商品。他们有时还把所购买的商品同自己的理想、职业、爱好和时代特征，甚至自己所崇拜的名人等联系在一起，并力求在消费活动中充分表现自我。

3. 追求实用、表现成熟

青年消费者的消费倾向从不稳定向稳定过渡，因而在追求时尚、表现个性的同时，他们也注重商品的实用性和功能性，要求商品实用经济，货真价实。由于青年人大多具有一定的文化水准，接触信息比较多，因而在购买决策的过程中盲目性较小，他们的购买动机及购买行为表现出一定的成熟性。

4. 注重感情、冲动性强

青年消费者处于从少年到中年的过渡阶段，他们的思想倾向、志趣爱好等还不完全稳定，感情变化剧烈，行动易受感情及客观环境的影响，计划性购买往往被冲动性购买所取代。例如，直观地选择商品的习惯使他们往往忽略了综合性选择的必要，款式、颜色、形状和价格等因素都能单独成为青年消费者的购买理由，这也是冲动性购买的一种表现。

5. 购买范围广泛、购买能力强

青年消费者有一定的经济来源和购买经验，加之没有较重的经济负担，所以他们购买商品的范围十分广泛。各种商品不论高档、低档、一般、特殊，都是他们购买的对象。随着人们消费观念由保守型向开放型转变，青年人消费的时代感也愈加强烈地表现在追求衣、食、住、行、学各方面现代化的生活方式上。因此，凡是能够满足他们这些方面需要的商品，都会引起他们的兴趣，激发其购买动机。

即学即练

作为青年人，从自身消费经验出发，总结一下青年人的消费心理特点。

三、中年消费群体的消费心理特点

中年消费群体一般是指 35 周岁至退休年龄阶段的消费群体。中年人一般处于人生事业的顶峰，他们工作压力大，收入水平趋高，购买能力也很强。中年人的身体已不如青年时期强壮，但是他们又会保持青年人的行为方式。他们经验多、阅历深、情绪较稳定，以理性消费为主。他们在购物时往往注意多方比较，独立自主、沉着冷静，一般不会轻易受别人的影响。

中年消费群体主要有如下几个消费心理特点。

1. 理智性强，冲动性弱

中年消费群体的阅历广，购买经验丰富，情绪反应一般比较平稳，多以理智支配自己的行动，感情用事的现象不多。他们注重商品的实际效用、价格和外观的统一，往往经过多次分析、比较后才做出购买决策，冲动性弱。

2. 计划性强，盲目性弱

中年消费者处于从青年向老年的过渡阶段，是家庭经济的主要承担者。尽管他们的收入不低，但是肩负着赡老育幼的重任，因此，生活经济负担重，经济条件的限制使他们养成了勤俭持家、精打细算的消费习惯，以量入为出为消费原则。中年消费者的消费支出计划性很强，很少有计划外开支和即兴购买。

3. 注重传统，创新性弱

中年消费者正处于"不惑"和"知天命"的成熟阶段，青年消费者身上的一些特点在他们身上逐渐淡化，他们内心既留有对青年时代的美好回忆，又要做青年人的表率。因此，他们希望以稳重、老练、自尊和富有涵养的特点有别于青年人。反映在消费方面，就是他们不再完全按照自己的兴趣爱好选择商品和消费方式，而是更多地考虑他人的看法，以维护自己的形象，与众人保持一致。如选择服装时，他们宁可压抑自己的个人爱好而从众，也不愿意让别人感到自己与众不同和不稳重。

知识点滴

中年消费者的消费倾向

有关部门对中年消费者的调查结果显示，中年消费者存在如下消费倾向。

（1）质量。52%的中年消费者把商品质量放在消费决策的首位，即使商品的价格偏高或款式普通，他们也愿选购质量优良的商品。

（2）使用价值。51%的中年消费者注重商品的使用价值，不过分挑剔商品的款式、外观和色调。

（3）便利。32%的中年消费者注重商品的便利性，包括使用便利和维修便利，他们在购买商品时愿意选择售后服务好，可上门安装、调试、维修的商品。

（4）廉价。27%的中年消费者以价格低廉为购买条件，他们在观念上保持着俭朴的传统，对款式、花色、功能等均无过高的要求。

（5）信誉。10%的中年消费者对商品信誉表示重视，对质量好、信誉高的商品会长期重复购买。

四、老年消费群体的消费心理特点

老年群体一般是指年龄在 60 周岁以上的群体。随着人们经济状况的改善和社会卫生、保健事业的发展，老年人在社会总人口中所占比例不断增加。老年消费群体主要有如下几个消费心理特点。

1. 消费习惯稳定，以理智消费为主

老年消费者在几十年的生活实践中形成了比较稳定的消费态度、倾向和习惯。由于其见多识广、经验丰富，往往表现出较强的自信、自尊。选购商品时，他们往往喜欢凭过去的经验、体会来评价商品的优劣。他们一旦对某品牌的商品形成偏爱，会逐渐形成固定不变的消费习惯，很难轻易改变，对不了解的商品不会轻易购买。另外，老年人大多有一种怀旧心理，年轻时代使用过的商品往往会唤起他们对过去的美好回忆，他们是传统品牌、传统商品的忠实购买者。老年人的消费观较为成熟，消费理智，在购买（特别是购买新产品）前常常会多方搜寻商品信息，了解市场行情，力求对商品有全面了解，经过详细比较、深思熟虑之后才会做出购买决定，冲动型消费和盲目消费相对要少。他们对消费新潮的反应比较迟钝，不赶时髦。

【微视频：老年人生意如何做】

2. 购买追求实惠，价格敏感度高

追求价廉物美是普遍的消费心理，对老年消费者来说，这一点表现得尤为突出。老年消费者退休后，收入往往有所下降，他们不像青年人那样富于幻想，而是常常把商品的实用性放在第一位，强调质量可靠、经济合理和有利于身心健康，至于商品的品牌、款式、颜色和包装则是次要的。商品的性能与价格是老年消费者购物时最关注的因素。

3. 消费追求便利，追求服务

老年消费者的生理机能有所下降，他们希望购物场所的交通方便些，商品说明清楚些，商品陈列位置适当，购买手续简单，使用中要求商品易学易用、操作方便、携带方便、维修方便等，以尽量减少体力和脑力的负担。老年消费者尤其看重消费时的良好服务，他们年龄大、阅历深、自尊心特别强，希望受到尊重，因而对营业员的服务态度等十分敏感。在购买过程中，他们希望营业员能主动、热情地介绍商品，并帮助他们挑选商品，对送货上门、免费安装、产品维修等售后服务较为关切。他们希望在遇到问题时商家有切实可行的应对措施，使他们能时时处处获得满意的服务。

4. 消费需求结构发生变化

由于老年消费者生理机能衰退，其需求结构发生了很大变化。在老年人的消费中，营养食品（以水果、蔬菜、肉类等生鲜食品为主）、医疗保健品的消费占有较大比重，这些商品的价格一般不会成为老年人的购买障碍，尤其对于一些身体状况较差的老年人来说，健康无疑是他们关心的头等大事。他们在穿着和其他方面的支出会大大减少。

5. 较强的补偿性消费心理

补偿性消费是一种纯粹的心理性消费，它是一种心理不平衡的自我补偿行为。老年人常将现代消费水平与过去进行比较，比较的结果大多是对过去某些方面感到遗憾和不足，而当条件允许时，对过去遗憾和不足的补偿往往会成为他们的消费追求。随着经济水平的提高，子女成家独立后，老年人的补偿性消费特征表现得尤为明显，他们希望在人生的后半段补偿过去未能实现的消费愿望。比如，在经济发展水平较高的地区出现了老年人"重补结婚照"的现象，老年人在美容美发、健身娱乐、旅游观光等方面也有着强烈的兴趣，这些都是补偿那些过去他们未能实现的消费愿望的行为表现。

> **想一想**
>
> 分析身边熟悉的老年人的消费心理特点和购买行为习惯，并思考：如果他们有不合理的消费习惯和行为，我们该怎么做？

6. 品牌忠诚度较高

老年消费者在长期的生活过程中已经形成了一定的生活习惯，而且一般不会做较大的改变，因而他们在购物时具有怀旧和保守心理。他们对于曾经使用过的商品及其品牌印象比较深刻，而且非常信任这些品牌，是这些品牌的忠诚消费者。

探究活动

到商场或者学校开展一次对不同年龄阶段的消费者的消费心理和购买行为特征的调查研究，采用问卷调查的方式进行。通过调查当前不同年龄的消费者的消费心理特点和购买行为，结合实际，总结和分析不同年龄阶段消费者的不同消费现象。

第四节　家庭与消费心理

狭义的家庭是指一夫一妻制构成的社会单元；广义的家庭则泛指人类社会发展的不同阶段中的各种家庭利益集团，即家族。随着人类社会生活的不断进化，家庭也在经历着从传统模式向现代模式的演变。在我国，核心家庭，即父母与未婚子女组成的家庭已成为家庭的主要模式。与此同时，还存在着其他多种家庭模式，例如扩展家庭（包括主干家庭和扩大联合家庭）以及单亲家庭、单身家庭、重组家庭、丁克家庭、空巢家庭、断代跨代家庭等。

家庭是构成社会的基本细胞。家庭与消费活动有着最为广泛和密切的关系。据统计，人们消费行为的 80% 是由家庭控制或实施的。因此，研究家庭消费心理与行为方面的特征是消费心理学研究的基本内容之一。

一、现代家庭消费的基本特征

现代家庭消费有以下几个基本特征。

（1）家庭消费的广泛性。家庭是社会生活的细胞，人们生命中的大部分时间是在家庭中度过的，因此，家庭成为人们日常消费的主体。在人们购买的商品中，绝大多数都与家庭生活有关，价值较高的如住房、家具、厨具、家用电器、交通工具，价值较低的如油、盐、酱、醋、糖、茶、药品等。

（2）家庭消费的阶段性。现代家庭大致可划分为单身时期、新婚时期、育幼时期、成熟时期、空巢时期等五个阶段。处于不同阶段的家庭在消费活动方面存在明显的差异，并且表现出一定的规律性。

（3）家庭消费的差异性。由于家庭结构、家庭规模、家庭关系、家庭收入水平等方面的不同，不同家庭消费行为具有很大的差异性。比如，家庭成员比较年轻、家庭规模较小、收入水平又比较高的家庭，一般倾向于购买优质商品，而且消费欲望强烈，较少有储蓄倾向。由于家庭规模大小不等，不同家庭在选购商品的品种、数量方面也有很大的不同。家庭关系是否融洽，也会影响家庭消费行为的倾向性与合理性。总之，由于受到众多制约因素的影响，家庭消费各具特色。

（4）家庭消费的相对稳定性。排除家庭剧变的特殊影响，大多数家庭的消费行为具有相对稳定性。这主要是由于家庭日常消费支出存在着相对稳定的比例关系，而且大多数家庭都能维持融洽而紧密的关系，具有各具特色的家庭消费观念与习惯。特定的内外环境对家庭消费的稳定性具有重要的维系作用。

二、家庭生命周期与家庭消费

家庭生命周期特指一个家庭从最初形成、不断发展到最后解体的全过程。不同家庭的消费活动具有很大的差异性，但在家庭所经历的各个阶段也存在着很多共性特征。

1. 单身时期的家庭消费

在我国，单身青年大多并未构成家庭，而是与父母共同生活。

单身时期的青年大多有自己独立的收入，尽管收入水平不太高，但可支配收入的比重大，一般没有什么经济负担。单身青年大多具有以自我为中心的消费倾向，很少考虑父母及其他亲人的消费需要。他们热衷于最大限度地消费，尽情享受现代生活。他们往往具有强烈的求新、求名、求美和炫耀、攀比心理。在选购商品时他们受情绪影响较大，不特别注重实用性。在与人交往的过程中，他们表现得慷慨、大方，追求生活的潇洒。他们往往是时髦服装、运动健身、休闲娱乐等相关商品和服务的主要购买者。

2. 新婚时期的家庭消费

新婚时期是指单身男女青年组成新家庭后的一段时间。

新婚夫妇在结婚时购买的主要是结婚用品。传统观念认为结婚成家是人生的关键转折点，因此人们对结婚用品的筹办不遗余力，而且不论城乡，在结婚方面的花费都比较高。一是要购齐耐用消费品，二是要备办丰盛的喜宴，三是一次性备齐四季服饰和各种家庭用品。如果新婚夫妇的收入较高，或者双方父母的积蓄充足，婚后的家庭消费仍会比较正常。对于父母经济收入并不宽裕的新婚夫妇来说，婚后的生活可能会比较困难，结婚购物几乎用去了全部积蓄，甚至还为此欠下债务，结婚前后的消费行为会形成巨大的反差。

受时尚的影响，新婚夫妇多注重文化、体育、旅游等精神方面的消费，追求享乐的心理较为浓厚。

3. 育幼时期的家庭消费

育幼时期是指青年夫妇生育后且子女年龄尚小的一个家庭阶段，这一时期子女尚未入学，可称为满巢前期。这个时期的家庭生活相比前一时期有了明显变化，新婚夫妇的浪漫生活转变为以育儿为中心。父母普遍具有望子成龙的心理，因此家庭中成年人用品的消费大大减少，而儿童用品的消费大幅度上升。年轻父母往往会拿出相当比例的家庭收入购买儿童食品、服装、玩具和各种学前教育用品。父母在购买儿童用品时往往很舍得花钱，而自身的消费水平明显下降并表现出较强的求实心理。

🖥 知识点滴

婴童市场

中国母婴在线网调查数据显示，"90后"已成为母婴人群主力军，其中近八成为本科及以上学历。"宝妈"们仍然是母婴行业主要消费群体，但数据显示男性对育儿内容的关注占比有提升，育儿去性别化趋势显现。从年龄来看，24~30岁群体对母婴内容的兴趣度明显高于其他年龄阶段人群。

然而各个年龄层的"宝妈"们于消费又有不同的方式，具体表现如下所示。

"95后"：新生代"宝爸""宝妈"，爱尝鲜、爱囤货，崇尚科学育儿。

"90后"：工作带娃两不误，购物时更看重颜值、商品品质及安全性。

"85后"：带娃更注重劳逸结合，爱网购，母婴消费时更精打细算。

"80后"：购物时更看重颜值、商品品质及安全性。

4. 成熟时期的家庭消费

> **🙂 想一想**
>
> 父母每月给你多少生活费？你是否计算过他们一年在自己身上的总花销是多少？占家庭总消费的百分比是多少？

成熟时期是指子女接受正规教育时的家庭阶段，包括一般家庭生命周期中的满巢中期和满巢后期。这个时期由于夫妇已开始步入中年，经济收入有所增加，而子女仍是家庭消费的中心，因此家庭消费仍然向子女倾斜，只是所需商品的品种有所改变。这时家庭消费的商品主要是子女的学习用品和生活用品。父母在购物时会注意征求子女的意见并尽量满足子女的要求，子女在家庭消费中享有很大的发言权。同时，家庭耐用品一般也到了更新期，家庭共用商品以及父母所需商品购买的比重有所加大，家庭消费日趋稳定。

5. 空巢时期的家庭消费

子女经济独立并建立自己的小家庭以后，原来的家庭发生了解体，只剩下了老年夫妇，这就是家庭生命周期中的后期——空巢时期。家庭发展到了这个阶段，夫妻二人即将退休或已经退休，工作与生活负担较轻，但退休金较原来工资收入少的家庭消费能力下降。老年夫妇一般很少购买大件商品，而仅以日常消费品的购买为主。他们的消费心理也越来越向求实方向转化，在选购商品时注意比质量、比价格，很少盲目消费。其中部分积蓄颇丰的老年夫妇可能会追求旅游、保健、娱乐等方面的中、高档消费，或是对已成家子女的大额消费提供一定的支持。

尽管现代家庭生活模式多种多样，但是家庭生命周期的演变以及由此引起的消费心理与消费行为变化的规律应当为营销人员所重视，并应根据家庭发展的不同阶段制订不同的营销策略。

🎓 探究活动

各国都有自己的生育政策，不同的生育政策会影响家庭结构，请分析不同生育政策对家庭消费的影响。

三、家庭决策方式与家庭消费

家庭购物也有一个决策过程，甚至有研究者认为这一决策过程在某种程度上类似于公司的决策过程。如果对于一项家庭消费计划，全体家庭成员意见完全一致，决策便非常简单。但更多的情况是家庭成员之间的意见存在分歧，这就需要由权力最大的家庭成员做出决策。一般来说，家庭购买决策者往往是经济收入最高的家庭成员，或是父亲，或是母亲，但也可能是其他家庭成员。以现代核心家庭消费为例，主要存在以下三种决策类型。

1. 共同做主型

共同做主型是指家庭消费决策并非由某一个人做主，而是由夫妻双方协商后决定，这种家庭决策类型已经比较普遍。

这类家庭一般有所偏重，如在购买金额较大的商品时通常由丈夫主导，而日常家庭开销多由妻子主导，但需要时都会和对方商量。

夫妻双方均具有较高的文化水平，思想开放，不受传统观念束缚，而且夫妻关系融洽，具有较多的共同语言时，容易形成共同做主型决策。

由于共同做主型决策是经夫妻双方协商后做出的，因此决策过程相对较慢，但消费的理性较强。

调查显示，有约 87.5%的受访者表示，在购买金额较大的产品时一定会与家人商量后才购买。另外，家人共同使用的产品，其家庭集体决策购买的比例也比较高，约占 41.7%，其余依次为高科技产品、家人更有购买经验的产品以及第一次购买的产品，只有约 0.3%的受访者明确表示自己说了算，不需要参考家人的意见。

2. 各自做主型

有些家庭，由于夫妻双方均有较高的经济收入，各自的事业、个性、生活、追求、目标具有较大的差异，为充分尊重对方的兴趣爱好，家庭消费决策各自做主，互不干扰。这种家庭属于典型的开放性家庭，个性自由可以不受家庭规范的约束。当然，这种家庭的产生也不排除家庭成员关系不够融洽、矛盾冲突较多的原因。

3. 一方做主型

一方做主型即丈夫做主型或妻子做主型，家庭的大事小情基本由一方决定。

在双职工家庭或单职工家庭中，相对空闲的一方在照顾家庭上会花费更多时间精力。例如，由于丈夫工作繁忙，无暇顾及家务，因此家庭劳动（也包括家庭采购工作）均由妻子承担，这自然容易形成妻子做主型家庭。如果是丈夫相对空闲，也可能形成丈夫做主型家庭。

在丈夫（或妻子）更善于持家的情况下，夫妻经过长期磨合，有可能形成大额消费和小额消费都由丈夫（或妻子）主导的家庭。

一些收入水平不高并且以一方收入为主的家庭，存在一些单方掌握家庭财政支出的情况。

归纳与提高

消费者群体是指具有某些共同消费特征的消费者所组成的群体。同一消费者群体中的消费者在消费心理、消费行为、消费习惯等方面都具有明显的共同之处，而不同消费者群体之间在消费心理、消费行为、消费习惯等方面可能存在着诸多差异。

消费者群体的类型较多，组成情况也有很大差异，不同群体对消费者消费心理的影响也不相同。性别对消费者的消费方式、决策模式及商品特色方面会产生较大影响。处于不同年龄阶段的消费者存在着不同的消费心理和消费特点。家庭是消费者群体的最基本类型，也是构成社会的基本细胞。家庭与消费活动有着最为广泛和密切的关系。

综合练习题

一、概念识记

群体　消费者群体

二、单项选择题

1. 在家庭消费中，常常是决策者和执行者的是（　　　）。

A. 孩子　　　　　　B. 父亲　　　　　　C. 母亲　　　　　　D. 爷爷

2. 在商品的购买过程中，一旦选择了某个品牌，在后续的购买周期中，便会保持较高的忠诚度的是（　　　）。

A. 男性　　　　　B. 女性　　　　　C. 老年人　　　　D. 年轻人

3. 正式群体中的消费者必须遵守群体的行为准则，严格保证群体活动的规范性。下列各项中，不属于正式群体的是（　　　）。

A. 职业协会　　B. 消费者俱乐部　　C. 同业者联谊会　　D. 多年的邻居

4. 具有较强的攀比消费特点的家庭是（　　　）。

A. 新婚家庭　　B. 单身家庭　　　C. 育幼家庭　　　D. 空巢家庭

5. 首要群体也称为主要群体或主导群体，下列不属于首要群体的是（　　　）。

A. 家庭成员　　B. 亲戚　　　　　C. 单位同事　　　D. 刚认识的朋友

三、多项选择题

1. 女性消费群体通常有（　　　）消费心理特点。

A. 追求时尚、美感和个性化心理　　　　B. 追求自立心理

C. 追求商品的实用性心理　　　　　　　D. 模仿、从众心理

2. 男性消费群体消费心理的特点主要有（　　　）。

A. 求新、求异的好胜心理　　　　　　　B. 重视产品的整体效果，不太关注细节

C. 消费动机具有被动性　　　　　　　　D. 感情色彩比较淡薄

3. 儿童消费群体的主要消费心理特点包括（　　　）。

A. 消费的依赖心理　　　　　　　　　　B. 消费的占有心理

　　C．消费的天真好奇心理　　　　　　　D．消费的可塑心理

4．少年消费群体的主要消费心理特点包括（　　　）。

　　A．独立性增强

　　B．购买行为的倾向性开始确立，购买行为趋于稳定

　　C．模仿、从众心理较突出

　　D．购买行为趋于稳定

5．青年消费群体的主要消费心理特点包括（　　　）。

　　A．追求时尚、富于时代气息　　　　　B．突出个性、表现自我

　　C．追求实用、表现成熟　　　　　　　D．注重感情、冲动性强

6．中年消费群体的主要消费心理特点包括（　　　）。

　　A．理智性强，冲动性弱　　　　　　　B．计划性强

　　C．盲目性弱　　　　　　　　　　　　D．注重传统，创新性弱

7．家庭消费的类型包括（　　　）。

　　A．单身时期的家庭消费　　　　　　　B．新婚时期的家庭消费

　　C．育幼时期的家庭消费　　　　　　　D．成熟时期的家庭消费

8．对消费者群体按照不同标准，可以分为（　　　）几种类型。

　　A．正式群体与非正式群体　　　　　　B．首要群体与次要群体

　　C．所属群体与参照群体　　　　　　　D．自觉群体与回避群体

四、简答题

1．消费者群体对消费心理的影响有哪些？

2．家庭决策方式有哪几种？

3．女性消费群体的消费心理特点有哪些？

4．现代家庭消费的基本特征是什么？

实 训 项 目

　　1．实训目的： 了解不同消费群体的不同营销策略重点。

　　2．实训内容： 请同学们以小组为单位，选取某一地区的农业产品作为推广产品，根据产品的主要消费群体的特点制定有针对性的营销方案。

第六章

文化、消费流行、消费习俗与消费心理

【学习目标】

通过本章的学习，读者应了解文化、消费流行、消费习俗的含义与特点，掌握文化差异和亚文化差异对消费心理的影响，理解中国文化对消费心理的影响，掌握消费流行与消费习俗对消费心理的影响。

【引导案例】

失败的广告

有这样一则笑话。某公司派营销人员去一个国家推广其刚刚开发的一种饮料，这名营销人员做了一则广告，广告中一共有三幅画，由右至左，第一幅是一个奄奄一息的人，第二幅是此人正在喝这款饮料，第三幅此人变成了一个生机勃勃、生龙活虎的人。可是此广告不但没有达到预期效果，反而使人们对广告中的饮料唯恐避之不及。原来在当地，人们看图都是由左向右看的。

启发思考

文化是如何影响消费行为的？你还知道哪些文化差异会影响消费行为。

除了上一章介绍的群体因素，文化、流行、习俗也是影响消费者心理和行为的社会因素，本章主要介绍这三者和消费的关系。

第一节 文化概述

一、文化的含义

文化具有历史属性，每一个社会都有和自己的社会形态相适应的文化，并随着社会物质生产的发展变化而不断演变。在消费者行为研究中，由于研究者主要关心文化对消费者行为的影响，所以我们将文化定义为在一定社会中经过学习获得的、用以指导消费者行为的信念、价值观和习惯的总和。本部分主要侧重讨论文化对消费心理的影响。

文化是与基层广大人民群众的生产和生活实际紧密相连的，由基层群众创造，具有地域、民族或群体特征，并对社会群体施加广泛影响的各种文化现象和文化活动的总称。

文化是一种客观的历史现象，每个社会都有与之相适应的文化。从横向来看，每个国家或地区由于历史、地理、民族以及物质生活方式等方面的差异，都形成了自己独特的文化。文化会对消费者的消费行为产生直接与间接影响。此外，消费者在其社会化过程中，通过学习、传承文化来形成指导其消费行为的信念、价值观与习惯。

🎓 **探究活动**

探究大学生消费文化的特点

把班级成员分成几个学习小组，每个小组5~7人，通过文献分析、问卷调查与访谈等方式，探讨当代大学生消费文化的特点，并针对其特点提出建设性意见或建议。

二、文化的特点

文化具有以下三个特点。

（1）差异性。文化的差异性又称为文化的群体性，不同的社会群体拥有不同的文化。不同的国家、地区、民族都拥有自己独特的文化，表现出不同的风俗习惯、生活方式、价值标准、伦理道德等，由此形成了不同文化之间的差异。事实证明，在当今激烈的全球竞争中，产品越具有文化差异性，才能越具有世界性。例如，风靡全球的可口可乐在世界几乎所有地区均采用红白相间的包装，而在阿拉伯地区却改为了绿色包装，因为对于那里的人们来说，绿色意味着生命和绿洲。

（2）传承性。文化的传承性是指人类具有学习和传承本民族或本群体文化的倾向。文化是一种社会现象，文化中的观念、习惯、行为模式都是由生活在同一社会中的人们相互分享传承的，并且出于社会或群体压力而保持相对一致性。正是由于文化的传承性，中华民族的一些优秀的文化财富才能够保存和继承下来，成为我们民族文化中的瑰宝，例如京剧、昆曲、中国年俗、中国画等。

（3）发展性。文化不是静止不变的，而是不断发展与变化的。虽然文化的变化速度十分缓慢，但是文化确实会随着社会环境的变化而发生变化。当生产方式、社会组织结构发生变化时，文化为了应对新问题、新现象会发生适应性调整，人们的价值观、生活习惯、消费偏好等也会发生相应的改变。

第二节　文化差异与消费

一、消费价值观差异及其对消费心理的影响

在文化的多种构成要素中，价值观是影响消费者购买心理与行为的一项重要因素。价值观指的是消费者对某些问题的观点和看法。价值观代表的是一个群体或社会对其成员应当追求什么样的最终状态和选择什么样的行为方式的共同观点或基本看法，是人们形成信念、确定态度和指导行为的依据和准则。价值观反映的是一种最基本的信念和态度，对消费者行为的影响往往是潜移默化的，同时又是深层次的。影响消费者行为的价值观有很多，主要包括对待自己与他人关系的价值观、对待成人与孩子关系的价值观、对待时间与空间的价值观、对待工作与休闲关系的价值观等。

案　例

改变形象的娃娃

美国有家生产玩具娃娃的公司制造的一种美丽迷人的娃娃在美国市场上十分畅销。然而，这些娃娃被运到德国以后却无人问津。美国人对此困惑不解。

通过调查，他们终于发现，原来这种娃娃的神态和模样在德国是坏女孩的形象，这使德国的女性很反感，因此难以打开销路。

此后公司决策层立即做出决定，按照德国女性的审美情趣改变娃娃的形象。改变形象的娃娃被推向市场后，立即受到了德国消费者的欢迎。

启发思考

为什么在美国备受欢迎的娃娃在德国却遭遇冷落？文化对消费会产生什么影响？

1. 对待自己与他人关系的价值观

在对待自己与他人之间的关系上，有的消费群体更加强调个人利益和自我满足，有的消费群体则强调社会利益和满足他人，这便会表现出不同的价值取向。总体上来说，整个亚洲社会文化中的利他倾向较欧美更明显，而欧美个人主义表现则比较突出，其在消费价值观方面更多地强调个人需要的满足，追求实现个人的价值。

2. 对待成人与孩子关系的价值观

在家庭生活中，是以成人为中心还是以孩子为中心？孩子在家庭购买决策中起到什么样的作用？对这些问题的回答反映了某个社会对待成人和孩子之间关系的价值观。在一项针对欧洲 17 个国家的调查中，在关于"没有孩子的婚姻是不完整的"问题方面，持赞同态度比例最高的国家分别为法国、希腊和西班牙，其比例为 70%，而在荷兰、挪威、瑞典、英国、丹麦等国，持赞同态度的比例为 30% 或不足 30%，这反映了不同文化在对待成人和孩子关系上的价值观差异。

3. 对待时间、空间的价值观

不同国家和地区的人们对待时间的观念常表现出不同。一般来说，在经济较为落后的国家与地区，人们的时间观念大都比较淡薄，而在一些经济发达的国家和地区，如欧美，人们的时间观念比较强。较强的时间观念使是否节约时间成为这些国家和地区的消费者评价购物活动与商品优劣的一项标准，方便购买的商品往往受到消费者的普遍欢迎，于是出现了超级市场（超市），因为它能够让消费者一次就买齐所需的各种日常消费品，从而大大节约购买时间。

关于空间距离，不同类型的文化对自然空间的利用存在差异。相对来说，西方文化更加注重个人隐私和个人空间。在人际交往中，人们会保持一定的身体距离，以避免侵犯他人的私人空间。亚洲文化，特别是中国文化，更强调集体主义和和谐共生。在人际交往中，人们往往更加注重群体关系和人际关系的和谐，对私人空间的界定相对模糊。

知识点滴

一位英国学者这样描述不同国家与地区的人在"个人空间"方面的表现。拉丁美洲的工作人员在商务谈判时，喜欢拉近双方的谈判距离；而在美国，商务谈判中双方的距离一般在两三步左右，高一级的商务个人会晤，双方的距离一般为一两步；在部分北欧国家，谈判距离还会相应地拉长。鉴于此，如果南美的商人去北美谈判，南美商人会尽量往前靠，而北美商人为了保持与对方的谈判距离而不断地后退，结果就会出现有趣的"追逐战"。在这种情形下，北美商人会搞不懂南美商人为什么会这么"热心"，而南美商人会认为北美商人有点儿"冷淡"。由此可见，在商务谈判或市场营销活动中，了解不同文化背景下的消费者关于空间距离的价值观是很有必要的。

4. 对待工作与休闲关系的价值观

不同社会的文化在对待工作与休闲关系上常会表现出不同的态度。有的文化认为工作就是为了获取经济收入；有的文化认为工作是为了实现个人价值；有的文化认为工作的目的是在满足基本经济需要的基础上，更多地进行休闲。

在企业营销活动中，相关人员需要密切掌握消费者在处理工作与休闲关系上的价值观，有针对性地选择营销策略。例如，速溶咖啡在问世之初，雀巢公司由于不了解家庭主妇"在工作与休闲关系上的价值观"而遭遇了失败。无独有偶，坎贝尔汤料公司在进驻巴西市场时，也犯了同样的错误。在进入巴西市场之前，该公司投入巨资进行宣传和市场开拓，但是在不到三年的时间里，企业就因销售业绩太差而被迫退出了该国市场。为了弄清其中的原因，该公司聘请了一位有名的心理学家对当地的消费者进行了深度访谈。结果表明，大多数的巴西主妇认为，如果不能亲手为自己的家人做汤的话，就不能算称职的家庭主妇。对于巴西家庭主妇来说，虽然偶尔会使用脱水汤料，但她们还是会在汤中添加自己偏好的佐料，坎贝尔汤料只是在紧急情况下使用的。上述两个事例说明，了解不同文化的消费者在工作与休闲关系上的价值观，对于企业的营销活动具有重要的意义。

案　例

出乎意料的价格折让

一家美国电器公司准备与一位日本客户签订一份合同。这家美国公司的总经理专程飞到东京出席签约仪式。在正式签字前，日本公司的总经理逐字逐句地开始审阅合同内容，审阅持续了很长一段时间。最后，美国公司的总经理按捺不住，提出了另外一项价格折让措施。虽然这让日方总经理感到很意外，但他还是不露声色地接受了这一"惠赠"。

启发思考

为什么会产生这样的转变？两个国家的总经理产生相应行为的内在原因是什么？

一般情况下，影响消费者购买心理的价值观往往不是唯一的，常常存在着多种价值观共同影响一种购物行为的现象。这些价值观的影响效果有时是平行的，有时呈梯级状态，有时存在首要影响与次要影响，等等。

价值观属社会学的范畴，因此同其他社会现象一样，也会随着时间及社会环境的变化而缓慢发生变化。当价值观发生变化时，企业应当及时嗅到这些细微变化，选择恰当的营销策略。

二、亚文化差异及其对消费心理的影响

亚文化是文化的细分和组成部分。具体来说，亚文化是指某一文化群体下属次级群体的成员所共有的独特的价值观念、生活方式和行为规范。亚文化与文化既有一些共同之处，又有自身的特殊性。从总体上说，亚文化在形成基础和历史积淀上与所属社会的文化一脉相承，但在具体内容和表现形式上由于多种构成因素的差异而呈现明显的独特性。

由于每个社会成员都归属于不同的群体，亚文化对人们的消费行为会产生更为直接的影响，因此，营销人员可以根据企业自身的特点与优势，有针对性地选择不同的亚文化群体，将其作为自己的目标市场。

亚文化有多种不同的分类方法。目前，国内外营销学者普遍是按国家、民族、宗教、种族、地域、职业等维度对亚文化进行分类的。

1. 国家亚文化

不同的国家表现出不同的文化特点，这些独具特色的文化特点构成了国家亚文化。例如，亚洲文化表现出较为明确的集体主义特色，人们更加注重个体在集体中的表现，关注他人对自己的评价，而美国等西方国家则表现出较为明显的个体主义特点，人们注重自我表现，追求个性独立；中国人喜欢红色，将红色视为大吉大利的颜色，在北欧国家则不是这样；中国人注重子女教育，这方面的开支占据了家庭开支的一大部分，在西方国家则有所不同；中国人孝敬老人，"养儿防老"的观念深入人心，而在西方国家，儿女长大后多离开原来的家庭，重新组建家庭，在赡养父母方面付出的时间与精力相对较少。这些不同的亚文化特点都会对消费者的消费心理与行为产生影响。

案　例

小费

2023年，亚运会在杭州举行，来自亚洲几十个国家和地区的上万名运动员、教练员齐聚钱塘江畔。在参加亚运会的空余时间，不少外国运动员展开了"疯狂扫货"。有趣的是，我国的部分亚运会志愿者、市民、工作人员等在为运动员服务时收到了来自他们的小费，颇为吃惊。

小费文化最开始是在英国盛行，给小费是对服务人员的一种肯定，是对餐厅服务质量的一个赞赏，后来世界开放，各国往来，渐渐地这种文化就在欧美其他国家盛行起来。

启发思考

你认为是否应该给小费？如果你去到有这样习俗的国家，你是否会给小费？这种行为体现了什么文化差异？

2. 民族亚文化

大多数国家都不是由单一民族构成的，如我国有56个民族；美国人分英裔、西班牙裔、非洲裔、亚裔、拉美裔以及印第安人等。各个民族在长期生存和繁衍过程中逐步形成了本民族独有的、稳定的亚文化。

在我国，各民族由于受社会文化的影响而带有明显的中华民族的共同特点，同时各民族也还都保持着自己传统的信仰、消费习俗、审美意识和生活方式。例如，蒙古族人的传统习惯是穿蒙古袍、住蒙古包、喝烈性酒和奶茶，奶茶是蒙古族人生活中不可缺少的美味饮品；朝鲜族人喜食辣椒，喜欢穿色彩鲜艳的衣服，群体感强；汉族人受儒家思想影响较大，重视"礼"，讲究"礼尚往来"，认为"礼轻情意重""礼多人不怪"，因而在消费品市场上形成了一个庞大的礼品市场。民族亚文化对消费者的消费心理与行为有重要的影响。

3. 宗教亚文化

宗教信仰是亚文化群体形成的重要因素。世界上主要的宗教有基督教、伊斯兰教、佛教等。

不同的宗教群体具有不同的文化倾向、习俗和禁忌。宗教能影响人们的行为，也能影响人们的价值观。这并不是说每个人都一定是宗教信徒，但对一个社会或群体有着深远影响的宗教会对其成员的态度和行为产生影响。例如，韩国、日本、新加坡被称为后儒教社会，虽然这些国家的大多数人并不信奉儒教，但儒教思想中关于成就和工作、家庭和国家的观点与态度，对这些国家的人有着影响。再如，在财富观方面，基督教将财富看作成功的标志，伊斯兰教倡导通过诚实的劳动和合法的手段获得和拥有财富，印度教认为财富的获取是命中注定的。

宗教信仰会对人们的生活方式产生影响，同时也影响人们的消费方式。例如，在商业活动中，西方国家忌讳数字"13"，一些阿拉伯国家禁止在广告中使用妇女形象，伊斯兰教国家进口的肉制品必须按一定的屠宰方法加工，等等。在假日消费方面，圣诞节是基督教的假日消费高潮，企业应该抓住这一消费特点，开展企业活动。

4. 种族亚文化

种族是指一定的区域内，人类在历史上所形成的、在体质上具有某些共同遗传性状（包括肤色、瞳孔颜色、发色等）的人群。德国格丁根大学教授布鲁门·马赫根据肤色、发色与发型、瞳孔颜色、身高、头型等体质特征将人类划分为五大人种：白种人、黄种人、黑种人、红种人和棕种人。不同种族都有其独特的文化传统与生活习惯。例如在消费支出、价格偏好等方面，在美国，黑种人在服装、个人服务和家具上的支出比例比白种人要高得多，而白种人在医疗服务、食物和交通上的花费更多。

5. 地域亚文化

地域差异常常会导致不同的价值观念、生活方式与消费习俗。我国幅员辽阔，各地区由于地质差异、气候差异、传统观念差异等因素，形成了不同的生活习惯和消费习俗，即地域亚文化。例如，在地域气候对饮食行为的影响方面，我国北方气候寒冷，以前冬天难以吃上蔬菜，因此长期以来，人们形成了腌酸菜、腌咸菜、晒干菜的习惯。为了抵御寒冷，北方人喜欢吃热热乎乎的火锅、炖菜。南方人由于气候炎热，则养成了吃泡菜、熏肉、腊肠、腊肉的习惯。四川地区气候潮湿，为了祛湿散寒，四川人养成了吃辣椒的习惯。在饮食习惯方面，广东人喜欢喝早茶，哈尔滨人偏好俄式大面包，西安人则喜欢吃羊肉泡馍。即使都是食用面食，北方人爱吃饺子，南方人喜欢吃包子，西北地区的人则偏好饼或馍。山东人喜欢吃大葱，而山西人喜欢吃醋。这些都是由于地域亚文化不同而形成的饮食差异。

6. 职业亚文化

不同职业的消费者群体在消费观念、生活方式以及消费习惯上表现出差异，形成了明晰的职业亚文化群体。比如农民群体消费心理的最大特点是要求产品经济实惠、经久耐用。近年来，随着农村经济的发展和农民收入水平的提高，其消费心理逐渐由保守型转向开放型，流行产品与高档产品开始大量涌入农村市场。工薪阶层消费群体，一方面注重产品的实用性，另一方面追求产品的新颖、独特与时尚。

研究亚文化差异对于企业营销具有重要的意义，主要表现为：消费者的购买心理与行为不仅受到某一社会文化的影响，还会受到所属的亚文化的影响；与社会文化相比，亚文化往往更易于识别、界定与描述。因此，研究亚文化的差异可以为企业进行市场细分提供充分而有效的依据。

探究活动

3～5名学生组成一组，选择周围不同的阶层、地域、民族等人群进行调查。活动任务：①了解不同的亚文化的特点及其消费方面的差异；②寻找带有地域文化特色的谚语。

三、中国文化及其对消费心理的影响

中华民族经历了五千多年的发展延续，形成了独特的文化传统和价值观念。中国文化受儒家思想的影响较大，表现为"崇道德、尚礼仪"。中国传统文化强调遵从和谐、集体主义和整体观念，这些传统文化在消费心理上表现为追求和谐，希望个人行为能够得到社会的认可，自己的消费习惯能够与周围环境保持协调，个人融入群体之中，不愿过分地表现自我或引人注目。

此外，中国传统文化重视人情关系，在社会交往过程中讲求感情联系。在消费观念方面，中国人表现为不追求奢华，讲求实用，主张量力而行，精打细算，细水长流，对产品的评价标准主要是物美价廉、实用、耐用；在享受消费方面，节制个人消费欲望被视为传统美德。中国传统文化对消费心理的影响主要表现在以下几个方面。

1. 重视整体

中国文化具有重视整体、通过协同达到和谐的特点。中国文化的整体观念把天、地、人视为统一的整体，以"人与天地万物为一体""天人合一"为最高境界。这些观念构成了中华民族集体至上的思维观念，对于维护民族团结和国家统一起到了促进作用。这种强调整体利益的价值取向会影响消费者的消费习惯。在这种观念的影响下，个人被重重包围在群体之中，个人首先要考虑的是自己对他人和集体（包括家庭、家族、国家）的责任和义务，个人在社会中的地位则显得相对较低。中国文化在重视整体的同时也强调群体及其成员间保持协作与一致，这种观念是传统社会保持和谐、稳定、统一的方式与手段，同时也影响着消费者的消费行为。

2. 重视人情关系

在中国传统文化的影响下，中国人注重人与人之间的情感关系，包括亲情、友情、爱情以及同事关系、上下级关系等。在人际交往中，中国人往往把人情与关系视为重要的因素，并把它们作为指导自己消费活动的重要参考。这一观念反映在消费活动中，表现为中国消费者具有明显的社会取向和他人取向，人情消费在消费支出中占比较大。

3. 在义利观上，崇尚先义后利

中国传统文化在义利观上，崇尚先义后利。先义后利、以义制利是中国传统义利观的基本内容。在我国古代文献中，"先义而后利者荣，先利而后义者辱""正其义，则利自在；明其道则功自在"所强调的就是先义后利的价值原则。在现代化的商业环境中，传统的义利观依然在发挥着重要的作用。我国的社会主义商业文化建设中倡导的义利并举、以义为先的价值取向，在一定意义上说正是对这一传统义利观的继承和发扬。现代商业企业在处理义利关系上，要坚决反对"见利忘义"的经营行为，需要"先义后利"，坚持盈利与奉献相统一的原则。

4. 崇尚勤俭与节约

在中国传统文化中，勤俭与节约被视为美德。在这种消费文化的影响下，消费者在消费过程中强调理性消费，重视消费的计划性，讲求量入为出。我国的许多消费者，尤其是中老年消费者（群体），在消费支出方面都表现得较为谨慎，依据自己的理性需求进行消费，重视积蓄，反对浪费与奢华的消费方式。总之，崇尚勤俭与节约是我国大多数消费者群体的消费特点。

案例

中国人的勤俭与节约

相对于其他国家而言，中国人更习惯存款，而非消费。

波士顿大学经济系系主任克宼夫曾说过："中国人庞大的储蓄额可以扭转整个世界经济的发展趋势。"国际货币基金组织公布的数据显示，中国的国民储蓄率从20世纪70年代至今一直居世界前列，20世纪90年代初居民储蓄占国内生产总值的35%以上，到2010年左右中国的国民储蓄率更是超过50%，而全球平均储蓄率仅为19.7%。近几年，中国的国民储蓄率有所下降。2021年，中国的国民储蓄率45.89%，2022年国民储蓄率是46.18%，但基本上还是在40%~50%的区间。

启发思考

为什么中国人对储蓄"情有独钟"呢？

5. 重视家庭成员之间的关系

中国消费者历来重视家庭及家庭成员之间的关系，以家庭为中心的消费方式在我国大多数家庭的消费活动中都有表现。在面对重大消费决策时，往往由家庭成员共同决策。此外，在中国传统文化中，人们向来重视子女教育。对于很多家庭来说，子女教育消费成了家庭消费的重要组成部分，且消费支出所占的比重较高。

随着社会生产力的发展，人们消费水平的提高，以及世界经济一体化进程的加快，我国传统的消费文化不断地受到外来文化的冲击，尤其是西方文化的冲击。西方消费文化碰撞着中国传统的消费文化，两者共同影响着我国现代消费者的消费心理。

探究活动

中国消费文化的特点

5~7人组成一个研究小组，通过图书馆、电子期刊数据库和互联网搜集相关研究资料，比较分析改革开放前后中国消费文化的特点，并着重分析导致中国消费文化变迁的原因。

第三节 消费流行与消费习俗

一、消费流行

流行是指一个时期内在社会上流传很广、盛行一时的大众心理现象和社会行为。流行，英文为"fashion"，有时尚、时兴、时髦的含义；我国古代文献中，"尚"的含义就是流行。

消费流行是在一定时期和范围内，大部分消费者呈现相似或相同行为表现的一种消费现象，具体表现为大多数消费者对某种产品或消费时尚同时产生兴趣和购买意愿，从而使该产品或消费时尚在短时间内成为众多消费者狂热追求的对象，消费者通过对所崇尚事物的追求，获得心理上的满足。此时这种产品即成了流行产品，这种消费趋势也就成了消费流行。

（一）消费流行的特点

消费流行作为一种特殊的社会现象，与一般消费相比，表现出以下特点。

（1）消费流行的地域性。在特定的地区，由于人们形成了某种共同的消费习惯、相似的消费需求和共同的行为规范，在一段时间里会形成某种消费流行。比如甲产品在一个地区流行，但不一定能在其他地区流行，这就是消费流行的地域性。

（2）消费流行的集中性。由于消费流行具有一致性，这种从众化的购买活动在产品流行时间相对短暂的影响下，使得流行产品购买活动趋向集中，从而形成流行高潮。

（3）消费流行的突发性。消费流行的兴起，从速度上看，常表现为一种爆发式的扩展。消费流行的形式往往表现为消费者对某种产品或服务的需求急剧膨胀，而且迅速增长。

（4）消费流行的短暂性。从持续的时间上看，在消费流行的初期，常表现为短时间内大量涌现某种消费需求，形成消费流行。随着时间的推移，许多消费流行发生快速变化，有的升级发展，有的则快速消失。从总体上看，消费流行的时效性很强。

（5）消费流行的群体性。群体性是消费流行的一个最显著的特点。一种消费流行往往在某特定区域的特定群体中开始发生，如果这种消费流行具有一致性和从众性，就会为更多的消费群体接受和仿效，其影响力迅速扩大。大多数明星带货，粉丝争相购买的现象就属于此列。

🐾 **想一想**

你身边现在有哪些正在流行的物品或活动？

（二）消费流行的阶段

一般来说，消费流行的发展要经历四个阶段。

（1）导入期。在这个时期，产品刚刚进入市场，许多消费者还未认识到产品的流行价值，只有那些"意见领袖"和具有创新意识的少数消费者乐意率先购买。在这一时期，企业需要进行大量的产品宣传，增强产品的市场影响力。

（2）发展期。在这个时期，消费时尚的倡导者所产生的强烈示范作用，使产品逐渐被越来越多的消费者认识和接受，逐步形成了消费者追求模仿的趋势，从众效应明显增强。此时，企业需要投入更多的产品宣传费用，这一方面是为了吸引更多的消费者参与到购买活动中，另一方面是为了通过宣传，逐步确立企业在同行业中的领袖地位。

（3）成熟期。在这个时期，消费流行已经形成，参与购买活动的消费者人数最多，市场趋于饱和，竞争激烈，但是由于产品销量较大，企业的利润也相当可观。此时，企业应当适当减小宣传的力度，降低市场宣传的费用和成本。

（4）衰退期。在这个时期，功能更多、技术水平更为先进的替代性新产品开始出现，消费者对最初的流行产品的新奇感逐渐消失，开始放弃这种产品转而追求另一种流行产品，最初的流行产品进入市场衰退期。生产企业在这种产品上获得的利润开始减少，此时，精明的企业家便开始转移生产能力，开发更具特色、功能更多和技术水平更高的新产品。

消费流行的这一周期性现象对企业有重要意义。企业可以根据消费流行不同阶段的特点，采取不同的营销策略，以增加企业营业收入，获得更多商业利润。

知识点滴

一位英国学者这样描述产品的流行风潮：在产品流行的五年前，人们视该产品为新事物；在流行的三年前，如果有人使用，人们会认为是招摇过市，精神不太正常；若在流行的一年前使用，视之为大胆；在流行的当年使用该产品是得体的表现；在流行的一年后使用则略显土气；在流行的五年后仍然使用则被认为是老古董；在流行的十年后继续使用则会招人耻笑；到了流行的三十年后还在使用则会被看成新奇、具有独创精神。

随着科学技术的进步和企业生产能力的增强，消费流行的周期逐渐变得越来越短。鉴于此，企业应当及时调整策略，以适应流行节奏变化的要求。

（三）消费流行的分类

消费流行是一个时期内某物在社会上流传很广、盛行一时的大众心理现象与社会行为。根据不同的分类方式，消费流行可以被分为不同的类型。

> **想一想**
>
> 在你的记忆中，曾经有哪些东西是特别流行的？它们又是怎么淡出大众视野的？

1. 按消费的范围与区域性进行划分

（1）全球范围的消费流行。全球范围的消费流行是指那些流行范围广、受到世界上多数国家或地区消费者所关注的消费流行。例如绿色消费与健康消费的消费流行，就源于人们对环境问题及公众健康问题的关心和担忧。这类流行多起源于发达国家或地区，并对这些国家或地区的社会生产和公众消费产生较大影响。对其他国家或地区而言，这种流行的产生主要来源于两个方面：其一是企业为了开拓国际市场而着力推广此类产品，其二是发展中国家或地区的高消费阶层追求消费流行而模仿发达国家或地区的消费者。

（2）全国范围的消费流行。从流行的范围上来说，这类消费流行覆盖某个国家的大多数地区，影响面比较广泛。这类流行多起源于经济发达地区或消费水平较高的地区，逐步向经济欠发达地区或消费水平较低的地区推进，并形成流行高峰。这种类型的消费流行在服饰类产品上表现得尤为突出。

（3）地区范围的消费流行。这种消费流行出现的频率较高。有的区域性消费流行源于全国性的消费流行，其特点是带有明显的地域特色；有的区域性消费流行则为纯粹意义上的区域性消费流行。对于受全国性消费流行影响的区域性消费流行而言，其实质是全国性消费流行在一定地区的放大和强化；单纯意义上的区域性消费流行则是流行发源地的消费流行，由于某种原因未能扩展到其他地区就已进入了流行的衰退期。

2. 按流行产品的类型划分

（1）服饰类消费品的消费流行。服饰类消费品流行是产品流行中最常见，也是表现形式最多的消费流行类型。流行服饰不仅能满足消费者的物质性需要，而且能满足消费者的精神性需要。人们追捧流行服饰，不仅可以体现其紧追时尚潮流的消费理念，而且可以体现其消费情趣和社会经济地位。例如前些年的秋羽绒流行、防晒服流行，近些年的冲锋衣、登山鞋等的流行，都属于服饰类消费品的消费流行。

（2）食品类消费品的消费流行。这类产品的消费流行是由人们对健康的关注以及其他文化因素引起的。例如现在流行的葡萄酒消费，就源于医学研究表明适量饮用葡萄酒有益于身体健康。再如有机蔬菜、有机大豆、有机大米等的消费流行，都属于食品类消费品的消费流行。

（3）其他类型消费品（例如电子类产品）的消费流行。这类流行主要是由产品性能改进和新产品不断推出引起的。例如，苹果公司的 *iPhone* 系列智能手机、华为公司的 *Mate* 系列智能手机，都多次引起众多消费者的追捧，逐渐发展为消费流行。这些消费流行往往能够满足消费者的某些消费需要，或能给消费者带来生活上的便利。

🎓 **探究活动**

分析流行背后的原因

学生分组活动，了解近几年出现过的流行现象，比如流行的服饰、流行的零食、大家都在玩的游戏等。分析这些流行背后的原因。

（四）消费流行的发展与变化

密切关注消费流行的变化趋势，掌握消费流行的变化动态，对于企业营销来说具有重要的意义。影响消费流行的因素很多，而且多数不可控制，因此，全面掌握消费流行的发展规律是十分困难的。但是，企业可以根据消费流行的大体状况适当地进行预测与分析。现阶段，消费流行的发展与变化趋势主要表现在以下几个方面。

1. 消费流行产品的种类越来越多

在过去相当长的一段时间里，由于产品经济不发达，消费市场的产品品种比较单一，流行产品的品种也较少。随着现代科学技术的进步，新构造、新种类、新款式的产品不断出现，消费市场上的消费品呈现出日益多样化、丰富化和复杂化的趋势，这使得消费流行产品的种类越来越多。

2. 单个产品消费流行持续的时间越来越短

消费流行的发展过程会经历导入期、发展期、成熟期和衰退期等几个阶段。在现代社会中，由于生产力水平的提高，单个产品消费流行的周期开始缩短。这主要是因为以下两点。

（1）消费者购买力水平的提升。随着生活水平的提高，消费者的购买力不断增强，人们求新、求美心理会越来越强烈。许多消费者已改变了以往的消费观念——只有以前购买的流行产品不能再使用后，才更换同类产品。部分消费者为了追求流行，随时可能抛弃过时的消费品，甚至是完好的过时的消费品，去重新购置新流行的消费品，由此会导致消费流行的持续时间越来越短。

（2）产品更新速度加快。科技水平越高，产品更新换代的速度越快。新产品不断投放市场，为加快消费流行更新速度创造出更好的条件。许多流行产品都会提前进入衰退期，新的消费流行随时可能出现，单个产品消费流行持续的时间越来越短。

3. 消费流行影响的范围越来越广，传播速度越来越快

随着互联网技术的发展和信息时代的到来，消费流行影响的范围越来越广，消费流行传播速度也越来越快。现代通信与传播技术极大地扩大了消费流行的影响范围并提高了其传播速度，以前属于地域范围的消费流行由于受到现代通信技术的影响，就有可能在短时间内发展为全国范围的消费流行。

二、消费习俗

消费习俗是指一个国家或地区、一个民族历代沿积而成的消费习惯，它是社会风俗的重要

组成部分。不同国家、地区、民族的消费者，在长期的生活实践中形成了多种多样的消费习俗。消费习俗不但直接影响人们的日常生活，而且对人们的消费心理具有重要的影响。

消费习俗是基于习惯心理的经常性消费行为。某种消费习惯如果适合多数人的消费心理，它就会得到普及，逐步成为大多数人的消费习俗。消费习俗一经形成便具有历史继承性和相对稳定性，不会轻易消失。消费习俗往往与社会活动相结合，涉及节日、饮食、服饰、娱乐消遣等多个领域的消费活动。例如，春节是我国全民性庆贺新春的节日，中秋节是我国居民举家团圆的传统节日，这些节日都伴有许多约定俗成的消费习俗，形成了独特的消费模式。

🎓 探究活动

保护我国的传统节日

我国有哪些传统节日？这些传统节日的内涵是什么？分别有哪些仪式要求？随着外来文化的冲击和人们生活节奏的加快，我国的许多传统节日曾有被遗忘和被"洋节日"取代的趋势。

请讨论：如何保护我国的传统节日不被遗忘和取代？

（一）消费习俗的重要基础——民俗文化

民俗，又称民间风俗习惯，是指一个国家、地区或民族在其历史发展过程中逐渐形成，反复出现，并代代相习的生活文化事务。民俗是沟通民众物质生活和精神生活，反映集体的人群意志，并主要以人为载体进行世代传承的、生生不息的文化现象。

我国民俗学者钟敬文先生在其《民俗学概论》中将民俗分为以下几类：①物质的民俗，主要包括生产民俗、商贸民俗、饮食民俗、服饰民俗、居住民俗等；②社会的民俗，也称为社会组织及制度民俗，主要包括社会组织民俗、社会制度民俗、岁时节日民俗及民间娱乐习俗等；③精神的民俗，主要包括民间信仰、民间哲学伦理观念及民间艺术等；④语言的民俗，指通过口语约定俗成、集体传承的信息交流系统，包括民俗语言与民间文学两大部分。

《中华人民共和国消费者权益保护法》第十四条规定："消费者在购买、使用商品和接受服务时，享有人格尊严、民族风俗习惯得到尊重的权利……"企业的营销人员不仅要尊重消费者的民族风俗习惯，而且应该有效和充分利用地区的民族风俗优势开发民俗产品，取得营销上的成功。

民俗文化是人类在社会、历史实践中创造出来的物质与精神财富。我国各民族的分布呈大分散、小聚居的特点，分布范围比较广，生活年代久远，形成了各具特色的民俗文化形态，例如绚丽多姿的服饰文化、美味丰盛的饮食文化、别具特色的古建筑文化、千姿百态的雕塑文化。此外，民俗文化还包括脍炙人口的文学作品、热情奔放的民族歌曲等。优秀灿烂的民俗文化不但具有自身的精神动力，而且是经济活动的重要资源。

民俗文化产业是 21 世纪具有广阔前景的优势产业，而且与别的产业不同，它是一项立体产业，涉及旅游、传播、教育、体育、艺术、出版等文化产业，它既有利于促进文化事业的繁荣，又可以带动旅游、餐饮、服装、交通、通信等产业的发展。开发和发展民俗文化产品具有重要的商业意义。

〰〰 案 例 〰〰

广西"三月三"

"三月三"在壮族传说中是壮族始祖布洛陀的诞辰。在广西，农历三月初三是壮族传统踏青歌节，也是壮族祭祖、祭拜盘古与布洛陀始祖的重要日子。每到"三月三"时节，壮族青年男女聚集街头欢歌，汇聚江边饮宴。同时，"三月三"不仅是壮族重要的传统习惯节日，也是广西汉族、瑶族、侗族、苗族等民族的传统节日。

近年来，"全中国都在羡慕广西""广西三月三到底有多好玩"等相关搜索不断冲上热榜，这项传统民族节日也被更多人知晓。于是，五湖四海的游客慕名而来，在春日山水间欢聚一堂。

除了唱原汁原味的山歌，在这个坐拥专属假期的"三月三"，广西各地还推出了一系列丰富多彩的民族民俗活动。体验跳竹竿舞、制作绣球、打马山会鼓，品尝民族特色的五色糯米饭、壮乡油茶、艾叶糍粑……许多传统非遗和特色习俗与美食不仅吸引了大批游客，更唤醒了人们对民俗的美好记忆，它们通过文化的力量为当地文旅融合发展注入了新的活力。

启发思考

为什么民族文化会受到消费者的青睐？应该如何发扬当地文化习俗，促进消费？

（二）消费习俗的特点

消费习俗的特点主要表现在以下几个方面。

（1）独特性。消费习俗的形成都有其特定的自然、社会基础，通常是特定地区范围内社会生活的产物，因此带有独特的地域色彩。例如，沿海地区的居民有吃海鲜的习惯，内陆地区的居民则较少有这种习惯；在我国的华北地区多种植小麦，这些地区的居民通常以面食为主食，而在我国的南方地区多种植水稻，这些地区的居民通常以大米为主食。

（2）社会性。消费习俗的形成离不开特定的社会环境，它是人们社会生活的组成部分，带有浓厚的社会色彩。也就是说，消费习俗是人们在消费活动中互相影响产生的，是社会成员共同参与的结果，具有明显的社会性特征。消费习俗的形成乃至发展变化都有明显的社会方面的原因。

（3）非强制性。消费习俗并不是通过强制手段推行的，而是通过无形的社会约束力量形成、保持和发展的。约定俗成的消费习俗以潜移默化的方式对消费者的消费心理产生影响。

（4）长期稳定性。消费习俗是人们在长期的社会生活实践中逐渐形成的。一种习俗的产生和形成需要经过若干年乃至更长的时间，许多习俗是经过世代相传而保留至今的。消费习俗一旦形成，就会对消费者的消费心理产生影响，这种影响随着消费习俗的存在而存在。

🎓 探究活动

以小组为单位，制作自己家乡文化下的特殊消费品的宣传海报、宣传片或宣扬民族传统文化的海报，以母亲节、父亲节、国庆节为背景拍摄公益广告视频。

（三）消费习俗对消费者购买心理与行为的影响

1. 消费习俗对消费者购买心理的影响

（1）使消费者购买心理表现出特定意义与特定范围的一致性。受到消费习俗的影响，某个消费区域内的大多数消费者会在特定的时间或者特定的场合表现出类似的消费心理与消费行为，即特定范围内的消费心理的一致性。

（2）维持消费心理的相对稳定性。在消费习俗的影响下，消费者的消费心理表现出一定程度的稳定性，这是由于消费习俗会影响消费者的消费习惯，消费习惯又会促使消费者产生重复性购买，从而维持消费心理的相对稳定性。例如，每到春节的时候，我国的消费者就会表现出购买"年货"的消费心理倾向，以欢度新年。

（3）强化消费者的消费偏好。在消费习俗的长期影响下，消费者会逐步形成独特的消费偏好，这种偏好不仅会影响消费者的购买决策，还会不断强化其已有的消费习惯。例如，受到饮食文化的影响，在我国的湖南、湖北地区，居民对于辣椒的需求量较大；在四川地区，居民对于花椒和辣椒的需求量较大；在江南地区，居民对于食品中的糖类需求略高于其他地区。

　　2. **消费习俗对消费者购买行为的影响**

（1）使消费者的消费行为与消费习惯的变化趋缓。消费者遵从消费习俗，从而导致了消费活动的习惯性与稳定性，这在很大程度上延缓了消费者的消费行为和消费习惯的变化速度。

（2）由消费习俗所引起的购买行为具有普遍性。在消费习俗的影响下，某一特定消费群体会表现出类似的消费行为，即消费行为的普遍性与一致性。这种受消费习俗影响的普遍性消费行为，其外在表现为在一定时期内对某类产品具有普遍需求。例如，在中国的传统节日元宵节期间，购买元宵、花灯等产品的人较平时明显增多；在端午节期间，购买糯米、粽叶等产品的人较平时增多；在我国大部分地区，婚庆消费也是一个较为普遍的现象。

（3）消费习俗不同于消费流行。消费流行是指在一段时间里，消费者集中表现出的一类消费行为，具有模仿性、短暂性和骤发性的特点；而消费习俗一旦形成就会固定下来，对消费者的消费行为产生长期影响，常表现出重复性的特点。例如，在元宵节，赏花灯、闹元宵；在端午节，赛龙舟、吃粽子；在中秋节，吃月饼、阖家团圆；等等。

消费习俗会对消费者的消费心理与行为产生很大的影响，因此，企业在从事生产经营活动时，需要尊重和适应目标市场消费者的消费习俗，避免营销活动的失败。当企业进行跨国、跨地区经营时，更需要深入了解不同国家或地区消费者的消费习俗，针对其差异性，生产出符合不同国家或地区消费者需求的产品。

归纳与提高

文化是与基层广大人民群众的生产和生活实际紧密相连的，由基层群众创造的，具有地域、民族或群体特征，并对社会群体施加广泛影响的各种文化现象和文化活动的总称。文化会对消费者的消费行为产生直接与间接影响。此外，消费者在其社会化过程中，通过学习、传承文化来形成指导其消费行为的信念、价值观与习惯。

亚文化是文化的细分和组成部分。具体来说，亚文化是指某一文化群体下属次级群体的成员所共有的独特的价值观念、生活方式和行为规范。

流行是指一个时期内在社会上流传很广、盛行一时的大众心理现象和社会行为。消费流行具有地域性、集中性、突发性、短暂性、群体性的特点。消费习俗是指一个国家或地区、一个民族历代沿积而成的消费习惯，它是社会风俗的重要组成部分。

综合练习题

一、概念识记

社会文化　亚文化　消费流行　消费习俗

二、单项选择题

1．企业在开展营销活动时，须做到"入乡随俗"，这体现了文化的（　　）。
　　A．传承性　　　　B．差异性　　　　　　C．发展性　　　　　　D．共同性

2．中国人孝敬老人，"养儿防老"的观念深入人心，这属于（　　）。
　　A．国家亚文化　　B．种族亚文化　　　　C．宗教亚文化　　　　D．职业亚文化

3．消费流行已经形成，参与购买活动的消费者人数最多，市场趋于饱和，这属于消费流行的（　　）。
　　A．导入期　　　　B．发展期　　　　　　C．成熟期　　　　　　D．衰退期

4．西方国家忌讳数字"13"，一些阿拉伯国家禁止在广告中使用妇女形象，这属于（　　）。
　　A．国家亚文化　　B．种族亚文化　　　　C．宗教亚文化　　　　D．职业亚文化

5．20世纪50年代的人们一直秉持"吃苦在前，享受在后"的观念，改革开放以后"追求享受""超前消费"等观念开始为许多年轻人所接受，这体现了文化的（　　）。
　　A．传承性　　　　B．差异性　　　　　　C．发展性　　　　　　D．共同性

三、多项选择题

1．中国文化对消费心理的影响主要表现在（　　）。
　　A．重视整体　　　　　　　　　　　　　B．重视人情关系
　　C．崇尚勤俭与节约　　　　　　　　　　D．在义利观上，先义后利

2．消费流行包含的阶段有（　　）。
　　A．导入期　　　　B．发展期　　　　　　C．成熟期　　　　　　D．衰退期

3．关于消费习俗的特点，以下描述正确的是（　　）。
　　A．独特性　　　　B．社会性　　　　　　C．强制性　　　　　　D．长期稳定性

4．按流行商品的类型不同，其分为（　　）。
　　A．服饰类消费品　　　　　　　　　　　B．食品类消费品
　　C．其他类型消费品（例如电子类产品）　D．地区性的消费品

5．消费流行作为一种特殊的社会现象，它的特点有（　　）。
　　A．地域性　　　　B．集中性　　　　　　C．突发性　　　　　　D．短暂性

四、简答题

1．社会文化具有哪些特点？
2．消费流行具有哪些特点？
3．消费习俗对消费者的购买心理有哪些影响？

实 训 项 目

1．**实训目的**：总结文化习俗和消费心理之间的关系。

2．**实训内容**：以小组为单位，搜集并调查某一地区（某位小组成员的家乡）的一种民俗文化产品，分析其体现了哪些民俗文化的元素，具有怎样的商业价值，当地是如何推广这种产品的，是否还有更好的推广策略。

第七章

商品与消费心理

【学习目标】

通过本章的学习，读者应能理解商品命名、商标、包装、价格的心理功能及新产品的类型；明确商品命名、商标与包装对消费者购买心理的影响，消费者对新产品的心理需求；掌握商品命名、商标设计和商品包装设计的心理策略，新产品设计、推广的心理策略等内容。

【引导案例】

"白加黑"治感冒，黑白分明

"白加黑"感冒药于 1995 年上市仅 180 天，销售额就突破 1.6 亿元，在拥挤的感冒药市场上占到了 15%的份额，登上了行业第二品牌的宝座，这在我国营销传播史上堪称奇迹。

一般而言，在同质化市场中，很难发掘出独特的销售主张。感冒药市场中同类药品甚多，层出不穷，市场已呈高度同质化状态，而且无论中成药或西药，都难以取得实质性的突破。康泰克、三九等"大腕"凭借强大的广告攻势才各自占领一块地盘，而盖天力这家实力并不十分雄厚的药厂，竟在短短半年里就后来居上，原因在于其崭新的产品理念。

"白加黑"是个很好的创意。它看似简单，只是把感冒药分成白片和黑片，并把感冒药中的镇静剂"扑尔敏"放在黑片中，其他什么也没做；实则不简单，它不仅在产品的外观上与竞争产品形成很大的差别，更重要的是它与消费者的生活形态相符合，达到了引发联想的强烈传播效果。

在广告公司的协助下，"白加黑"确定了干脆简练的广告口号"治疗感冒，黑白分明"，广告传播的核心信息是"白天服白片，不瞌睡；晚上服黑片，睡得香"。产品名称和广告信息都在清晰地传达产品理念。

启发思考

为什么"白加黑"能够迅速地打入市场？除了产品的质量，产品的哪些因素还会影响消费者的认知与购买？

本章将解读商品命名、商标、包装、价格等因素以及新产品开发与消费心理的关系。

第一节　商品品牌与消费心理

一、商品品牌

商品品牌（brand）是一种识别标志、一种精神象征、一种价值理念，是品质的核心体现，是制造商或经销商加在商品上的标志，是一种商品区别于另一种商品的标志，是商品独特个性的代表。美国营销大师菲利普·科特勒对品牌做出了如下定义："品牌是一种名称、术语、标记、符号或设计，或是它们的组合运用，其目的是借以辨认某个销售者或某群销售者的产品或服务，并使之同竞争对手的产品或服务区别开来。"

（一）品牌的功能和构成

品牌的功能可总结为以下几个。

（1）识别。品牌自身含义清楚，目标明确，专指性强。识别是指消费者对产品及产品系列的认知程度，是人们对一个企业及其产品、售后服务、文化价值的评价和认知。只要一提起某个品牌，消费者在心目中就能唤起记忆和联想，以及感觉、情绪，同时意识到指的是什么。

（2）信息浓缩。含义丰富、深刻、幽默的品牌名称或标识语涵盖了消费者所掌握的关于品牌的整体信息。

（3）安全性。一个熟悉的品牌，特别是著名的品牌，是在长期市场竞争中留存下来的，享有崇高声誉，能给消费者带来信心和保证，能满足消费者所期待获得的物质、功能和心理需求。

（4）附加值。附加值是指产品除基本功能之外带给消费者的其他价值。总之，品牌的功能就是给消费者提供除产品本身以外的各种各样的超值享受。

品牌一般由载体、表象和内涵等三个要素组成。

（1）品牌的载体。品牌是以产品或服务为载体的，如果脱离了产品或服务，品牌也就失去了意义。产品是使消费者产生信任和保持忠诚度的最直接和根本的原因，所以，只有产品或服务有了质量保证，符合消费者的需要，品牌才会一直保持生命力。

（2）品牌的表象。品牌的表象包含商品的名称、商标、包装等要素，是一个品牌能够区别于其他品牌的有形的外在因素。

（3）品牌的内涵。品牌的内涵是品牌所倡导的或在消费过程中消费者体验并形成的一种理念。这种理念是消费者内心渴望的，能给消费者带来内心深处的满足感、愉悦感。品牌内涵一旦在消费者心中扎根就难以改变，所以品牌初创期的正确引导至关重要。

随着社会的进步和经济的发展，人们的生活水平不断提高，人们在精神方面的消费需求就表现得越来越突出：消费者在选购商品时，比以往更加注重心理上的、情感上的满足。在这些方面，品牌的作用越来越重要。

事实上，品牌与消费者之间的关系形成是一个从无到有、由远及近的过程。品牌是如何使消费者获得心理或精神层次满足的呢？

（二）品牌认知

品牌认知是认识品牌的过程，是人脑接收品牌输入的信息，经过加工处理，将其转换成内在的心理活动，进而支配人的行为的过程。消费者的品牌认知是通过企业的品牌定位和品牌个性来实现的。

1. 品牌定位

品牌定位是指企业在市场定位和产品定位的基础上，对特定的品牌在文化取向及个性差异

上所做的商业性决策，它是建立一个与目标市场有关的品牌形象的过程和结果。品牌定位就是一个企业的着眼点，对象既可以是人群，也可以是产品的分类，还可以是某种功能。这需要根据一个企业的定位而决定，必须有别于市场上的其他品牌。良好的品牌定位是品牌经营成功的前提，对企业进入市场，拓展市场起着导航作用。若不能有效地对品牌进行定位，以树立独特的消费者认同的品牌个性与形象，则产品必然会淹没在众多质量、性能及服务雷同的产品中。

长期以来，可口可乐和百事可乐是饮料市场无可争议的顶尖品牌，在消费者心中的地位不可动摇，许多新品牌无数次挑战，均以失败而告终。然而，七喜却以"非可乐"的定位成为可乐饮料之外的另一种饮料选择，不仅避免了与两种可乐的正面竞争，还巧妙地从另一个角度与这两个品牌挂上了钩，使自己提升至和它们并列的地位，坐稳了市场。可以看出，七喜的成功主要是"定位"的成功。品牌定位对于一个品牌的成功起着十分重要的作用。

2. 品牌个性

随着市场竞争的日趋激烈、产品的高度同质化，品牌日渐成为商家重要的竞争手段。借助于品牌，消费大众很容易把各类厂家的产品区别开来。品牌个性是消费者所感知的品牌体现出来的一套个性特征。

品牌个性就像人的个性一样，它是通过品牌传播赋予品牌的一种心理特征，是品牌形象的内核；它是特定品牌使用者个性的类化，是其购买者心中的情感附加值和特定的生活价值观。如海尔使人立即联想到活泼可爱的海尔兄弟，每时每刻使人体会到"真诚到永远"；麦当劳总令人联想到开心的感受、优质的服务、金黄色的拱门标识、快节奏的生活方式乃至炸薯条的气味；而同样是汽车，劳斯莱斯是地位的象征，凯迪拉克却是成功的象征。

> 🐑 **想一想**
> 思考并回答：你最喜欢的某类商品的品牌是什么？哪些因素会影响你对品牌的喜好程度？

（三）品牌情感

品牌情感是指品牌命名所用词汇具有的某种情感，是品牌自身所具有的情感，它是品牌核心价值的组成。有时消费者购买某个品牌的产品时，不仅要获得产品的某种功能，更重要的是想通过品牌表达自己的价值主张，展示自己的生活方式。如果企业在品牌定位时忽略了这一点，一味强调产品的属性和功能，不能满足消费者心理上的更多需求，就会渐渐被市场淘汰。最开始，消费者对一种品牌毫无印象；经过一段时间会逐步产生兴趣；有了兴趣，随之而来的便是消费欲望；有了消费欲望，接下来很可能就是购买该品牌的产品；购买了产品之后，如果满意，产生了积极情感，就会有重复购买的行为；重复购买的行为一旦经常化，消费者也就变成了该品牌的忠实顾客。

> 🐑 **想一想**
> 你是否有过这样的经历：只是看到商品的名称就产生特别想买或不想买的感受？商品的名称为什么会影响购买意愿？

二、商品名称

商品名称是指为了区别于其他商品而使用的对商品的称呼，是消费者记忆和识别商品的重要标志之一。在现实生活中，消费者在接触商品之前，往往根据自己对特定名称的理解来判断商品的作用、性质及品质。一个好的商品名称，不仅能使消费者易于识别商品，而且能激发消费者的购买欲望。因此，我们有必要研究商品命名的心理要求，给商品起一个恰如其分的名字。商品命名，实质上就是使用恰当的文字，概括地反映商品的用途、特点、性能等。如

"小儿感冒颗粒"是一种治疗儿童感冒的药，这个名称准确地传达了商品的用途、性能及形状，让消费者能够在最短的时间内获取商品的主要信息。

（一）商品命名的心理要求

在当今物品丰富的市场上，商品种类繁多，名称复杂，命名方法也多种多样。为使商品名称对消费者心理活动产生积极影响，根据消费者的心理特点对商品进行命名是极其重要的。为商品命名的时候必须符合以下几个心理要求。

（1）反映特性。商品名称作为商品的代号，应该与商品实体的主要性质和特点相适应，能准确而迅速地传达其所代表的商品的性能、用途或成分，使消费者能较快地了解商品，从而有助于消费者记忆过程和思维过程的形成，促进消费者对商品的认知。如热水器、电饭锅、打气筒、笔筒等商品名称都直接表达了商品的功能和用途，而米花糖、米粉、不锈钢锅则反映了商品的主要成分。

（2）便于记忆。商品命名应力求文字简洁，字数不宜过多，能高度概括和反映商品实体的特性，以减小记忆难度，缩短记忆过程，便于消费者记忆。商品名称要发音响亮，读起来顺口、有韵味，文字要通俗易懂，尽量符合商品的适用范围和消费者的知识水平。大众化的商品命名应力避生僻、拗口、费解的字词或使用范围很小的方言土语、专用术语，避免消费者在购买时感到不便，影响购买行为的发生。如：皮康王和复方酮康唑软膏虽是同一种药膏，但前者就很容易被人们记住，后者不仅不容易记忆，还有可能被人读错，不利于被人们熟悉和接受。

> 💭 **想一想**
> 说出几个同类商品品牌名称，并回答你记住这些品牌名称的原因有哪些。

（3）引发注意。当商品名称能瞬间引起消费者注意时，消费者就会产生强烈的心理反应，从而进一步了解商品。因此，生产商应根据商品适用范围内消费者的性别、职业及知识水平等产生的不同心理需求为商品命名，使其产生良好的印象，引起注意，如狗不理、泥人张等。其中，男性商品名称要阳刚大气，浑厚朴实，如七匹狼男装；女性商品名称要柔和优美，高雅大方，如化妆品的名称妮维雅、雅芳等；老年人商品名称以朴素庄重为宜，如足力健等；儿童商品名称则应充满童真童趣，如好孩子、乐高等。

（4）引发联想。引发联想是商品命名的一项潜在要求。为商品命名时，应力求新颖脱俗，富有艺术感染力，能引发消费者对美好事物的联想、想象和向往，从而加深消费者对商品性能、特征的理解，对消费者的购买行为产生积极的影响。如可口可乐公司的"Sprite"饮料的中文译名是"雪碧"，它使中国的消费者联想到纷纷扬扬的白雪，晶莹剔透的碧水，从而产生沁人心脾、清爽宜人的美好感觉。

（5）激发兴趣。商品命名要力求科学性、独特性、艺术性和趣味性，避免一般化。只有这样才能激发消费者的求知欲、优越感、审美感，吸引他们的注意，引起他们的兴趣，从而促进他们的购买行为。

（6）不触犯禁忌。不同国家（地区）、民族因文化传统的差异而有着不同的消费习惯、偏好和禁忌。因此，为商品命名时，一定要考虑消费者对风俗禁忌的心理要求。

📟 知识点滴

20世纪60年代中期，美国通用汽车公司向墨西哥地区推出新设计的汽车，名为"雪佛兰诺瓦”，结果销量极差。后经调查发现，“诺瓦”这个读音在西班牙语中是“走不动”的意思。

福特公司曾推出一种名为“艾特尔”的中型客车，但销路不畅，原因是车名与当地的一种伤风镇咳药读音相似，给人一种此车“有病”的感觉，所以问津者很少。

美国一家救护公司自成立后，一直把“态度诚实”“可靠服务”作为宗旨，并将该宗旨的缩写“AIDS”印在救护车上，生意一直很好。然而，自从艾滋病出现后，该公司的业务量迅速下滑，最终只得更换了已使用 30 多年的老招牌。

（二）商品命名的心理策略

商品名称是一种商品进入消费者心里，让其认同和接受并产生兴趣甚至购买等过程中的第一刺激，能带给消费者对商品的第一印象和特定感受。商品的命名首先要符合消费者的心理需要，与其心理活动过程相吻合，这就要求商家给商品命名时要掌握一定的策略。

（1）根据商品的主要功效命名。根据商品的主要功效命名能直接反映商品本身的主要性能、特征和用途，多用于日用工业品和医疗卫生用品的命名，如美加净护手霜、小儿止咳糖浆、竹盐牙膏、感冒灵等。这类名称能突出表现商品性能和功用，加速消费者对商品的认知，并能满足消费者对商品求实用、实效的心理需求，发挥激发购买行为的作用。

（2）根据商品的主要成分命名。根据商品的主要成分命名能突出商品的主要原料和成分，多用于食品、药品和化妆品的命名。例如，人参蜂王浆内含人参和蜂王浆，果粒橙内含橙汁，五谷豆浆内含多种谷物，等等。这种命名方法能使商品明显区别于其他同类商品，可使消费者从名称上直接了解商品的主要原料和成分，让消费者产生信任感，从而激发消费者的购买欲望。

知识点滴

宜家的命名

宜家的英文“IKEA”只有短短的 4 个英文字母，便于人们记忆，并且发音短促响亮，人们发出“IKEA”这个音节时，嘴型会自然摆出微笑的表情，让人产生愉悦的感觉。而在中文翻译方面，也可以说很巧妙。“宜家”不仅和“IKEA”发音近似，具有和英文名称同样的长处，并且“宜家”二字让人很容易就联想到家居行业。“宜”是“方便”“好”的意思，“家”让人感觉温馨、体贴。“宜”“家”二字合在一处，不仅仅是“IKEA”的简朴音译，更让宜家品牌在中国市场更加容易被消费者所接受。

（3）根据商品的产地命名。根据商品的产地命名的方法多用于颇具盛名的土特产品和各地的拳头产品。这种命名方法既能突出商品的地方风味和特色，又能满足消费者求名及赏新的心理，使消费者对产品产生质量上乘、独具特色、真实可靠的良好印象，并促成其购买行为，如贵州茅台、云南白药、汾酒、湖笔、宣纸、徽墨、端砚等。

（4）根据人名命名。根据人名命名是指以商品的发明者、制作者或以对该商品有特殊爱好的历史名人的名字为商品命名。这种命名的方法借助语言文字把特定的人和特定的商品联系起来，使消费者睹物思人，从而产生对商品的积极情感，并激发购买动机。例如，张小泉剪刀是以该剪刀的创造者张小泉的名字命名的，中山装、东坡肉、王守义十三香、皮尔卡丹、王致和腐乳、福特汽车等也都是运用这种方法命名的。

（5）根据商品的外形命名。根据商品的外形命名的方法具有形象化的特点，能突出商品优美和新奇的造型，引起消费者的兴趣，多用于食品、工艺品以及儿童用品的命名，如彩虹糖颜色如彩虹般缤纷，喇叭裤款式形同喇叭，等等。这种命名方法使商品的名称与外部形象统一，可以让消费者从名称联想到商品实体，从而加强对商品的记忆。

（6）根据商品的制作方法命名。这种方法多用于有独特制作工艺的商品。如二锅头、倒缸酒等是以酒的蒸制方法命名的。这种命名方法通过名称让消费者了解商品的制作工艺，从而增加对商品的信任感。

（7）根据外文译音命名。这种方法多用于给进口商品命名，如可口可乐、阿司匹林等。这种命名方法既可以克服某些外来语翻译、使用上的困难，又能满足消费者追新逐异等心理需要。但使用这种命名方法时应注意不同民族的情感和传统文化特点，并要表达顺畅，寓意良好。

（8）以吉祥物或美好事物命名。这是企业为迎合人们图吉利、盼吉祥的心理而为商品命名的一种方法，例如"旺旺"食品、"今世缘"酒品等。此外，我国的一些中药，由于其成分令人畏惧，所以常常采用能使人产生美好联想的名称命名，如"地龙"指蚯蚓，"天龙"指蜈蚣。

（9）以色彩命名。以商品本身或原材料的色彩命名，例如"黑五类"芝麻糊、"白加黑"感冒片等，这些命名均通过突出视觉效果加深消费者对商品名称的记忆。

以上仅介绍了几种常用的商品命名策略，实际工作中还有许多其他方法。以数字命名，如502 胶水、五香粉等；以典故命名，如叫花鸡等。

总而言之，商品命名的原则是：要从消费者的心理需要出发，讲究艺术，掌握技巧，简单扼要，具有特色，易于记忆与传播；避免故弄玄虚，哗众取宠，牵强附会，不着边际，使消费者生厌。只有坚持这些原则，商品名称才具感染力，才能给消费者以美的享受，并能激发消费者的购买欲望，促进商品销售。

🎓 探究活动

商品命名的成败探讨

全班同学以小组为单位进行以下探究活动。第一步，通过各种方式查阅资料，各小组要找到商品命名成功和失败的案例各两个；第二步，每个小组分别从商品命名的心理要求、商品命名的心理策略等方面对找到的案例进行讨论与分析，探讨商品命名成功和失败的原因；第三步，对小组讨论的最后结果进行总结，并在课堂上进行汇报和交流。

三、商品商标

商品作为一种实物形态，对消费者无疑是最直接的刺激物。但是，商品一般被包装包裹着，消费者只能在使用商品时才能全面接收到商品的刺激。另外，现在市场上生产同类商品的企业成千上万，消费者很难仅通过商品的名称来有效地区分不同企业生产的同类商品。因此，在商品的外部还必须有一种用来加强对消费者的刺激，使其有效地区分于其他同类商品的标志，这就是商标。

商标是商品的标志，是商品生产者或经营者为使本企业商品与其他商品相区别而采用的一种特定标记，通常用文字、图案、数字等或其组合表示，一般标注在商品、商品包装或广告上。商标经国家有关部门注册后，取得专用权，并且受法律的保护。

1. 商标的心理功能

商标是商品质量的象征，也是厂商信誉的标志。在商品种类如此繁多的市场上，商标在引导消费需求、促进销售等方面起着越来越重要的作用。因此，重视商标的设计，注重商标的心理功能，具有十分重要的现实意义。

（1）识别功能。商标是商品的特定标志，有助于消费者在众多的同类商品中识别出具有某一特征的商品形象，便于消费者挑选出他们所需要、喜好的商品，尽快完成购买活动。

（2）传播功能。一般来说，商标具有鲜明的形象，能给消费者以深刻的印象。出色的商标加上高质量的商品，能够迅速将商品的形象和声誉广泛地传播出去，使更多的消费者加深对商品的了解。

（3）信誉功能。商标特别是驰名商标，代表商品的质量和企业在市场上的信誉，能给消费者留下深刻的印象。尽管消费者的购买行为是千差万别的，但一般都会选择购买质量过硬、市场信誉好的名牌商品，并以拥有名牌商品而自豪。因为名牌商品是质量的象征，有的也是身份和社会地位的体现。可见，信誉度高的商标不仅能满足消费者的心理需要，还能使消费者产生惠顾心理，成为长期使用该商品的忠实顾客。

（4）保护功能。商标经登记注册后就受到法律的保护，可防止别人模仿、抄袭，任何假冒、伪造商标的行为都要受到法律的制裁。商标的保护功能是非常重要的，它不仅保护了商品生产商和销售商的经济利益和企业形象，还保障了消费者的合法权益。

2. 商标设计的心理策略

商标设计是商标发挥心理功能的基础。商标的设计具有很强的灵活性，可以采用文字、符号、图形及其组合等多种表现形式。然而，商标设计不可随心所欲，必须考虑商品的特色和消费者的心理需求，使之能引起消费者的注意和兴趣。

（1）简洁性商标设计策略。一个人在单位时间内所接收的信息量是有限的，消费者在购买商品时，对商品的注意时间很短。如果商标的设计过于复杂难懂，则不利于消费者进行辨别和记忆，从而影响其对商品和企业的认识。这就要求企业在进行商标设计时应注意使商标具有如下特点：①单纯醒目，易于理解与记忆；②线条简明，色彩明快；③使用简短易懂、顺口悦耳的文字，个性鲜明，让消费者在短时间内留下清晰的印象。众多知名汽车品牌的商标无不如此。

（2）富有感染力的商标设计策略。生动活泼的造型易于引起消费者的注意，含义隽永的文字能带给消费者美的享受，从而产生强烈的感染力，达到让人过目不忘的效果。要达到这种效果，在设计商标时，人们可以运用销售对象熟知且喜爱的形象进行图案设计。如图 7.1 所示，迪士尼等儿童用品都是运用儿童熟悉的卡通形象做商标。运用寓意美好的文字做商标也是一种好办法，如"旺旺"食品、"郁美净"儿童霜。

（3）形象一致的商标设计策略。这种策略要求商标与其所代表的商品名相符，能使消费者通过视觉感知商品。换句话说，商标应能使消费者联想到它所代表的商品，这样的商标称为形意商标。图 7.2 为形意商标示例。

图 7.1 迪士尼生活馆

图 7.2 蚂蚁搬家商标

（4）中性化商标设计策略。这种策略是将公司相关的汉字、字母等设计成抽象几何图案作为商标，图案本身没有任何具体的意义，但经宣传后能为广大消费者所熟知。这种设计多用于那些科技含量、专业化程度高的电子、化工、机械、西药、银行等行业的产品。这些产品的情感色彩弱，使用中性化商标比较适宜。

总之，优秀的商标设计应符合心理策略，使商标成为产品乃至企业的象征，使消费者能够产生深刻而美好的印象。

探究活动

探寻成功企业产品的商标设计

以学习小组为单位进行探究活动：第一步，通过图书馆、网络等方式查阅、搜集 3 个成功企业的商标设计方案；第二步，根据所学的商标的心理功能及商标设计的心理策略，讨论与分析成功企业的产品商标设计具有哪些心理功能以及采用了哪些心理策略；第三步，根据讨论结果形成一份完整的分析报告，课堂上进行汇报、交流。

四、商品包装

一种商品要想在竞争激烈的市场上立足，不但要有响亮的名称、独特的商标，还要有适宜的包装。事实上，包装是消费者在选购商品过程中首先看到的部分。在现代市场观念中，商品包装因被视为形式商品的内容之一而成为商品的重要组成部分。因此，包装与商品在消费者心目中的形象有密切的关系，包装的优劣对消费者的购买行为有重要影响，有时甚至能起决定性作用。

包装是指各种用于盛装或包裹商品的容器或材料。按包装在商品流通中的不同作用，可分为运输包装和销售包装。运输包装也称外包装，它的主要作用是在商品的流通中保护商品。销售包装也称内包装，是接触商品并随商品进入市场销售的包装。这类包装除具有保护商品这一基本作用外，还具有宣传介绍商品、美化商品、方便消费者携带及使用等作用。本部分对商品包装心理功能的研究中的包装指的是商品的销售包装。一般来说，商品的销售包装由商标（品牌）、造型、颜色、图案和材料等要素组成。

（一）商品包装的心理功能

随着超级市场和货仓式商场等零售方式的不断涌现，消费领域中的自我服务越来越多，商品包装逐渐成为"无声的推销员"，即商品包装不仅要标明商品的品质、产地、重量、功用等，还要代替售货员向消费者推销商品。如果商品的包装能一下子吸引消费者的注意力，包装上的宣传广告能抓住消费者的心理，包装上的各种说明能解答消费者的疑问，就很有可能会使消费者产生购买动机。由此可见，商品包装对消费者心理有较大影响，甚至可能会左右消费者对商品的认识和感受。因此，深入研究商品包装的心理功能，使其在商品的销售中发挥积极的作用是十分必要的。

〜 案 例 〜

商品包装的增值效应

在国内和国际市场营销中，"一等的质量，二等的包装，三等的价格"的案例不胜枚举。

曾经，我国传统的出口商品——18 头莲花茶具，因包装问题让外商赚了一大笔钱。18 头莲花茶具本身质量很好，但由于采用简易的瓦楞纸盒做包装，既容易破损，又不美观；既让消费者难以辨别是什么商品，又给人以低档廉价的感觉，所以销路一直不好。后来，一个精明的外商将该商品买走，在原包装的基础上增加了一个精致的包装，并系上了一条绸带，立刻使商品显得高雅华贵，一时销路大开，身价陡增，销售价格由一套1.7英镑提高到一套8.99英镑。

启发思考

商品包装不仅具有安全功能，还有很多其他功能。你认为商品包装还有哪些功能？

（1）识别功能。在选购商品时，消费者通常第一眼看见的是商品的包装，而不是商品本身。当商品的质量不易从商品本身处辨别时，人们往往会根据包装做出判断，它不仅能标明商品的名称、商标和品质，突出商品的特效和用途，还可以展现企业的特色。消费者通过包装可以在短时间内获得商品的有效信息。包装是商品差异化的基础，一个设计新颖独特且具有强烈视觉冲击力的包装可以使商品有别于其他同类商品，方便消费者进行辨认和挑选。

（2）安全功能。一个结实、实用的包装可以有效地保护商品，安全可靠的包装有利于商品的长期贮存及商品使用寿命的延长，开启方便和能重新密封的包装更便于消费者使用。总之，根据实际需要，设计合理、便利的商品包装能使消费者产生安全感和便利感，方便消费者购买、携带、贮存和使用。

（3）审美功能。商品包装应具有艺术性、审美性，使消费者赏心悦目。好的包装会为商品锦上添花，有效地推动消费者的购买。相反，制作粗糙、形象欠佳的包装直接影响消费者的选择，即使商品质量、功能优越，也会乏人问津。

（4）增值功能。包装作为商品的一个组成部分，同样能显示其拥有者的身份和地位。尤其是一些礼品和高档商品，考究的包装可以满足购买者的社会性需求，满足消费者的求名心理和求美心理，让他们在拥有商品的同时能够感受到身份地位的象征，内心充满满足感。

（5）联想功能。联想是指感知或回忆某一事物时，连带想起其他有关事物的心理过程。好的商品包装能使消费者产生丰富的想象和美好的联想，从而加深对商品的好感。例如，雪碧饮料的惯用包装，以绿色的瓶装配以绿色底色和白色浪花的图案，可以使消费者在第一眼看到它时便产生凉爽宜人的感觉。

（二）消费者对商品包装的心理要求

商品包装要想获得消费者的青睐，包装的设计者就要掌握消费者对商品包装的各种心理要求。商品包装不仅要从物理性能方面进行设计，还要从心理性能方面进行设计。不同年龄、性别、文化程度、职业、性格特征的消费者，对商品包装的心理要求不尽相同。因此，设计者应综合考虑商品的特点、商品的使用对象、销售地域等因素来设计商品包装。

（1）方便性。消费者都希望商品能为其在购买和使用时提供应有的方便，并能有效传递商品信息，这正是消费者追求便利心理的具体反映。例如，消费者购买商品时，要求包装具有便携功能；使用商品时，要求包装易于开启；保管商品时，要求包装具有密封性、防潮、防虫、防污损等；认知商品时，要求包装能标识详细的说明和有关提示等。商品包装满足了这些要求，消费者便会感觉到包装是特意为他们设计的，易于产生惠顾心理。

（2）艺术性。一般商品包装都要求外形美观大方，图案形象生动，色彩柔和明快，以满足消费者的审美心理。实践证明，富有艺术魅力的商品包装能促使潜在消费者变为实际消费者，甚至有可能使其成为长久的消费者。随着经济的不断发展和人们物质生活水平的日益提高，消费者的审美能力越来越强，对包装美感的要求也越来越高。因此，商品包装的发展必须适应这一变化趋势，包装设计须做到欣赏美与实用美相结合。

（3）直观性。包装的直观性是针对商品而言的，即对于那些构造独特、选择性强的商品，消费者要求其包装能直接地反映商品的特性，并突出地显示商品的形象。这样，消费者就可以在不开启包装的情况下清晰地了解商品的外观形象，例如采用透明包装、摄影包装、开窗式包装等。这类包装非常直观，能让消费者将商品看得真切，所以很容易引发消费者的积极情感而使其产生购买行为。

（4）安全性。消费者都要求商品包装具有安全保障功能。商品包装的安全性包括两个方面：一是使用时要安全，不对人造成意外伤害；二是运输、储存时要安全，能保护商品实体完好无损。例如，啤酒瓶、液化气罐等包装要有良好的防爆性能，电视机、电冰箱等包装要有良好的抗冲击性能，食品、化学品等的包装要有良好的密封性能，等等。只有商品包装具有良好的安全性，消费者才能消除对包装安全问题的疑虑和恐惧心理，才能放心大胆地购买和使用。

以上是消费者对商品包装的普遍心理要求，企业除了满足消费者对商品包装的普遍心理要求外，还必须考虑少部分消费者的特殊要求。例如，用于送礼时，消费者常要求商品包装高档、精美、华贵，以彰显商品的价值和消费者的态度。总之，企业只有根据消费者的心理要求来设计商品包装，才能获得消费者的认可，从而激发他们的购买动机。

（三）商品包装设计的四大要素

随着国民生活水平日益提高，消费者已不仅仅满足于高质量的名牌商品，对商品包装的要求也越来越高。因此，企业应以此为契机，精心研究符合消费者心理要求的、具有时代特色且有超前意识的新的包装形式，以满足消费者不断提高的需求，从而吸引更多的消费者。

商品包装的心理功能在很大程度上体现在色彩、形状、字号、商标四大要素上。因此，在包装的设计过程中，设计人员必须重视和突出这四大要素。

📠 知识点滴

色彩的魅力

根据心理学实验的结果，进入人类大脑的信息有 80% 来自眼睛，10% 来自耳朵，其余来自其他感觉器官。在眼睛所接收到的信息中，色彩是首要的信息元素。消费者在接触商品包装时，首先注意到的是包装的整体色彩，可见色彩在整个包装设计中起着举足轻重的作用。色彩与其他的设计元素相比更感性化，对消费者的心理具有巨大的影响，这主要表现在联想与感情效果两个方面。色彩会产生商品包装的第一视觉效果。一项调查表明，消费者对商品的感觉首先是色感，其后才是形感。消费者在最初接触商品的 20 秒内，色感信息占 80%，形感信息占 20%；在 20 秒至 3 分钟内，色感信息占 60%，形感信息占 40%。另一测定结果表明，消费者观察每种商品的时间平均为 0.25 秒左右，这 0.25 秒的一瞥影响了消费者是否会从无意注意转向有意注意。所以商品包装选用夺目的色彩，更可能一举俘获目标顾客的心。

（1）色彩。色彩是指包装外表上的图案、文字等的颜色。色彩是最具吸引力的一大要素。商品包装首先映入消费者眼帘，使之产生视觉的就是色彩。从我国人民的消费习惯来看，消费者大都喜欢色彩艳丽、图案生动、寓意美好、对比强烈的包装，而不喜欢那些色彩暗淡、图案模糊不清、主题表达不明的包装。因此，包装设计应注意色彩的协调性，在色彩处理方面应多采用一些具有积极象征意义的色彩。例如，象征青春、生命的绿色，象征高贵、威严的紫色，象征热情、喜庆的红色，象征智慧、安静的蓝色，象征纯真、洁净的白色，等等。

（2）形状。造型优美、独特的包装往往最能吸引人的视线，并给人以艺术享受，让人产生美的联想，还具有收藏价值。对当今消费者来说，包装已不仅仅是盛装、裹束商品的容器，而且是一种具有一定科学性、时代性、艺术性的工艺品。有些商品包装之所以备受消费者的喜爱，就是因为其造型符合消费者的审美心理需要，能产生较完美的心理效果。一般来说，包装的造型主要突出商品的实用性和欣赏性，这样既可方便消费者携带、使用，又可美化生活环境。为此，包装可采用异常式、系列式、开窗式、便携式、仿古式、展开式、堆叠式、挂式等形式进行设计。

（3）字号。字号，即附着于包装外表的商品名称的大小。除必要的图案和文字外，包装设计最重要的就是对商品名称的设计。附着于包装表面的商品名称，其位置的高低、文字的大小、字体的选择及颜色的调配等都是非常讲究的。消费者认识商品时，一般习惯于从认识包装开始。对货架上存放的各种形状和颜色的商品，消费者的视线停留在每个包装上的时间仅仅是短暂的一瞥。在这稍纵即逝的一瞬间，商品字号必须能迅速地抓住消费者的眼球，并给其留下深刻的印象。商品包装冲击力的强弱对商品的销售有重要的影响。因此，包装上的字号设计一定要令文字醒目，要用对比鲜明的颜色和字体吸引消费者的视线，引起他们的注意。

（4）商标。商标附着在包装的表面，是消费者辨认商品和企业的重要标志之一。在包装表面的适当位置印上商标，可使消费者在第一时间从众多同类商品中找到所要购买的那个品牌的商品。因此，商标应设计在包装表面引人注目的突出位置上。是注册商标的，应在商标的右上角标上"TM""R"或在商标的下方或两侧标上"注册商标"字样，以便于消费者识别和选购。商标的大小要适宜，一般不应大于商品名称的字号。

（四）商品包装设计的心理策略类型

商品包装作为参与市场竞争的手段之一，其作用已越来越被人们所认识。如何通过商品包装各种不同的表现形式来吸引消费者的注意，诱发他们的情感并激发他们的购买欲望，是企业必须予以足够重视的问题。如图7.3所示，卫龙辣条换包装后变成了"高大上"的零食。

旧包装　　　　　　　　　新包装

图7.3　卫龙辣条的新旧包装对比

1. 按照消费习惯和实用需求设计包装

消费习惯是消费者在长期的消费实践中逐步形成的，或者是由于传统风俗的沿袭、生理特点的适应等原因形成的。这种习惯一旦形成，就具有相对稳定性，甚至根深蒂固。因此，按消费者的消费习惯和实用需求设计包装就显得十分重要。采用这种设计策略主要有以下几种包装方法。

（1）惯用包装：这种方法是沿用长期以来所形成的、消费者非常熟悉的商品包装。其好处是能够适应消费者的习惯或传统观念，便于识别和记忆商品。如食盐采用的袋装就属这种方法。

（2）分量包装：这是根据消费者购买或使用的习惯和特点，将商品按一定分量进行包装的方法。其好处是给消费者的购买和使用带来方便，也能适应消费者尝试性购买新产品的心理，有助于新产品的推广，如一些白酒的二两小瓶包装，洗发露的一次性小包装，等等。

（3）配套包装：这是将经常同时使用的几种不同商品配套、合成一体进行包装，便于消费者购买和使用的包装方法。如一盒成套的化妆品、餐具、电工用具、儿童玩具等。

（4）系列包装：这是将同一企业的若干用途相似、品质相近的商品，设计成图案、形状、色彩相同或相近的包装的方法。这种方法的优点是可以节约设计费用，使消费者由包装的共同性或相似性产生联想，一看就知道商品是哪一家企业的，能缩短认知过程。这种包装在市场上十分常见，但需注意的是，这种策略只适用于企业所经营的同一档次的商品，否则可能增加低档商品的包装费用，或者对高档商品产生不良影响。

2. 按照消费者的消费水平设计包装

不同消费者由于经济收入、社会地位和生活方式的不同，在消费水平上存在很大差距，并且这种差距随着市场经济的发展越来越大。不同消费水平的消费者对商品包装的要求不同，如有的人喜欢豪华，有的人喜欢实用，等等。商品的生产者可以根据商品主要销售对象的消费水平进行相应的包装设计，以适应不同消费者的要求，具体可以采取以下几种方法。

（1）等级包装：这种方法是按照商品的档次专门设计与之相匹配的包装，以适应高、中、低档消费水平的需求，满足消费者购物的心理需求。消费者一般都有用包装的价值去衡量商品价值的习惯，即希望包装的档次能与包装内商品的档次相符。如在同类商品中，高档次的商品配以高等级的精美包装，以突出商品的名贵与高雅；低档次的商品配以低档次的普通包装，以突出商品的经济和实惠。例如图书等的精装与简装便是如此。

（2）特殊包装：这是一种专门为那些市场中稀缺、用途特殊、价格昂贵的商品设计的具有较高欣赏价值和专门用途的包装形式，如名贵药材、文物古董、珠宝首饰、艺术珍品等的包装。这种包装设计构思奇妙独特，用料考究名贵，制作工艺精湛，既能显示内装商品的贵重特点，又能激发消费者的珍爱情感。因此，凡是贵重商品都应配以贵重包装，以满足消费者求名、求美等心理需要。否则，贵重商品在人们心目中的贵重感就会降低。

（3）礼品包装：这是一种专用于赠送他人礼品的包装形式，这种包装通常装饰华丽、富有欢庆情调和美好寓意。如用于新年祝贺的礼品包装上，一般印有"恭贺新禧""年年有余""吉祥如意""岁岁平安"等红字彩帖；用于祝寿的礼品包装上，多印有"福""寿"等字样和青松、仙鹤等图案。礼品包装不仅可以增加喜庆气氛，还能增加礼品的价值，但一般商品包装不宜效仿。

（4）简便包装：这是一种成本低廉、构造简单的包装，如利用塑料袋、纸袋包装，一般用于日用品和低值消费品。其目的是降低销售价格，以迎合大众的消费心理。

（5）复用包装：这是指商品包装在商品使用完后可用作其他用途，使消费者在购买商品的同时又得到另一件用具的包装形式，如月饼盒、茶叶桶等。

📺 知识点滴

包装行业趋势

（1）互联网给传统包装带来了颠覆性技术，让品牌能更好地与消费者建立联系。智能包装利用一维或二维码、智能标签、射频识别（RFID）和近场通信（NFC）等技术提供安全及身份验证、连接增值服务，使产品包装成为数据载体和数字工具。

（2）可生物降解的包装材料是传统塑料包装的合适替代品，越来越受欢迎。

（3）3D打印为包装行业提供了新的包装方法，它能构建不同的形状并能实时制作。

（4）联合国粮食及农业组织称，全球生产的食品中有约三分之一出于各种原因被浪费掉，其中保质期过短是一个重要因素。活性包装可大大延长食品的保质期，其应用范围越来越广。

3. 按照消费者的性别、年龄设计包装

消费者由于性别、年龄的不同，生理、心理上存在差异，对包装的要求也不一样。为适应不同性别、年龄消费者的心理，为商品分别设计适合的包装具有一定的促销作用。

（1）女性化包装：女性用品的包装宜重点体现女性温柔、典雅的形象特征，突出艺术性和流行性，可采用优美的线条、艳丽的色彩、高雅的形象，以增加商品的女性魅力。

（2）男性化包装：男性用品的包装宜重点表现男性粗犷、豪放、刚劲、稳重的形象特征，突出实用性和科学性，可采用黑色为主的色调进行包装设计。

（3）少儿用品包装：针对少儿活泼好动、求知欲强的心理特点，利用生动的形象、鲜艳的色彩、趣味性和知识性强的画面设计包装，可以引起少儿的兴趣，激发购买欲望。

（4）青年用品包装：青年人精力充沛，喜欢追求时髦、标新立异，设计新颖、美观和具有流行性的包装能引起他们的好感，从而促进其购买行为。

（5）老年用品包装：根据老年人追求朴实、庄重、怀旧（见图7.4）、便于携带的心理要求，设计具有实用性和传统性的商品包装，可以满足他们的需要，促成购买和重复购买。

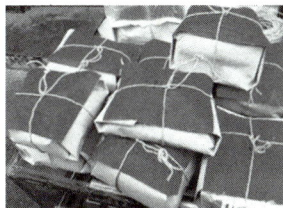

图7.4　怀旧包装

探究活动

学生分组，每组选择不同年龄阶段的人群进行调查。活动任务：了解不同年龄阶段的人群对商品包装的偏好，并找到典型的例子进行讨论。

总之，成功的商品包装设计既能满足消费者的生理需要，又能满足其心理需要。这是一种复杂的艺术性、创造性劳动，需结合商品特点和主要销售对象的特点来设计，否则便不能发挥商品包装的心理功能，不利于增强商品的市场竞争力。

第二节　商品价格与消费心理

从经济学的角度看，价格是严肃的，是商品价值的货币表现。从市场学的观点看，价格是活跃的，会对市场的变化做出反应。而营销心理学中，价格是指建立在消费者心理基础之上的各种商品价值的货币表现形式，商品的最高价格取决于商品的市场需求，商品的最低价格取决于该商品的成本费用。在最高价格和最低价格之间的幅度内，企业能把商品价格定多高，则取决于消费者对商品的价值认同。因此，由于消费者对商品价值的认知不同，对同样的价格，消费者的心理反应有所不同。有的消费者认为比较合理的价格，有的消费者则难以接受。

现代市场经济条件下，在影响消费者心理与行为的诸多因素中，价格是最具有刺激性的因素之一。企业的定价或调价都会引起消费者的价格心理反应，会激励或抑制消费者的消费动机和购买行为。反过来，消费者的价格心理反应也会影响经营者的价格决策。深入研究价格对消费者的心理影响，把握其价格心理特征，是企业制定价格策略的基础和前提。

一、商品价格的心理功能

商品价格的心理功能是指商品价格对消费者心理的影响，以及影响过程中消费者所产生的价格心理现象，简而言之，是商品价格这一客观事物在消费者心理上引起的反应。

商品价格是人们选购商品时考虑的一个极其重要的因素。商品价格对消费心理具有重要的影响作用。消费者在选购商品时，通常把价格与商品的其他要素如品牌、性能等综合起来加以考虑、评价，在此基础上决定是否购买。

1. 商品价值认知功能

商品价格是商品价值的货币表现。一般而言，价值高的商品售价高，价值低的商品售价低。但商品价值是抽象的，是不能人为计算的。一般来说，商品的成本高，价格相应也高；商品的成本低，则价格也低。但企业确定其商品价格时不可能单纯考虑成本因素，还会考虑需求水平、竞争状况等其他因素，成本相似的商品其价格可能会有很大的差异。消费者不可能具体了解每种商品的定价标准和依据，而是习惯根据经验把价格与价值及商品质量联系在一起，视价格为价值大小的标志，并将其作为衡量商品质量的尺度。

在市场上，人们常常可以看到，有些商品内在质量相似，但由于包装不同，价格却相差很大，此时消费者往往愿意购买包装较好、价格较高的商品；而对于一些处理品、清仓品，降价幅度越大，消费者的疑虑心理越重，往往越不愿意购买。在现实生活中，消费者经常将价格作为尺度和工具来认识商品。消费者普遍认为的"一分钱，一分货""好货不便宜，便宜没好货"，就是这种心态的反映。

🐣 即学即练

同样两件羊毛衫，如果其中一件用很漂亮的盒子包装，标价360元，另一件只用普通的塑料袋包装，标价220元。一些消费者的第一反应通常是360元的那件羊毛衫品质好、价值高，而220元的那件羊毛衫相对品质差、价值低。请分析产生上述现象的原因。

尽管有些消费者具备一定的商品营销学知识，会对商品价格的合理性进行一定的分析，但是以价格水平来衡量商品价值大小与质量好坏，仍然是大多数消费者奉行的价格心理准则。

2. 自我意识比拟功能

消费者在购买商品时，除了进行商品价值认知和衡量以外，往往还会通过想象和联想，把商品价格的高低与自己的气质、性格、地位等个性心理特征联系在一起，与自己的愿望、情感、兴趣、爱好结合起来，进行有意或无意的比拟，以满足自己心理上的欲望和需求，这就是商品价格的自我意识比拟功能。这充分说明商品价格不仅具有衡量劳动价值的意义，还具有反映社会心理价值的意义。商品价格的自我意识比拟包含以下多方面的内容。

（1）社会地位比拟。不少人购买商品时追求高档、名牌、新潮，认为一分钱一分货，购买低价商品会降低自己的身价。即使经济收入有限，不能轻松满足其对高档品牌的追求，他们宁可在其他方面节俭一些，也要保持自己良好的形象，维护自己的"社会地位"，得到心理满足。

（2）经济地位比拟。有些经济收入较高的人追求时尚的欲望强烈，是社会消费新潮的倡导者。他们往往以率先拥有高档电器、私人轿车、高档商品房等为消费追求目标，把拥有珍藏版、纪念版、特别版等商品作为自己与众不同的标志，以此体现自己的经济实力，从而对低价商品不屑一顾，认为其与自己的经济地位不相符。也有些人尽管经济收入并不低，但并不看重物质消费，甚至喜欢购买廉价、折价商品，还喜欢讨价还价，且乐此不疲。

（3）文化修养比拟。有些消费者尽管收入水平并不高，所购买的主要生活用品也多是中、低档次的，但是他们喜欢购置、收集、储藏名人字画等古董。有的将其作为家庭摆设，有的想要其升值，希望通过昂贵的古董来显示自己崇尚古人的风雅，并乐在其中。对于喜欢的古物，他们从不计较价格高低，出手非常大方。这是消费者文化修养比拟的结果，他们通过高价商品的购买、收藏，既可以满足实际消费需求，也可以得到心理上的满足。

（4）生活情操比拟。有些消费者以具有高雅的生活情趣为荣，即使不会弹钢琴，也要在居室里摆放一架钢琴；即使不十分喜爱音乐，也要购置高档的音响器材，获得心理上的满足。比如，有些消费者在购物时从不讨价还价，认为那样的生活很累，并且很没有面子，争来争去的，价格不合适就不买，不会去讨价还价；而有的消费者就喜欢讨价还价，总是认为商品卖得贵，怕被商家坑骗，即使看中了商品，如果不够便宜也宁可不买。

需要注意的是，消费者的这种价格比拟有时与实际情况相符，有时可能与实际情况相距甚远，很多情况下是受社会风气影响。同时这类心理功能因人而异，各不相同，与个人的观念、态度、个性心理特征有关，消费者会在购物中有意无意地显露出来。

🎓 探究活动

寻找一个案例，用以在课堂上展示不同消费者在消费价格方面的不同需求。

3. 调节需求功能

商品价格的高低对供求关系有调节作用。在其他条件不变的情况下，由于供求规律的作用，消费需求量的变化与价格的变动呈相反的趋势。一般情况下，商品价格上涨时，销售量会减少；商品价格下降时，销售量会上升。精明的市场营销者往往根据这一趋势适时调整价格，寻找商品价格对供求关系的最佳调节点。

价格调节需求的功能会受到商品需求的价格弹性的制约。需求的价格弹性是指一种商品价格的变动对其市场需求量的影响程度。影响程度越大，它的需求的价格弹性就较大，反之则较小。不同种类的商品，需求的价格弹性是不同的。一般来说，与消费者生活密切相关的生活必需品的需求的价格弹性较小，而非生活必需品的需求的价格弹性较大。

价格调节需求的功能还受到消费者心理需求强度和价格预期评价的影响。首先，消费者对某种商品的需求越强烈，对这种商品价格水平的变动就越敏感，商品价格对商品需求调节的力度就越大。其次，商品需求量的变动还受到消费者对商品价格预期评价的影响。如果消费者预期某种商品的价格会继续上涨，这时商品提价出售，反而会增加需求量。相反，如果消费者预期某种商品的价格会持续下跌，这时商品降价出售反而会减少需求量。这就是价格心理对供求关系的影响的复杂情况，比如追涨杀跌心理。与通常的薄利多销规律不同，有时候人们往往表现出一种反常的行为举止：当商品价格上涨时，出于紧张心理，以为价格还会继续上涨，反而刺激了他们急于购买的心理需求；当价格下跌时，出于期待价格进一步下跌的心理，反而持币待购。

二、消费者的价格心理

在认识了商品价格的心理功能以后，商家还应注意研究消费者的价格心理特征，以便全面了解价格与消费需求之间的关系，为商品价格的制定提供充分可靠的依据。消费者的价格心理是消费者在购买活动中对商品价格认识的各种心理反应及表现，它是由消费者自身的个性心理特征和其对价格的知觉判断共同构成的，还受到社会生活各个方面的影响。消费者的价格心理主要分为以下几种。

1. 消费者对价格的习惯性

消费者对价格的习惯性是指消费者根据自己以往的购买经验，对某些商品的价格反复感知，从而决定是否购买的习惯性反应。

习惯性心理是指由于消费者长期、多次购买某些商品，通过对某些商品价格的反复感知而逐渐形成的心理。消费者对商品价格的认识，往往是从多次的购买活动中逐步体验的结果。特别是对于一些日用消费品、生活用品，消费者由于长期反复购买，在大脑中留下了深刻的印象，并形成了习惯价格。在习惯价格的基础上，消费者形成了一种商品价格上限和下限的概念。如果商品价格高于上限，则会令消费者感到太贵；如果价格低于下限，则会令消费者对商品质量产生怀疑。只有商品价格处于上限和下限之间，消费者才会乐于接受。如果商品价格恰好为消费者所认同，消费者在内心则会产生最大的信赖感，从而大大增加购买的概率。

消费者的价格习惯性心理一旦形成，往往会趋于稳定并维持一段时间，很难轻易改变，它影响着消费者的购买行为。因此当商品价格变动时，往往会迫使消费者的价格习惯经历一个困难的、由不习惯、不适应到习惯和比较适应的过程。当有些商品的价格必须变动时，企业一定要认识价格习惯性心理对消费者购买行为的影响，在制定和调整商品价格时，对那些超出消费者习惯价格的商品价格要慎重行事，一定要弄清这类商品的价格在消费者心目中的价格上限和下限。价格超过了上限，就应该千方百计地让消费者了解此类商品的优秀品质和涨价原因；价格低于下限，则要想方设法打破消费者对此类商品是低档货或质量上有问题的顾虑，促使其尽快由不习惯转为习惯，增加购买概率。

2. 消费者对价格的敏感性

消费者对价格的敏感性是指消费者对商品价格变动的反应灵敏程度。由于商品价格直接影响消费者的生活水平，所以消费者对价格的变动会做出不同程度的反应。消费者对价格变动的敏感心理既有一定的客观标准，又有经过多年购买实践形成的一种心理价格尺度，因而具有一定的主观随意性。

消费者对价格的敏感性是因商品而异的。那些与消费者生活关系密切的商品，由于购买频率较高，消费者对价格的敏感性也高。如蔬菜、肉蛋类等的价格略有提高，消费者马上会做出强烈反应；而一些高档消费品，如计算机、音响、钢琴、家具等，由于其购买频率较低，即使价格比原有价格高出几十元、上百元，消费者也不太计较，即消费者对这类商品价格的敏感性较低。如学校的师生每天在餐厅就餐，饭菜价格哪怕变动了 1 元，他们也会议论纷纷；而市场上一台电冰箱的价格即使涨了 400 元，他们也不会放在心上。这就是消费者对价格敏感性的不同。

3. 消费者对价格的感受性

消费者对价格的感受性是指消费者对商品价格高低的感知程度。消费者对商品价格高低的判断不完全以绝对价格为标准，还受其他因素的影响，主要有商品轻重、大小、商标、包装、色彩，商品的使用价值和社会价值，货位摆放，服务方式，售货场所的气氛，等等。

消费者对商品价格高与低的判断，主要体现在主客观两个方面。

（1）从客观的角度讲，不同的购买环境下，消费者对同样价格、不同组合的商品有不同的感受。消费者对商品价格高与低的认识和判断，不完全基于某种商品价格是否超过或低于他们认定的价格尺度，他们还会通过与同类商品的价格做比较，以及与购物现场不同种类商品价格的比较来进行。这种受背景刺激因素的影响，导致价格在感受上产生差异的现象，被称为价格错觉。市场上的货品由于货位的摆放、服务方式、营业场所的气氛不同，往往会使消费者做出不同的判断。这是因为消费者普遍具有一种先验心理。人直觉上的差别会引起不同的情绪感受：企业营业环境布置、商品陈列造型和颜色搭配、灯光和自然光的采用、营业员的仪表等，都能带给消费者不同的感觉；不同的商品，不同的环境和营销氛围，消费者的不同心境和个性，都会使其产生不同的价格感受。这种感受性会直接影响消费者的价格判断，如超市里售价为几十元的葡萄酒放在豪华酒店里售卖，可能标价数百元，有些消费者会认为这没什么，其实是因为豪华幽雅的环境和气氛影响了他们对价格的感受性。

（2）从主观的角度讲，消费者自身的背景也会影响其对价格的判断。一般而言，收入较低的消费者或者具有勤俭节约特点的消费者属于理智型的消费者，他们大都希望购买价格合适又适用的商品，也就是所谓的少花钱多办事。所以，他们对商品的价格比较敏感，主要考虑的是消费能力和商品质量、价格、效用等，而不受任何环境和气氛的影响，一般会在同类商品中选购价格较低的商品。而中等收入的消费者倾向于认为在同类商品中，价格越高质量越好，即所谓的"一分钱一分货"。高收入消费者则更可能购买款式新颖、豪华、时尚、高价位的商品。

消费者对商品价格的感受性对他们购买商品时的反应的影响是普遍的，企业在市场营销中可以用优质的商品、优良的服务、优美的装潢、幽雅的环境来影响消费者的心理活动，影响消费者的观念态度，从而影响其对商品价格的感受性，以便取得较好的销售效果。

4. 消费者对价格的倾向性

消费者对价格的倾向性是指消费者在购买过程中对商品价格选择所表现出的倾向心理。价格的倾向性不仅因商品类别不同而有很大差异，也因消费者个性的不同而异。

一般来说，同类商品的价格高低标志着不同的品质与质量标准。理性消费者对同类商品进行比较时，如果没有发现品质与质量上的明显差异，会倾向于选择价格较低的商品。如果不能确认品质与质量，不同的理性消费者会有不同的倾向性，感性消费者的倾向性更为复杂。

对不同种类商品的价格，消费者在比较时的倾向性是不同的。对日常生活用品、短期时令商品，消费者一般倾向于选择价格较低的；而对耐用消费品、奢侈品，消费者一般倾向于选择价格较高的。

消费者的消费心理明显地呈现出多元化特征，既有追求高档名贵的求"名"心理，又有追求经济实惠的求"廉"心理，还有居于二者之间的要求价格适中、功能适中的求"中"心理，满足情感、文化需要的求"情"、求"乐"、求"知"心理。由于消费者具有不同的社会地位、经济收入、文化水平、个性特点，他们在选购商品时对价格的倾向性也不同，每个人都会根据自己的需求特点做出相应的价格选择。

价格心理倾向性的具体表现是比较复杂的，常见的有以下四种。

（1）模仿心理倾向。模仿他人的消费方式是一种较普遍的心理现象。在各类消费群体中，少年儿童的这一倾向性比较强。少年儿童的自我意识还未成熟，道德观念还需要继续完善，对于自我的控制能力不强，缺乏对商品真正价值的认识能力，因此在选购商品时经常参考他人的消费行为，模仿他人的消费方式。同龄人购买了某种式样、某一品牌的商品，很容易激发他们产生同样的消费愿望。

（2）求荣心理倾向。有此种倾向的消费者会认为商品价格不仅可以体现商品的价值，还可体现自身的社会地位。在现代社会里，消费者的自我意识增强，不管个人有没有明确意识到，追求商品的社会象征意义已成为基本的消费需求特征。

📖 即学即练

只买贵的，不买对的

某电影中曾有这样一段经典独白：你要了解消费者的心理，他们的口号是——只买贵的，不买对的！这段黑色幽默的台词，是古今中外消费市场上"越贵越买"这一现象的经典写照。

请根据上面的材料，结合所学的知识，分析产生上述现象的原因。

（3）求廉心理倾向。求廉心理倾向较为普遍，勤俭持家、精打细算的中老年消费者的这种倾向尤其明显。他们的消费范围广泛、消费经验丰富、消费习惯比较稳定，常在熟悉的网店、附近的市场进行价格查询、比较，以购买到物美价廉的商品为乐。这类消费者往往对商品的价格敏感，对商品的质量则不太苛求，只要不影响使用就能接受。针对这类消费者，企业在制订营销策略时，应当研究在保证一定利润水平的情况下降低成本的方法。降价策略对这类消费者的效用较明显。在积压商品过多的情况下，企业采取此类策略可能会给自己带来新的生机。

（4）求实心理倾向。和求廉心理倾向有所不同，抱有求实心理倾向的消费者一般具有更成熟的消费观念，对商品质量的要求虽然达不到苛刻的程度，但也比较高。他们不仅比较排斥质量低劣的商品，还会拒绝超高溢价的商品。换句话说，他们希望购买到货真价实的商品。针对这类消费者，企业应追求较高的商品品质、中等的利润水平。小米、胖东来在商业上的成功很大程度上源于此。

🎓 探究活动

市场上有很多单价都是 9.9 元的商店，你是否光顾过这种类型的商店？它利用了目标顾客的什么消费心理？

5. 消费者对价格的逆反性

消费者对价格的逆反性是指消费者在某些特定情况下对商品价格的反向表现。消费者在进行消费活动时，不断接受来自商品本身、广告宣传及厂商各种各样的消费刺激。倘若某种刺激持续的时间过长、刺激量过大，超过了消费者所能承受的限度，就会引起相反的心理体验而使消费者产生逆反心理及其相应行为。正常情况下，消费者总希望买到物美价廉的商品，对于同等质量的商品总是希望其价格更低。但是在某些特定情况下，商品的畅销性与其价格呈反向表现，即并非价格越低越畅销，这是由于消费者对价格的逆反心理造成的。

商品的主观价格是依据其客观价格形成的，但是主观价格与客观价格经常会出现相互不一致甚至背离的情况，由此消费者心目中常会产生这样的判断：商品的价格太高，或者商品的价格偏低。主观价格是商品形象的一个组成部分。对于一个有较强自我比拟意识的消费者来说，购买一件自认为价格偏低的商品会感觉有失身份，所以有这样一个事例。一件男式风衣在一家商店出售，刚开始时的标价是 168 元，这个价格是低于同等商品平均价格水平的。这件风衣在商店挂了很久都无人问津。消费者看到这一低价会很自然地认为这件风衣可能是滞销货，或者存在质量问题，即使价格偏低也不愿意购买。但是当商家把价格改成 380 元之后，就有很多消费者因为这一价格而注意到这件风衣，很快这件风衣便以 260 元的价格出售了。

三、商品定价和调价的心理策略

商品价格的制定和调整都要讲究策略。企业在定价和调价时要注意不同消费者价格心理的差异，研究消费者对价格变动的心理反应，从而使制定的商品价格尽量为消费者接受，这样才能达到促进商品销售、提高企业经济效益的目的。新产品的定价关系到新产品能否顺利地进入市场，能否站稳脚跟，能否获得较大的经济效益。

（一）商品定价的心理策略

商品价格的制定除了要考虑成本、需求和竞争，还要考虑制定价格的心理依据，这是商品成功走向市场、取悦消费者的重要前提。根据消费者心理和市场竞争状况采取的定价策略主要包括以下十几种。

1. 取脂定价策略

取脂定价策略，又称撇脂定价策略，撇脂的原意是在鲜牛奶中撇取油脂，先取其精华，后取其一般。将这种定价策略运用到市场营销中，是指在新产品进入市场的初期，利用消费者的求新、猎奇心理，先制定高价获取高额的初期利润，当竞争者出现后，再根据市场销售情况逐步适当降价的定价策略。

采用这种策略能使企业尽快收回投资成本，迅速获得大量利润；掌握市场竞争及新产品开发的主动权；树立高档的品牌、产品形象；扩大价格调整的回旋余地。但是在新产品尚未被消费者认识时，高价不利于市场开拓，产品的销售量和市场占有率可能无法相对提高。高价厚利很容易诱发市场竞争，使企业获得高额利润的时间比较短。

2. 渗透定价策略

渗透定价策略是指在新产品上市之初，为迎合消费者求实、求廉心理，企业采取优质低价的手段迅速渗透并占领市场，扩大销售量，提高市场占有率，待打开销路、占领市场后再逐步提价的策略。这种定价策略的目的在于渗透新市场，立即提高新产品的市场占有率与销售量，快速而有效地占据市场空间，获取销售利润反而退为次要目标。

采用这种策略的产品一般在市场上都有类似的替代品，产品需求弹性大，购买频率较高，消费者对此种产品的价格较为敏感，所以低价可以扩大产品销售量，因而可以增加利润总额。过了一段时间，当消费者接纳认可该产品后，企业可以利用消费者对产品的感情和产品的不可或缺性，慢慢地提价。这样既不会失去消费者，又使企业增加了效益，在市场上站稳了脚跟。

3. 反向定价策略

反向定价策略是指企业定价时不是以产品定价，而是以价格定产品的策略。企业先从市场调查开始，获得消费者对该类产品的期望零售价格，再倒算出该产品的生产成本和其他费用的控制范围，然后组织生产。

这种策略主要从消费者的心理愿望和购买能力出发，更能适应消费者的需要，从而有利于扩大市场销售。

4. 整数定价策略

整数定价策略是指针对消费者的价格自我比拟的心理，为商品定价时将价格尾数去掉，舍零凑整的定价策略。当消费者购买档次较高的商品或偏重于质量和品牌时，商品价格应尽量取整数，这样可使消费者产生一种品质高、可靠性强的心理感受，并能满足其心理上的某种荣耀感。高档商品用零头标价反而会使消费者心理不平衡，觉得有失身份。如价格 99998 元的某品牌汽车，可定价为 100000 元，这样可以使这件商品的价格从三位数上升到四位数，给消费者带来更大的满足。而对于那些价值低、购买频繁的商品，有时为了方便消费者购买，也可采用整数标价。

5. 尾数定价策略

尾数定价策略是指企业保留价格尾数，采用零头标价的策略。采用这种策略主要是为了满足消费者的求廉心理，使消费者感觉价格低，甚至会让消费者认为价格计算十分精确，从而增加对企业的信任。根据不同消费者的消费习惯，把尾数定价策略与吉祥数字结合起来效果更好。如用 9、8、6 做价格的尾数通常会受到欢迎，最好不要用 4、7 做尾数。

这种策略一般针对的是收入不高、对生活日常用品价格敏感的消费者，尾数可使他们感到价格保留在较低一级的档次，从而减少心理抗拒感。

知识点滴

价格尾数错觉

当商品的价格尾数定为 1、3、5、9 时，会给消费者一种"便宜"的感觉，这种心理现象称为价格尾数错觉心理。

市场上常见的商品标价为 49 元，其销售量远比标价为 50 元和 48 元的高。消费者购买商品时总是希望物美价廉，价格便宜一些。采用奇数定价策略，往往使消费者在心理上对企业产生信任，认为他们核定成本准确，一分钱都不多要。

从心理学的角度看，人们往往有一种错觉，认为奇数比偶数小。在消费者心目中，49 元给人以 40 多元的感觉，50 元则给人以 50 多元的感觉，两者相差一个档次，因而容易让人认为 49 元明显便宜些。

6. 招徕定价策略

针对消费者普遍存在的求廉心理，企业可以有意降低某些商品的价格来吸引大批消费者购买。这种策略的实质是用降价商品做诱饵，借机带动企业其他商品的销售。顾客既然进了门，就不可能只看降价商品，只要他们注意了其他商品，就会带来销售的机会。为此，降价商品的选择以及降价幅度的确定都很重要，要达到既招徕大批顾客，又能扩大销售并增加利润的目的。

北京有家商场，每逢节假日都要举办"1 元拍卖活动"，所有拍卖商品均以 1 元起价，报价每次增加 5 元，直至最后落槌。这种拍卖活动由于基价定得过低，最后的成交价也比市场价低得多，因此会使人们产生一种"卖得越多，赔得越多"的感觉。实际上，该商场使用的策略是以低廉的拍卖品活跃商场气氛，增大客流量，以带动整个商场销售额的上升。日本的一家"创意药房"在将一瓶 200 元人民币的补药以 80 元人民币超低价出售时，每天都有很多人涌进店中抢购该药。按说如此下去该药房肯定赔本，但其财务账目显示盈余逐月骤增，原因就在于大多数人来店里都不会只买一种药，人们看到这瓶补药便宜，就会联想到"其他药也一定便宜"，这一策略促成了大量盲目的购买行动。

7. 声望定价策略

声望定价策略是指利用消费者的求名心理制定高价的策略，主要适用于一些名牌商品、高档商品或技术性较强的商品等，用以满足某些消费者追求名店、名牌和显示自身地位的心理。消费者在选购这类商品时往往相信"高价格代表高质量"。他们认为企业的声望与出售商品的质量成正比，商品价格高一些是合理的。一些世界驰名品牌，其高昂的价格相当稳定，企业宁可减少产量和销量，也绝不轻易调低价格而损害其声望。荣宝斋的字画、华为的 Mate 系列手机、拜耳公司的药品等都是如此。采用这种定价策略对于稳定产品销量和保持企业良好的市场形象都有重要意义。

8. 分级定价策略

分级定价策略是指把不同品牌、不同规格、不同型号的同类产品划分为几个档次，为每个档次的产品制定一种价格。这一方面会使企业的进货、销售等管理工作简化，另一方面则较好地适应了消费者的求便心理，比较符合人们的消费习惯。当然，档次的划分要合理，定价水平要能为消费者所接受。

📠 知识点滴

蒙玛公司在意大利以"无积压商品"而闻名，其秘诀之一就是对时装分多段定价。它规定新时装上市时以 3 天为一轮，一套时装首轮以原价卖出，每隔一轮减价 10%，以此类推。那么到 10 轮之后，蒙玛公司的时装价格就降到只剩 35% 左右的成本价了。这时，蒙玛公司就以成本价售出时装。时装上市才一个月，价格已跌到 1/3，谁还不来买？所以一卖即空。蒙玛公司最后结算所得的利润比其他时装公司多，又没有积货的损失。国内也有不少类似案例。

9. 组合定价策略

根据消费者的心理与习惯，对于具有关联性的几种商品，企业可以采取相互补充的定价方式：为消费者购买次数少且对价格敏感的商品制定较低价格，为消费者购买次数多且对价格不太敏感的商品制定较高价格，高低价相抵后企业还有利可图。比如，对洗面奶等清洁用品定低价而对护肤乳定高价。组合定价策略主要针对的是消费者的求廉心理，以及对价格的敏感性存在差异的特点而实施的。

10. 折扣定价策略

折扣定价策略是指企业为扩大销售量将商品的原有价格降低一定比例后售出的策略。这种策略可以起到激发消费者购买欲望的心理作用。折扣的主要形式有数量折扣、贸易折扣、季节折扣、促销折扣等。

在采用折扣定价策略时，折扣程度既要能引起消费者的注意，避免造成消费者的疑虑，又要注意让消费者对不同商品的折扣销售有不同的反应。例如，对名画、昂贵滋补品而言，折扣销售并不能很好地刺激消费者的需求；而对那些普通服装、高档时装和日用小商品而言，折扣销售的效果最为明显。另外，折扣销售对不同收入水平和不同年龄的消费者也会产生不同的影响。例如，折扣对低收入者影响较大，对高收入者影响较小。

案　例

折扣降价

日本东京银座的美佳西服店为了打开销路，曾采用"优惠折扣价格"的销售策略，该策略颇为成功。该店规定：店内所有西服一律折价出售，第一天打九折，第二天打八折，第三、四天打七折，第五、六天打六折……第十五、十六天打一折。开始一两天，顾客不多，大多是探听虚实，第三、四天逐渐增多，第五、六天人满为患，争相购买。以后，日日爆满，不到一折期限，西服早已售完。

美国波士顿的法林联合公司开发了一种"自动降价商店"。例如，如果一件衣服在货架上陈列了13天还未售出，就自动降价20%；过了6天仍未售出，再降20%；再过6天，降价75%；到第25天还无人问津，就将衣服从货架上取下来送到慈善机构。这家商店的商品大多数属于中档商品，种类齐全，物美价廉。加上美国人生活节奏快，所以往往不等商品降到最低价格就已被抢购一空。

启发思考

为什么会出现这种现象？商家是利用了消费者的什么心理来进行促销的？

---

11. 习惯定价策略

对于已形成习惯价格的商品，要按照习惯价格为商品定价。已经形成习惯价格的商品主要是那些消费者经常购买的日用品，对于这些商品的性能、质量等，消费者已经详细了解并且形成了依据经验的评定和固定的心理价格标准。企业在为这些商品定价时一般不宜背离习惯价格，否则会失去消费者的信任。

12. 综合定价策略

对于某些价值含量与技术含量较高的商品，在制定价格时，应该把相关费用计算在内。定价时一般包含送货费、维修费、保险费和随商品附赠的易损配件的费用等。综合定价虽然使价格水平提高了，但是也因此提高了商品的可靠性与安全性，使消费者增强了安全感，因此仍为消费者所欢迎。

13. 统一定价策略

统一定价策略是指企业的同一产品在市场上采用同一价格的策略。

统一定价策略适用于拥有垄断优势的大公司，如波音公司出售给全球所有国家的喷气式飞机都是统一定价；统一定价策略还适用于产品导入阶段，市场仅限于少数创新使用者的情形；另外，采用直销方式的产品也可以采用统一定价策略。

案　例

袜子统一定价

日本人盛行穿布袜子，石桥便专门生产经销布袜子。当时由于大小、布料和颜色不同，袜子的品种多达100多种，价格也是一式一价，买卖很不方便。有一次，石桥乘电车时发现无论远近，车费都是一样的，由此他产生灵感，如果袜子都以同样的价格出售，必定能打开销路。然而当他试行这种方法时，同行全都嘲笑他。他们认为如果价格一样，大家便都会买大号袜子，小号的则会滞销，那么石桥必赔本无疑。但石桥胸有成竹，力排众议，仍然坚持统一定价。由于统一定价方便了买卖双方，深受顾客欢迎，布袜子销量空前。

启发思考

为什么袜子价格统一之后反而能赢得消费者的青睐？什么类型的产品适用这种定价策略？

（二）商品调价的心理策略

商品调价，即降价与提价，这两种价格的变动都会引起消费者心理与行为上的反应。调价的原因非常复杂，除了销售者本身的原因之外，还受市场供求状况、商品本身价值变动、市场货币价值等因素的影响。企业要想取得利益最大化，就应科学地运用商品调价的心理策略。

1. 降价的心理策略

企业在经营过程中，由于竞争需要、产品积压、产品有缺陷或产品处于衰退期等原因，会降低产品销售价格。降价能否促进产品销售，关键看降价能否把握消费者心理，能否制定出符合消费者心理的降价策略。

（1）降价的幅度要适宜。降价的幅度应足以吸引消费者购买。如果降价幅度过小，不能引起消费者的注意与兴趣，就达不到降价的效果；如果降价的幅度过大，不仅会减少企业收益，还会造成消费者的疑虑，弱化消费者的购买动机。根据很多企业的实践经验，普通商品降价幅度在 10%～40% 的范围内有利于刺激消费者购买，消费者会感到这些商品还有使用价值，不会有很大的购买风险；当降价幅度超过 50% 时，消费者会增大对商品使用价值、品质、安全卫生等方面的疑虑，丧失购买信心。当然，一些名牌服装由于过了流行期和销售旺季，价格大幅度下降，也会有促销效果。

（2）正确把握降价时机。降价时机的选择关系到降价策略的成败。降价时机选择得好，会大大刺激消费者的购买欲望；选择得不好，则会失去消费者，失去营销机会。例如，对于流行商品，当流行高峰一过，就要马上采取降价策略，否则，失去了时机，即使降价也难以收到预期的效果；对于季节性商品，应在快换季时降价；对于一般商品，在进入产品成熟期的后期就应降价；对于某些商品而言，由于技术上的明显改进而使成本大幅度下降后，也应相应降低价格。需要注意的是，降价不能过于频繁，应避免使消费者产生期待再降价的心理和对商品的不信任感。

（3）采用暗降策略。暗降策略就是通常所说的变相降价。降价要特别慎重，一般情况下，直接降价会招致同行的不满与攻击，甚至引发同行间的价格大战。为了避免直接降价带来的不利因素，可采用暗降策略，例如采用分发优惠券、予以实物馈赠、更换包装等方法。采用暗降策略既维护了企业及产品的形象，又提高了市场占有率，促进了商品销售。

探究活动

通过资料查阅和自身经历，列举降价伤害消费者的案例，并分析原因。

2. 提价的心理策略

消费者通常对商品提价会产生消极的心理反应。但在企业的经营过程中，由于多种因素的影响，如原材料大幅度涨价、运输成本增加等，企业不得不提高商品的销售价格。对企业来讲，无论是什么原因造成的商品提价，都要充分考虑消费者的购买力和心理承受能力，认真分析和预测提价后消费者可能产生的心理反应，并采用相应的心理策略。

📖 知识点滴

价格欺诈行为的种种表现

（1）虚假标价。表现：价签、价目表上所标示商品的品名、产地、规格、等级、质地、计价单位、价格或服务项目、收费标准等有关内容与实际不符。

（2）低标高结。表现：对同一商品，在同一交易场所同时使用两种高低不同的价签或价目表，以低价招徕顾客，并以高价进行结算。

（3）模糊标价。表现：商家有意使用欺骗性或误导性的语言、文字、图片、计量单位等标价，诱导顾客进行购买。

（4）虚夸标价。表现：商家往往喜欢以市场最低价、出厂价、批发价、特价、极品价、跳楼价等噱头招徕顾客，但实际上他们标示的这些价格往往无法进行比较。

（5）虚假折价。表现：商家降价销售所标示的折扣幅度与实际不符。案例：某商家号称"全场8折"，当顾客想以400元买一套标价500元的西服时，却被商家告知"这套西服折后价为460元"。

（6）混淆销售处理品。表现：销售处理品时，有意不详细标明处理品和非处理品的价格，以期浑水摸鱼。

（7）模糊赠售。表现：采用价外馈赠方式销售商品时，没有如实标注馈赠物品的品名、数量或把假冒伪劣商品作为馈赠品，最常见的就是"买一送一"。

（8）隐蔽价格附加条件。表现：收购、销售商品和提供服务带有附加价格条件时，不标示或仅仅模糊标示附加条件内容。

（9）虚构原价。表现：经营者在促销活动中，标示的原价为虚假或捏造的，并不存在或从未有过交易记录的价格。"原价"应该是指经营者在本次促销活动前七日内在本交易场所成交，有交易票据的最低交易价格；如果前七日内没有交易，将本次促销活动开始前最后一次交易价格作为原价。

（10）不履行价格承诺。表现：收购、销售商品或提供服务前有价格承诺，交易之时商家却不能兑现承诺。

（11）谎称价格诱骗交易。表现：商家谎称收购、销售价格高于或低于其他经营者的收购、销售价格，以此诱骗顾客与他交易。

（12）质量与价格不符。表现：商家在出售商品过程中存在掺杂、掺假、缺斤短两等现象。

（13）假冒政府定价。表现：商家对实行市场调节价的商品价格谎称是政府定价或政府指导价。

（1）控制好提价幅度。企业在商品提价前应做好充分的市场调查，使之既能达到预期目的，又能为消费者所接受。商品在提价过程中应注意尽量压低提价幅度，避免引起消费者的抱怨和不满，减少消费者的恐慌心理。如果提价的幅度较大，企业应尽量采取分步到位的做法，使消费者有一个逐步适应并形成新习惯的过程。

（2）掌握好提价时机。比如，由于外部原因而引起产品成本大幅度上升时，企业可以提价；由于产品在市场上供不应求，为平衡供求，企业也可以适当提价；当企业产品进行了重大改进，价值有了大幅度上升，企业也可提高价格。由于提高价格总是会使消费者感到不愉快，因此，企业应严格控制提价的次数，不要轻易提价。

（3）做好宣传解释工作。商品提价关系重大，它关系到企业的声誉和消费者的利益，稍有不慎，就可能造成消费者心理上的伤害，给企业带来无法挽回的损失。所以，企业应通过传媒向消费者解释提价的真实原因，并且提供更热情周到的服务，尽量减少消费者的损失等，以诚意来求得消费者的谅解和支持。

总之，商品价格的变动是企业适应市场变化的手段之一，但如果处理不好，就会对消费者心理产生一定影响，或者不能达到预期的效果。因此，企业要认真研究消费者的价格心理，做好价格的调整工作，从而使企业获得最大的经济效益。

知识点滴

增数盲点

有一项来自美国某商学院的研究，它探讨的是一个最基本的问题：如果一种商品增加了 50%的量却不加价，是不是等于降了 33% 的价？

如果有一天，一瓶饮料上面写着"加量 50%"，而另一瓶饮料上写着"降价 33%"，大部分消费者会毫不犹豫地选择前者，因为它的数字看起来比较大。

"加量 50%"听起来真棒，当然比"降价 33%"还要棒啦！

两者其实是一回事，但人们的反应却完全不一样！

研究者将此现象称为"增数盲点"。这种盲点是大多数人都有的心理现象。研究者又做了一个更清晰的实验——你要加 33%的量还是降 33%的价？大部分人看到这两个数字，感受竟然是"两者一模一样"，其实应该是"降 33%的价"比较划算。

第三节　新产品与消费心理

一、新产品及其设计心理策略

新产品是指采用新技术原理、新设计构思研制、生产的全新产品，或在结构、材质、工艺等某一方面比原有产品有明显进步，从而显著提高产品性能或扩大使用功能的产品。整体上看，有任何一部分的变革或创新，并能给消费者带来新的利益、满足的产品，均可视为新产品。

（一）新产品的类型

新产品从不同角度或按照不同标准有多种分类方法，常见的分类方法有以下几种。

1. 从市场角度和技术角度分类

从市场角度和技术角度，新产品可分为以下两类。

（1）市场型新产品，是指没有使用新的技术，产品实体的主体和本质没有什么变化，只改变了色泽、形状、设计装潢等的新产品，其中包括因营销手段、要求的变化而引起消费者"新"感觉的流行产品。如某种酒瓶由圆形改为方形或其他异形，它们刚出现在市场上时也被认为是市场型新产品。

（2）技术型新产品，是指由于科学技术的进步和工程技术的突破而产生的新产品。不论在功能还是质量方面，它与原有的类似功能的产品相比都有了较大的改进，如不断推陈出新的智能手机或电视机、平板电脑等。

2. 按照新颖程度分类

按照新颖程度的不同，新产品可分为以下四类。

（1）全新型新产品，一般是指企业首次采用新技术、新原理、新材料、新结构制成的前所未有的产品，或为满足消费者某种新的需要而发明的产品。这是绝对的新产品，它在造型、结构、性能等方面与现有产品毫无雷同之处，是完全创新的产品。如最早问世的电子计算机、飞机、电视机、汽车、电冰箱、洗衣机、微波炉、个人计算机，以及青霉素、奎宁、乙肝疫苗等药品，都属于全新型新产品。空气净化器也是一个很好的例子：随着消费者对生活环境要求的提高，为了满足消费者日益增加的对清洁环境的需求而推出了空气净化器。

（2）革新型新产品，是指应用新技术、新工艺或新材料，在原有产品的基础上进行改革和创新而形成的新产品。其特点是保持原产品的基本属性，但在某些方面有较大改变和发展。如电子计算机从电子管发展到晶体管，再从晶体管发展到集成电路、大规模集成电路，体积在不断缩小，运算速度却不断提高；全自动洗衣机就是在原有的手动洗衣机的基础上变革而成的新产品；最早的智能手机就是在直板手机的基础上把物理按键改成了触屏而发展起来的。这类新产品会给消费者在消费心理上带来更大的满足感，会部分地改变他们的消费行为和习惯。

（3）改进型新产品，是指在原产品基本性能不变的情况下对其进行某些方面的改良而形成的新产品。改进型新产品与全新型、革新型新产品的最大区别是与科技进步的关系不太密切，这种改良只是在成分、结构或工艺上做部分改进，使产品的性能或效用有一定提高，如普通香皂增加杀菌功能，台扇改为落地扇，向牙膏中添加药物成分将其变为药物牙膏，等等。改进型新产品进入市场后，比较容易被消费者接受，对消费者原有的消费心理影响较小。

（4）仿制型新产品，是指企业对国内外市场上已有的某种产品进行仿制生产，推出新品牌的产品，如市场上经常出现的新品牌化妆品、饮料、电风扇、洗衣机等。这类新产品开发快捷，风险也较小，只要有市场需求，企业又具备生产能力，就可以借鉴现成的样品和技术来开发本企业的新产品。日本汽车称雄世界，它的第一步就是从仿制开始的。但是在生产仿制型新产品时，一定要注意不能违反专利法、商标法，还要重视对原有产品进行改造，突出其某一方面的特点。

📠 知识点滴

手机变迁史

1973年4月3日，摩托罗拉前高管马丁·库帕打通了史上第一部移动电话。马丁·库帕用的这部移动电话重约1.13千克，一次可以通话十分钟，它是世界上第一款商用手机——摩托罗拉DynaTAC 8000X的原型。今天，人们几乎人手一部手机。回顾手机发展的历程，无论从造型还是功能上都有了翻天覆地的变化。

（1）第一代模拟手机时代（简称1G）。这一时代是摩托罗拉的天下。模拟移动电话系统的质量完全可以与固定电话相媲美，通话双方能够清晰地听到对方的声音。

（2）第二代GSM手机时代（简称2G）。GSM数字网具有较强的保密性和抗干扰性，音质清晰，通话稳定，并具备容量大、频率资源利用率高、接口开放、功能强大等优点。

（3）第三代智能手机新时代（简称3G）。2007年，手机经过多年的发展已经基本成型，各个生产商基本确定了自己的风格。在iPhone带来革命性冲击之前，大家在各自的市场中耕耘。600MHz的ARM11处理器，3.5英寸真彩电容屏幕，操作系统领先竞争对手5年的iPhone，给人们带来的体验是革命性的，它的出现颠覆了整个手机市场，使手机进入了一个新时代。

智能手机发展到今天，手机市场已经发生了翻天覆地的变化，市场上的手机品牌也发生了较大的变化，一些以前的大品牌（如三星等）逐渐被新的品牌（如华为、小米等）所超越。

（二）新产品设计的心理策略

随着消费者整体消费水平的提高，心理需求在其购买行为中所起的作用越来越重要。因此，新产品的设计必须适应消费者不断变化的心理需求,针对不同的心理需求采用不同的心理策略。

1. 满足消费者基本需求的设计策略

消费者对产品的基本需求主要反映在对产品使用价值的需求方面,相应的设计策略有以下几种。

（1）使用优化策略。使用优化指的是针对原产品在使用、保养、维修、存放等环节的不便之处进行优化改进,使新产品为消费者所接受。

> 🐑 **想一想**
> 你见过或听说过哪些特别人性化的设计?

（2）性能提高策略。性能提高指的是通过产品改进使新产品性能得以改进、质量更稳定,同时努力控制成本增长幅度,控制价格的上涨,使新产品受到消费者的欢迎。

（3）功能多样化策略。根据消费者的需要,企业可研发具有更多功能的新产品,这样既满足了消费者使用上的需要,又满足了消费者求新的心理。

（4）注意对人体工程学的运用。根据人体结构特征,对新产品的设计要科学,使消费者在使用新产品的过程中不至于产生疲劳感,要尽可能使消费者感觉舒适、安逸,突出新产品设计以人为本的思想。

2. 针对消费者个性心理特征的设计策略

消费者具有不同的个性心理特征,这会使他们对产品产生不同需求。商家应针对其不同需求采取相应的设计策略。

（1）效用细分策略。商家应针对不同消费者对同类产品的各自不同的需求设计差异化的产品,以突出产品各自不同的效用,满足消费者差异化的需求,如侧重不同效用的洗发水、化妆品等的设计。

（2）地位显示策略。社会地位不同的消费者通常在心理特征与消费习惯上都有明显的区别。有些消费者乐于借用某些产品来表明自己的地位和身份,对于这样的需求,产品的设计就要突出其地位标志的作用,如材料应先进,款式要新颖,包装要精美,名称要高雅,采用高价策略,严格控制产销数量。

（3）个性标榜策略。不同的消费者在兴趣、爱好、气质、价值取向、行为准则等许多方面都有所不同,而且他们希望自己的个性特征能得到社会的认可。针对不同个性的消费者,商家应当设计相应的产品来满足他们的需求,比如体现奔放、沉稳、粗犷、严谨、纯真、老练等个性特征的产品。

（4）情感寄托产品。在现代社会中,消费者往往会通过购买某种产品或消费某种服务来寄托或表达某种情感,如亲情、友谊、希望、追求等。可以寄托情感的产品以装饰品、工艺品等为主。设计这类产品时,应特别强调新奇别致和寓意深刻、构思巧妙。如在婴幼儿市场中推出的用孩子的照片制作台历的活动,就是充分利用家长对孩子的情感寄托来达成销售目的。

（5）目标追求策略。对于消费者为满足个人进步并不断提高自身社会地位而消费的产品,在设计时要突出产品的特定功能,使消费者的特定需求能尽快得到满足,从而巩固该产品的市场地位。例如学习资料应当可靠且具有足够大的信息量,美容用品应当可靠和具有美容功效,等等。

3. 适应消费需求发展变化的设计策略

当前人们的消费观念和消费行为与以往相比有了很大的不同。

首先,人们的消费习惯、消费模式发生了变化:自给性消费减少,商品性消费增加。居民饮食支出占总支出的比重下降,但饮食质量上升;日常花销支出比重上升。家庭生活向社会化方向发展明显,快餐食品、半成品、熟食品、成衣销售量增加。此外,在基本的生存需求得到满足后，个体对自身发展、提升以及享乐的需求相应增加。其次，人们的消费心理也产生了变化。当前，理智型购买者增多，情绪型购买者减少；想象型购买者增多，随机型购买者减少。最后，在购买决策和消费信息方面，家庭消费决策由个人决策逐渐转向所有成员参与的家庭决策，消费信息的传播由过去的个人经验及周围他人的口头传播转为社会媒体共同参与。

可以说，消费者的需求是在一定的社会环境中形成的，因此社会环境因素的影响是不可忽视的。设计者在设计新产品时务必关注环境的变化以及因环境变化而引起的消费需求的变化，从而掌握销售主动权，提高产品效益。

（1）适应未来消费模式的设计策略。家务劳动社会化、健康美容大众化、国际旅游时尚化等都可能成为一个时期内我国居民的消费模式，新产品设计应适应这些变化趋势。

（2）适应未来消费心理的设计策略。随着经济的发展和文化水平的提高，人们的消费心理也会发生变化，主动型消费，理智型消费，讲究格调、情趣的消费，追求目标实现的消费将有较大的发展，新产品设计也应适应这些变化趋势。

（3）适应未来消费决策模式的设计策略。社会的发展、经济的繁荣将会使目前的家庭消费决策模式发生重大变化，共同做主型决策、各自做主型决策将成为未来家庭决策模式的主流，新产品设计还应注意适应这一变化。

表 7.1　新产品购买者类型分析

组　别	比例	心理特征
最先试用者	2.5%	勇于创新、个性独立、冒险性强
早期购买者	13.5%	具有改革与创新精神、学习与活动能力较强
中期购买者	34%	注重实效、情感服从理智、具有明显的同步和效仿心理
晚期购买者	24%	小心谨慎、对新事物有较大戒心
守旧者	26%	固执、思想守旧、尊重传统、对新事物反感

二、新产品推广与消费心理

（一）新产品购买者的类型

一种新产品从开始投入市场到逐步为大多数消费者所接受的过程中，不同消费者由于受个体内外因素的影响，对新产品的感受与行为反应是有差异的。对新产品接受程度不同的消费者，在心理特征上有明显差异，详见表7.1。

（1）最先试用者，是指新产品上市后购买与消费的带头人。这些人一般比较年轻，经济条件优越，社会地位和受教育程度较高。其共同的心理特征是活泼开朗、勇于创新、追求时尚、个性独立、冒险性强。这类人人数不多，但他们行动迅速、果断，对新产品的推广具有一定的导向与传播作用。

（2）早期购买者，是指最先试用者购买之后接受与购买新产品的人。早期购买者在年龄与经济条件方面与最先试用者相似，其心理特征是反对保守，具有改革与创新精神，对新事物比较敏感。这些人的学习能力与活动能力较强，所占比例相对较大，因此对于新产品的推广具有重要影响。

（3）中期购买者，是新产品的主要消费者。他们的心理特征是注重实效，决策慎重，情感服从理智，能够接受新事物，具有明显的同步和效仿心理。这部分人人数较多，他们对于新产品的态度经历了从怀疑到肯定的转变过程，因此这部分人的购买可以被看作新产品推广成功的标志。

（4）晚期购买者，是指新产品为大多数消费者接受后才开始购买的消费者。晚期购买者人数也较多，他们的心理特征是小心谨慎，反应较慢，对新事物有较大戒心，但是能够接受大多数人的意见。晚期购买者一般收入不高，信息不灵敏，价格与促销策略的调整对于诱发他们的购买行为是必要的。

（5）守旧者，他们是最后使用或永远拒绝使用新产品的人。这些人的心理特征是固执、思想守旧，特别尊重传统，对新事物反感，且信息闭塞，因此很难接受新产品。

（二）消费者拒绝新产品的心理原因分析

消费者决定不购买或不使用某种新产品的原因通常有以下几个。

（1）文化障碍。新产品与人们的消费观念冲突越大，被接受的可能性越小，尤其是与人们的基本价值观矛盾越大，越难被人们接受。

（2）社会障碍。个体总是生活在一定的社会关系中，社会关系又是由错综复杂的群体关系构成的。一般来说，群体间的关系越好，内部越团结，群体成员对外来新产品的拒绝态度就越显著；群体内成员遵守常规的倾向越显著，与常规要求不同的新产品遭到拒绝的可能性也就越大。

（3）个人障碍。拒绝新产品的个人障碍主要有两种，分别是个人习惯和知觉到的风险。绝大多数人对客观事物的知觉和思考方式是维持而不是改变，他们在很多时候往往按习惯办事。从认知角度出发，按习惯办事对人的认知系统提出的要求比较简单，在这种情况下个体会感觉比较轻松，而新事物往往会对人的认知系统提出新要求，这使个体不得不对认知系统进行调整，而这又是比较困难的心理任务。

即学即练

根据上面所学知识，分析一下自己属于哪种类型的购买者，原因有哪些。

（三）新产品推广的心理策略

新产品在上市之后能否取得成功，获得消费者的认可，一方面与新产品的质量、性能、价格等密切相关，另一方面与消费者接受新产品的心理过程涉及的各种因素有关。所以，企业在推广新产品时要研究消费者的心理特点，制订相应的营销策略。

1. 重视消费者对新产品特性的感知

新产品本身的特性通常是消费者追求的利益所在，因此，消费者对新产品特性的感知会直接影响新产品的推广。新产品的特性主要有以下几个方面。

（1）优越性。消费者通常最先考虑和希望感知的是"新产品与老产品相比好在哪里"。新产品的优越性越显著，优点越多，其得以推广的速度也就越快。2024年，问界M9等新能源车在宣传中着重强调安全性、智能化，为撬开传统豪华汽车产业格局找到了较合适的理由。

（2）适应性。新产品能否适应消费者一直以来的消费方式，会直接影响其推广速度。与消费者原有消费方式、习惯以及观念相协调或类似的新产品，就容易推广；需要改变消费者原有消费方式、习惯和观念，或与之相对立的新产品，则推广很慢，甚至可能受阻。

（3）可试性。如果新产品能让消费者直接尝试，使消费者体验其优越性，减少心理上的陌生感、风险感，增加对新产品的信任感，就会有利于新产品的推广。

（4）复杂性。这是指使用新产品的难易程度，是新产品能否被消费者接受的一个重要因素。使用越简单、操作越方便，新产品就越受欢迎越容易推广；反之，就越不容易推广。

（5）沟通性。这是指新产品的优点能否被他人观察、描述、说明和示范。容易表达和传播的新产品，就容易得到消费者的肯定和赞许，容易使消费者得到心理上的满足，也就易于推广。

（6）诱发性。这是指新产品的优点、属性等能满足消费者心理需求和引发联想等的特性。诱发性强，新产品的推广速度就快。

2. 重视和开发新产品的信息传递渠道

企业与消费者之间的信息传递情况很大程度上影响着新产品在市场上推广速度的快慢。新产品的信息传递渠道主要有两种：第一，大众传播媒体，例如报纸、杂志、电视、广播、网络等，大众传播媒体传递的特点是面广量大，传播迅速；第二，人际交流，例如口头传播、消费示范等，人际交流的传递特点是伴有情感交流，能有效消除人们对新产品的不良印象或阻碍因素。这两种传递渠道的主要传播方式有以下几种。

（1）口头传播。家庭成员、同事、同学、亲戚朋友及邻居之间的往来，都会形成口头传播。其中，两人或两人以上面对面的交流，是口头传播最主要的形式。

（2）亲身观察。消费者对自己感兴趣的新产品信息，常会亲身观察或加以验证，如观看营销人员的示范。

（3）广告。广告对推广新产品的作用要小于以上两种方式。虽然广告能使众多消费者了解信息，但不一定能使消费者产生信任。所以，广告在介绍新产品的优点时，应实事求是、恰如其分，避免言过其实或吹捧，以免起到相反的作用。

3. 重视新产品的潜在购买者

新产品的最先试用者和早期购买者对新产品的推广能起到带头作用，但毕竟人数很少。因此，新产品要想扩大销路，关键在于中期购买者，即大量的潜在购买者。为此，要重视对新产品潜在购买者的分析。而潜在购买者的数量，需要从已购买者的行为和心理状态的发展变化中去研究和推测。消费者接受新产品的时间先后不同，其心理特征也不同，所以要采用不同的策略来加速新产品的推广。对最先试用者，应注意采用赠送样品、直接沟通、感情投资等方式促使他们试用新产品；对早期购买者，应注意发挥广告、人员推销信息传播力度大的优势，使他们尽快形成对新产品的全面认识，从而接受新产品；对中期购买者，应注意价格策略的运用。其中，应把早期购买者作为推广的重点。因此，要根据不同的情况进行具体的分析。

（1）首次购买不等于会重复购买。如果消费者重复购买次数多，则说明新产品的后续推广能力强，市场潜力大。

（2）从少量购买到大量购买。消费者首次购买时往往是先少量购买，随着对新产品逐渐了解和信任，会逐步增大购买量。如果新产品的销售长期处于零星、少量的状态，则说明其市场推广潜力不大。

（3）从不稳定购买到稳定购买。这是从购买心理的稳定程度角度分析潜在的购买者。若早期购买者的不稳定心理长时间存在，则意味着新产品的销量不会稳定增长。

（4）从不确定购买到确定购买。新产品上市之初，消费者一般是不会确定购买的。如果购买者确定自己满意并购买，且购买者数量较多，就意味着该种产品得到了潜在购买者的认可，其推广前景一片光明。反之，如果确定购买者数量较少，则新产品推广前景黯淡。

探究活动

以学习小组为单位进行以下探究活动。

（1）通过图书馆或网络等渠道搜集企业推广新产品的成功案例、失败案例各两个。

（2）到超市、商场实地调查商家是如何对新产品进行推广的，并分析讨论它们各采用了哪些心理策略。

（3）对以上两个任务进行总结，在课堂上汇报。

三、产品生命周期与消费心理

（一）产品生命周期及其阶段划分

产品生命周期是指产品的市场寿命，即一种新产品从开始进入市场到被市场淘汰的整个过程。典型的产品生命周期一般可分为四个阶段，即导入期、成长期、成熟期和衰退期。

（1）产品导入期是新产品刚投入市场的阶段。这一时期产品尚未完全定型，需要不断改进。由于产品还未被消费者完全认识，因此市场销售量不大，而且由于前期广告宣传费用高、生产批量小等，企业的利润很少，有的甚至亏损。

（2）产品成长期是新产品在市场上打开销路的阶段。这一时期产品已经定型，开始批量生产。消费者已经开始接受这一产品，销售量大幅上升。产品成本和销售成本随之下降，企业的利润明显增多，同时，竞争者的类似产品开始进入市场。

（3）产品成熟期是产品销售量最大的阶段。这一时期产品已被消费者普遍接受和购买，销售量显著上升，已达顶峰，市场需求趋于饱和。这一时期竞争对手大量出现，市场争夺变得非常激烈。

（4）产品衰退期是产品销售量急剧下降的阶段。这一时期产品已陈旧、老化，消费者购买风向转移，产品逐渐退出市场，企业停止生产，该产品生命周期同时宣告结束。

（二）产品生命周期各阶段的消费心理特点及营销策略

微视频
产品生命周期
策略

1. 产品导入期

在这一时期，新产品刚刚推向市场，以创新或改良的面貌出现在消费者面前。由于新产品的技术含量较高，在导入期竞争者较少甚至没有竞争者，给人以新奇的感觉，但同时也正是由于刚上市，消费者不可能对其有很多的了解，所以销售量小且销售额增长缓慢。因此，这一时期消费者的心理反应主要表现为两个极端：少数人出于求新、求奇的强烈动机，迅速购买，以满足表现个性或炫耀等心理需要；大多数人则因不了解产品的性能、特点，不愿承担购买风险，或对原有产品十分依赖，不愿意改变消费习惯，因而对新产品采取拒绝购买或等待观望的态度。另外，在此阶段由于生产批量小，制造成本高，宣传推销费用大，企业利润很低甚至亏损。而市场预测失误，或新产品本身有致命的缺陷，上市时机选择不当，宣传不力等情况，都可能使新产品上市不久就夭折。

在产品导入期，由于产品刚进入市场，消费者对产品十分陌生，产品销售量增长缓慢。因此，企业应采取各种方式加强新产品的宣传促销工作，尽快让更多的消费者知晓和了解新产品；要努力扩大新产品的知名度，充分介绍新产品的功能、特性、用途、优点、价格、购买地点等，消除消费者的各种疑虑；也可结合示范操作，通过免费试用或优惠促销等形式充分引起消费者的注意和兴趣；解决生产中存在的技术问题，提高产品质量，降低产品成本；选用适当的销售渠道，减少流通费用；等等。

2. 产品成长期

这一时期产品的知名度有了一定范围的传播，消费者对其已有初步认识，但尚不深刻，消费心理处于一种矛盾状态：消费者一方面对该产品产生兴趣和购买欲望；另一方面又存有疑虑，

缺乏购买信心。表现在行为上，有一部分人开始少量地购买试用，另外有许多人则继续观察，尤其注意已购买者的购买感受、使用经验和社会评价，以作为下一步行动的参考。总的来讲，此阶段产品的销售量迅速增长；企业随着生产经验的积累，成本下降，费用减少，利润增加；在高额利润的驱使下，新的竞争者进入市场，企业间争夺市场份额的竞争日益激烈。

在这一阶段，企业的重点是创名牌，提高用户偏爱程度，突出一个"优"字，具体地讲，要做到以下几点。

（1）努力提高产品质量，增加新的花色、品种、款式，改进包装，使产品从整体上优于竞争对手。

（2）改变广告宣传的重点。从扩大产品知名度转为宣传产品的特色，树立产品形象，使消费者产生偏爱，以保持老用户，争取新用户。

（3）适当调整价格。价格可稳中有降，不可轻易提价。原来以高价进入市场的产品，应在适当时机降低价格，以争取对价格敏感的消费者，并抑制竞争者的加入。

（4）寻找新的市场。积极寻找和进入新的细分市场，广泛分销，发展网点，以扩大产品销路。

3. 产品成熟期

这一时期产品已定型、成熟，质量有了保证，市场普及很快，销售量大但增长速度缓慢，市场逐渐达到饱和。消费者购买欲望强烈，并纷纷付诸行动。其中有相当一部分消费者是出于从众心理购买的。同时，由于大量竞争者的加入，市场竞争激烈，消费者购买时的选择心理加强，对产品的性能、质量、款式、价格和售后服务等方面的要求也更高。

这个时期的重点是延长产品生命周期，维持市场占有率，突出一个"改"字。具体地讲，要做到以下几点。①发展变型产品，通过品质改良提高产品质量，改进使用效果；通过特性改良对产品的方便性及适用性等方面加以改进；通过形态改良改进产品外观，增加产品美感。②发现和进入新的细分市场，促使现有用户增加使用频率和使用数量，吸引竞争者的用户和从未使用过本产品的用户。③搞好售后服务，对产品实行"三包（包修、包换、包退）"服务，提高消费者的满意度，使其成为企业的忠诚用户。④通过改变市场营销组合中的一个或几个变量，调整市场营销组合，以刺激需求，扩大销售量。⑤根据产品的销售状况，提出新的广告创意，提出新的广告主题，促进产品的销售，设法延长产品成熟期。

4. 产品衰退期

这一时期产品已显得老化、落伍，对消费者已失去吸引力，市场销售量由缓慢下降变为急剧下降，消费者的购买兴趣已开始转移到其他产品上。此时多数消费者的心态是期盼新产品出现，也有少数消费者期望企业对产品进行降价处理，以从低廉的价格中得到实惠。

这个时期的重点是掌握时机，调整市场，突出一个"转"字。处于衰退期的产品迟早要退出市场，但并不是说所有产品一进入衰退期就会立即退出市场，企业应有计划、有步骤地转移阵地。

（1）立即放弃。对于确实没有必要继续经营下去的衰退期产品或有更好的发展项目时，企业应果断地放弃原有产品，将资源转到新的项目上去，或将原有产品的所有权、生产技术转卖给一些有兴趣的企业。

（2）逐步放弃。如果立即放弃将造成较大的损失，企业可选择逐步放弃，即逐步地减少投资和产品数量、放弃较小的细分市场、缩减分销渠道、大力降低促销费用、精简推销人员等，直到该产品完全被市场淘汰为止。对于决定放弃的产品，不管采取哪种方式，企业都必须承诺和做到为以前的用户提供必要的服务，以维护消费者的利益和企业的良好形象。

（3）保留策略。这一策略是指企业继续把该产品保留在市场内。由于其他企业已先后退出市场，它们留下的用户将转向留在市场内的企业。因此，企业仍有一定的销量和利润。

企业对衰退期的产品一定要有正确的判断，慎重考虑是放弃经营还是继续保留，以免产品被过早淘汰，给企业经营带来不利影响，或延误时机，给消费者留下经营不力的不良印象，损害企业的信誉和长远发展。

归纳与提高

本章主要讲述了商品品牌、名称、商标、包装、价格等因素以及新产品与消费心理的关系。

商品品牌是一种识别标志、一种精神象征、一种价值理念，是品质的核心体现，是制造商或经销商加在商品上的标志。

商品名称是指为了区别于其他商品而使用的对商品的称呼，是消费者记忆和识别商品的重要标志之一。

商标是商品的标志，是商品生产者或经营者为使本企业商品与其他商品相区别而采用的一种特定标记，通常用文字、图案、数字等或其组合表示。

新产品是指采用新技术原理、新设计构思研制、生产的全新产品，或在结构、材质、工艺等某一方面比原有产品有明显进步，从而显著提高产品性能或扩大使用功能的产品。

综合练习题

一、概念识记

商品品牌　　商品名称　　商品商标　　新产品

二、单项选择题

1. 云南白药使用的命名策略是（　　　）。
   A．人名命名　　　　B．外形命名　　　　　C．产地命名　　　　　D．制作方法命名

2. "白加黑"感冒药使用的命名策略是（　　　）。
   A．人名命名　　　　B．外形命名　　　　　C．产地命名　　　　　D．色彩命名

3. 拥有好的包装，即使商品价格提高，消费者也会购买，这是因为包装具有（　　　）。
   A．识别功能　　　　B．安全功能　　　　　C．审美功能　　　　　D．增值功能

4. 沿用长期以来形成的并为消费者非常熟悉的商品包装是（　　　）。
   A．惯用包装　　　　B．分量包装　　　　　C．配套包装　　　　　D．系列包装

5. 为市场稀缺、用途特殊、价格昂贵的商品设计的具有较高欣赏价值和专门用途的包装形式是（　　　）。
   A．等级包装　　　　B．特殊包装　　　　　C．礼品包装　　　　　D．系列包装

6. 有些人在社会上具有一定地位，穿着及用品追求高档、品牌、新潮，认为穿着一般衣物

有失身份，这是利用了商品价格的（　　　）。

  A．自我意识比拟功能　　　　　　　　B．价值认知功能

  C．调节需求功能　　　　　　　　　　D．审美功能

 7．消费者长期、多次购买某些商品，通过对某些商品价格的反复感知逐渐形成了对价格的（　　　）。

  A．敏感性　　　　B．习惯性　　　　C．感受性　　　　D．倾向性

 8．将9、8、6作为价格尾数通常会受到欢迎，这是利用了（　　　）。

  A．整数定价策略　B．尾数定价策略　C．反向定价策略　D．取脂定价策略

三、多项选择题

 1．品牌的构成要素包括（　　　）。

  A．载体　　　　　B．表象　　　　　C．内涵　　　　　D．需求

 2．商标的心理功能包括（　　　）。

  A．识别功能　　　B．传播功能　　　C．信誉功能　　　D．保护功能

 3．商品包装的心理功能包括（　　　）。

  A．识别功能　　　B．安全功能　　　C．审美功能　　　D．增值功能

 4．商品提价时应该注意（　　　）。

  A．控制好提价幅度　　　　　　　　　B．掌握好提价时机

  C．注意采用暗调策略　　　　　　　　D．做好宣传解释工作

 5．按照新颖程度不同，新产品分为（　　　）。

  A．全新型新产品　B．革新型新产品　C．改进型新产品　D．仿制型新产品

 6．消费者对新产品拒绝的心理包含（　　　）心理。

  A．文化障碍　　　B．社会障碍　　　C．个人障碍　　　D．安全障碍

四、简答题

 1．商品命名有哪些心理要求？

 2．商品包装有哪些心理功能？消费者对商品包装有哪些心理要求？

 3．举例说明如何推广新产品。

 4．新产品设计的心理策略主要有哪几种？

 5．商品的提价策略包括哪几个方面？

 6．商品的降价策略包括哪几个方面？

 7．商品价格的心理功能主要包括哪几个方面？

实 训 项 目

 1．实训目的：了解和消费心理相关的常用的产品因素。

 2．实训内容：以小组为单位，调查市场中的某些商品，分析它的名称、商标、包装的心理策略，并分析哪些产品的名称、商标、包装给你留下了较好的深刻印象，哪些做得不够好，为什么？

第八章

商品广告与消费心理

【学习目标】

本章讲述的主要内容是商品广告与消费心理之间的关系。通过本章的学习，读者应了解广告的定义和心理功能，理解不同类型广告媒体的特性以及选择广告媒体时需要考虑的消费心理因素，能够正确分析商品广告的定位、创意和诉求，熟知商品广告传播的心理策略及技巧。

【引导案例】

经典广告语

好的广告语可以让观众更加了解你的品牌，了解产品的价值，最好是让观众牢牢记在心里。下面这些广告语会使你联想到哪些广告和品牌呢？

（1）保护嗓子，请用金嗓子喉宝。　　　（5）纵享丝滑。

（2）大宝，天天见。　　　　　　　　　（6）你，值得拥有！

（3）好丽友，好朋友。　　　　　　　　（7）无论何时，何地，我们与你同在！

（4）你的能量超乎你想象。　　　　　　（8）钻石恒久远，一颗永留传。

启发思考

（1）你是否已经联想到当时看这些广告的场景？

（2）你为什么会对这些广告记忆深刻？

在现代社会生活中，随着经济、信息的全球化发展，广告无处不在。一般情况下，无论是品牌宣传，还是个人宣传，都离不开广告的大力推广。广告是企业为引起公众注意并向其传播销售信息的宣传活动，它是通过影响消费者的心理和行为来达到促销目的的。由此可见，在销售中广告确实起到了不可替代的作用。

第一节　广告与消费心理概述

广告活动是企业经营活动的一个重要组成部分。通过有效的商品广告宣传，企业不仅可以向消费者传递产品信息与服务信息，还可以与目标消费群体进行沟通，了解消费者的消费需求。此外，通过举办有效的商品广告宣传活动，企业还可以影响消费者的购买态度、消费观念和购买决策，从而促进企业产品的销售。

一、广告及其心理功能

广告，是指企业为了某种特定的需要，通过一定形式的媒体，消耗一定的费用，公开而广泛地向公众传递信息的宣传手段。广告的心理功能如下。

（1）促销功能。广告可以向消费者展示商品的情况，把消费者的注意力吸引过来，从而激发他们的兴趣，唤起他们的购买欲望。

（2）诱导功能。商品广告宣传可以改变或建立消费者对商品的看法，增加其好感，唤起其潜在需求或转移其消费目标。如超能洗衣液的广告语增进了家庭女主人贤惠能干的自我认知。

（3）便利功能。商品广告可以介绍商品的各项指标，这样会大大节省消费者查阅资料的时间。同时，广告的重复宣传也给消费者提供了充足的考虑时间。

（4）对比功能。消费者可通过广告了解到各种商品的信息，在挑选商品的时候，消费者可以从不同方面对商品进行比较，从而选出最符合自己需要的商品。

（5）审美功能。为了使广告吸引更多消费者的注意，广告制作需要尽量采用较多的艺术手法，这样制作的广告作品才能给人以艺术的享受，同时也能增强商品的美感。

（6）教育功能。将文明、健康的内容在广告中表现出来，让消费者耳濡目染，还能丰富其精神生活，使其增长知识。

二、广告中的消费心理

在现代社会，广告已经成了人们生活中不可缺少的一部分。商品广告与消费者的消费心理之间存在着密切的联系。一方面，商品广告可以影响消费者的消费心理和购买决策；另一方面，商品广告的策划与制作，必须以消费者的消费心理为依据。

在现实生活中，广告通过传递商品信息、激发消费需求、满足消费者的审美需求、塑造企业形象等方式影响消费者的消费心理与购买决策。

1. 广告通过传递企业与商品信息影响消费者的消费心理

广告是联结企业和消费者的桥梁，广告最基本的心理功能就是向消费者传递企业与商品信息。每一个企业都希望让更多的消费者了解其信息，同时消费者也希望通过更多的方式和渠道搜集企业与商品信息，为自身的消费决策提供参考依据。广告的出现，充分满足了企业与消费者的需求，便利了双方的信息沟通。企业通过广告向消费者公开传递有关商品的商标、品牌、性能、质量、用途、使用和维护方法，以及商品的价格、购买的时间与地点、服务的内容等信息，使消费者能够对这些信息有所认识和了解。

2. 广告可以激发购买需求

在可支配收入不变的情况下，消费者是否产生购买行为主要取决于其自身的购买需求，而消费者的购买需求与外界的刺激、诱导密不可分。广告针对消费者的这一特点，通过多种表现形式把产品或服务信息传递给消费者，以激发消费者的购买需求，使其产生购买行为。在市场竞争日趋激烈的情况下，产品的同质化程度越来越高，这不仅增加了消费者的挑选难度，还降低了企业的竞争优势。在这种情况下，企业可以通过广告活动，强调自身产品的优点和特长，以刺激消费者的购买需求，或通过产品代言人的良好形象和影响力诱导消费者产生购买行为。

3. 广告可以满足消费者的审美需求

为了实现商品广告的传播功能，广告设计要引人注意，激发消费者兴趣，增加消费者记忆。为了满足这些要求，广告设计还需要体现艺术性和美感。艺术性和美感是广告设计的一项重要要求。广告作品需要以新颖的画面、良好的人物形象、悦耳动听的音乐、生动美好的语言等引发人们丰富的联想，促使消费者记住广告内容。为了更好地实现营销目标，商品广告在促进商品销售的同时，也要在一定程度上满足消费者的娱乐与审美需求。

4. 广告通过塑造企业形象影响消费者的消费心理

企业形象是指企业的产品、服务、人员素质、经营作风以及公共关系等，在社会公众以及内部职工心目中留下的总体印象。企业形象是企业素质的综合体现，是企业文化的内在与外在反映，是社会公众以及企业职工对企业的总体评价。

广告活动有利于塑造良好的企业形象，增强企业市场影响力。企业通过精心设计的广告，宣传企业的产品、服务、价值观与企业文化，能使企业形象深入消费者内心。通过努力提高产品和服务质量、积极支持社会公益事业、主动承担社会责任等方式，企业可提高自身及产品的社会知名度，进而提升企业与品牌形象，保持企业在市场竞争中的优势地位。广告还能够增强消费者的品牌信任感。国外有研究证明，随着接触广告频率的增加，消费者对广告产品的信任感也会增强。对于刚进入市场的新产品，通过接触广告与了解产品，消费者对新产品的不信任感会明显减少。

案　例

雕牌广告诉求的转变

初期，雕牌洗衣粉以质优价廉为吸引力，打出"只买对的，不买贵的"的口号，暗示其实惠的价格，以求在竞争激烈的洗涤用品市场中突围。结果这则广告的效果一般。而后其推出的一系列的关爱亲情、关注社会问题的广告，则深深地打动了消费者，取得了良好的效果，使消费者在感动之余对雕牌青睐有加，其相关产品连续四年获全国销量第一的成绩。

"妈妈，我能帮您干活了！"这是雕牌最初关注社会问题时的广告语。这则广告通过关注下岗职工这一社会弱势群体，摆脱了日化用品强调功能效果等差异的品牌区分套路，使消费者产生深刻的感情震撼，建立起贴近人性的品牌形象。其后跟进的广告延续了这一思路，关注离异家庭，揭示了"真情付出，心灵交汇"的生活哲理。这一系列的广告对人们心灵的震撼无疑是非常强烈的。

启发思考

消费者的消费行为有时是非理性的，广告能否取得预期效果的关键是能否真正拨动他们心里的那根弦。雕牌广告是利用了什么样的诉求来达成广告预期的？

广告界有一句名言："科学的广告术是遵循心理学法则的。"也就是说，广告要想取得成功，必须符合消费者的心理与行为特点。企业若想通过广告活动影响消费者的行为，就必须准确把握目标消费群体的心理特点，运用心理学的原理和方法进行广告策划与设计。在广告设计中，分析消费者的认知过程，把握消费者的个性心理特征对购买行为的影响，根据消费者的认知与行为特点制订有效的广告策略，这些已成为广告心理学研究的重点。

第二节 广告媒体与消费心理

广告是靠媒体来传播的。广告中采用的把信息从一个地方传播到另一个地方的物质技术手段都称为广告媒体。报纸、杂志、电视和广播等大众传媒，广告标志、户外媒体灯箱、互联网等都是广告媒体。

广告活动与媒体的关系十分密切，广告信息的传播离不开广告媒体。广告只要离开广告媒体，它原有的功效和作用就失效了。广告媒体是广告成功的有力武器，为了取得良好的宣传效果，我们有必要研究各类广告媒体。

一、传统广告媒介

广告媒体有很多种，不同媒体对消费者的影响不同，引起的心理反应也是不同的。

（1）报纸。报纸是进行广告宣传最早使用的大众媒体，它利用文字和图案，通过视觉刺激，促使消费者产生购买行为。报纸价格便宜，购买、携带、阅读非常方便，并且不受时间和空间的限制。但报纸广告也有局限性，如报纸由于受到版面限制，广告的数量和效果均会受到影响；同一版面上的广告非常多，杂乱无章，没有美感，很难引起人们的注意，广告效果不佳。

（2）杂志。杂志的内容和主题形式多样，不同杂志的订阅对象有明显的区别。不同类型的读者各取所需，分别订阅不同的杂志，这在一定程度上意味着杂志广告具有较强的针对性。与电视广告和报纸广告不同，杂志广告不是被安排在次要的位置或版面，也不与其他栏目内容混合，而是被安排在杂志的显著位置，无论在排版上还是在印刷质量上，都具有一定的优越性。但由于杂志广告周期比较长，故其实效性差，传播的速度相对较慢，缺乏灵活性，价格较高，性能有限，市场覆盖率较低。

🎓 探究活动

受到电视广告、互联网广告等广告形式的冲击和影响，报纸广告的市场份额越来越小。阅读报纸的人越来越少，自然阅读报纸广告的人也变得越来越少。报纸行业应如何应对这一困境？

以学习小组为单位进行探究活动。第一步，每个学习小组分成三个小组，分别采用以下三种方式进行调查：①利用图书馆或网络查阅相关资料；②通过实地调查或电话访谈的方式，采访报社的应对策略；③对报纸受众进行调查，寻找报纸受冷落的原因。第二步，对搜集的资料进行分析与整理。第三步，每个学习小组形成一份完整的研究报告，在课堂上汇报与交流。

（3）广播。广播作为以无线电波为载体的大众传播媒体，通过人的听觉在思维过程中起作用，利用人们对语言、音乐、音响的不同反应来吸引听众，激发其消费欲望。广播广告的效果在很大程度上依赖于听众对广告信息的理解程度，因此广播广告的语言要求清晰易懂、表达准确，重点的地方可以加以重复，还可以利用音乐和音响来使广告获得最佳听觉效果。广播广告也有缺点：只有声音，而且时间短暂，保留性差，不能直接展示商品形象，完全靠听众的想象力，不利于给消费者留下深刻的印象，而且现在广播的受众较少，主要集中在驾驶员群体。

（4）电视。电视是集声音、图像、色彩、文字等多种功能为一体的广告媒体，具有强大的宣传魅力，因此有"爆炸性媒体"之称。其信息传达广泛、渗透力强，影响大、效果好，是消费者最喜欢的广告媒体。但电视广告有以下缺点：制作复杂，费用昂贵，时间短，观众多被动接收信息，选择性较差；传播面广，可能会对某些非目标观众的收视时间造成浪费。

（5）交通工具。随着交通运输业的迅速发展，汽车、火车、地铁等交通工具上的广告以其移动性更易引起人们的注意，而且这种广告的重复性较强，能起到较好的宣传效果。但交通工具上的广告也有传播范围有限、针对性较差的局限。

（6）户外。企业可以针对街道行人或乘车、骑车、驾驶汽车的消费者制作户外广告。户外的灯箱、公交站台的公告栏等都是户外广告媒体，它们被固定在街道旁，往来的行人容易在无意识间记住这些广告的内容。户外广告已成为现代城市的一种象征。户外广告主要包括招贴广告、霓虹灯广告、路牌广告等，其特点是经常被安放在人流量较大的区域或城市繁华地段，以便让更多的人看到它们。

（7）包装。商品包装也是一种广告媒体，它是通过商品包装设计提升商品宣传效果的一种广告形式。包装广告是商品的贴身外衣，是与商品最接近的一种广告形式。

（8）卖场。零售商店、超级市场、百货商场等商品售卖场所也是一种广告媒体。这些场所的广告通常采用实物形式，按空间位置可以分为店内广告和店外广告两大类。店内广告主要包括悬挂广告，柜台广告，货架陈列广告，模特广告以及现场广播、录像等；店外广告主要包括招牌广告和橱窗广告等。

二、电子网络媒介

随着网络用户的增多、电子商务的迅猛发展，电子网络已成为一种具有较大发展潜力的广告媒介。网络广告就是在网络上做的广告。网络广告是利用网站上的广告横幅、文本链接、多媒体等方法，在互联网上刊登或发布广告，通过网络传递给互联网用户的一种高科技广告运作方式，主要通过计算机和手机等设备实现。

与传统的四大传播媒体（报纸、杂志、电视、广播）广告及近年来备受垂青的户外广告相比，网络广告具有得天独厚的优势，是实施现代营销媒体战略的重要部分。网络广告是主要的网络营销方法之一，在网络营销方法体系中具有举足轻重的地位。事实上有很多种网络营销方法也都可以理解为网络广告的具体表现形式，并不仅仅限于放置在网页上的各种规格的横幅广告。如电子邮件广告、搜索引擎关键词广告、搜索固定排名等，都可以理解为网络广告的表现形式。移动通信技术与现代互联网技术相结合，使手机开始成为广告主青睐的新型广告媒体。

电子网络广告具有以下特征。

1. 信息丰富，广告形式多样

网络广告的表现形式多种多样，包括文字、图像、声音、表格等，企业可以根据广告创意需要运用多种艺术表现方式进行制作和展示。这也在很大程度上提高了网络广告的水平，使其更加能够吸引消费者的注意，增强说服的效果。

2. 吸引消费者的有意注意

消费者如果对网页中的某则广告感兴趣，或者为某则广告所吸引，就可以点击这则广告，链接到相关页面，或者参加在线讨论与咨询，增加对广告信息的进一步了解。网络广告的这个特点可以大大提高消费者有意注意的程度，增强广告的宣传效果。

3. 强迫性与主动性并存

一方面，消费者如果对网页中的某则广告感兴趣，就可以点击相关链接进行更深入的了解，这体现了消费者在面对网络广告时的主动性。另外，当消费者受到网络广告的影响，或是对某款产品或者某品牌感兴趣，他还可以进入该企业或产品的主页，详细了解企业或产品的信息。这些都体现出了消费者在网络广告面前的主动性。另一方面，当消费者登录一些门户网站时，他们会发现，不管自己是否愿意，网页上总会弹出许多广告，有些广告甚至会跟随网页的移动而移动，一直处于消费者的视野之中。除了网页弹出广告，许多网站中也存在许多静态的和动态的广告，这些广告经常占据网页的一定位置，部分地进入消费者的视线范围或者影响消费者的听觉，这体现了网络广告的强迫性。

4. 不受时空的限制

计算机网络以自由方式扩张并且连通网络上的所有媒体，只要受众的计算机连接了互联网，他们就可以在任何时间浏览阅读广告主的广告信息，这大大提升了网络广告的有效性。

网络广告市场正在以惊人的速度增长，它所发挥的效用越来越重要，因而众多国际级的广告公司早就成立了专门的"网络媒体分部"，以开拓网络广告的巨大市场。

App 广告是广告主在智能手机终端安装的应用程序上投放的手机广告，具有如下几个方面的优点。第一，App 广告更精准、节约成本。第二，App 广告的宣传是主动的。第三，App 广告的宣传方式更生动，营销产品的介绍更直接、专业。第四，App 广告有助于缩短营销周期。

互联网有着其他媒体无法比拟的优势，当然，也有一些不足，如过多的网络广告会引起消费者的反感。另外，网络广告的制作水平参差不齐，部分网络广告的质量有待提高。

此外，植入广告已成为近些年来广告主们关注的一种广告形式，这种广告被巧妙地嵌入影视剧、娱乐节目、文章等内，可使消费者在不知不觉中受到广告信息的影响。

📋 知识点滴

2023 年新媒体广告收入增长

2024 年 5 月 8 日，国家广播电视总局发布《2023 年全国广播电视行业统计公报》。公报显示，网民人均每天观看互联网视听节目（含短视频）约 3 小时。2023 年互联网视频年度付费用户 7.32 亿户，互联网音频年度付费用户 1.82 亿户，短视频上传用户超过 7.5 亿户。

在收入方面，2023 年传统广播电视机构总收入 6330.63 亿元，同比增长 10.44%。公报称，2023 年传统广播电视广告收入下降，新媒体广告收入增长；广播电视机构融合发展业务收入持续增长；有线电视网络业务收入降幅收窄；网络视听相关业务收入快速增长。

具体来看，2023 年全国广告收入 3435.36 亿元，同比增长 2.78%。其中，广播广告收入 67.31 亿元，同比下降 8.70%；电视广告收入 516.35 亿元，同比下降 6.67%；广播电视和网络视听机构通过互联网取得的新媒体广告收入 2698.34 亿元，同比增长 12.09%。

2023 年传统广播电视节目销售收入 318.64 亿元，同比下降 3.64%。

三、选择广告媒体时需要考虑的消费心理因素

企业在进行广告媒体选择时，除了要考虑媒体特点（媒体覆盖率、重复率、权威性和使用成本等）、企业产品特点（产品的性能、作用、价格、使用范围等）、企业营销战略与广告预算等因素外，还需要重点考虑消费者的消费心理特点。

消费者的消费心理特点是企业在进行广告媒体选择时需要考虑的首要因素，也是最重要的因素。不同类型的消费者会表现出不同的消费需求。针对青少年喜欢追求时尚、新颖的心理需求，企业可以选择电视、互联网等广告媒体，将娱乐或体育明星作为代言人，这会起到较好的广告效果；对于青年人，他们乐于接受新鲜事物，同时有一定的文化，企业可以选择互联网和电视作为广告媒体；针对老年人闲暇时间较多，有追求实惠的心理需求，企业可以选择在销售现场进行广告宣传，通过制作产品销售宣传画、促销标识、导购指南等，吸引老年消费群体的注意，起到宣传效果。

📠 知识点滴

一条广告需要消费者看几次

你一定也有这样的体会：看过广告但不记得内容，或记得情节但不记得是什么产品，或记得广告内容和产品类别，但不记得品牌。

广告被目标对象看到、注意到乃至了解并不是一件简单的事。

消费者第一次到第三次看到广告的心理反应可以说是认知与理解的过程。优秀的广告创意可以缩短为一次见效，但前提是精准地向目标对象投放广告，让目标对象有机会接触广告信息。

消费者在第四次看到广告后产生购买欲，则与其购物需求（正巧处在耐久消费品的购买考虑阶段或快速消费品的添补阶段）相关。

消费者第五次看到广告后采取购买行动，则与其购物能力有关，但购买的完成还需购物条件（供货的时间、地点、样式、价位、服务等）的配合，交易才能完成。如顺利完成交易，购买者再看到同一广告，由于已有使用经验，所以其可能会得出"满意，下次再买或推荐他人"或"感觉没广告说得那么好，下次不会再买，也不建议朋友买"的结论。此时口碑的好坏最具说服力，因为其传播对象都是亲身体验者周边的消费者。

上述广告被看到的次数与消费者的心理变化只是假设，不是定论。广告刊播几次才有效，一方面取决于广告表现的优劣，优秀的广告表现可大大提高传播的效率，缩短刊播广告的次数而达到同样的效果，甚至更深入人心；另一方面，取决于影响要素的重要性。

第三节　商品广告传播的心理策略

商品广告传播的心理策略主要包括商品广告定位的心理策略、商品广告创意的心理策略、商品广告诉求的心理策略等几个方面。

一、商品广告定位

商品广告定位是指在目标市场已经确定的情况下，在企业已明确产品定位的情况下，采用何种策略才能将企业独特的产品定位传达给消费者，并能顺利地占领目标市场高地的一种广告定位方法。商品广告定位的目的是使企业或商品在人们心中树立起良好形象，从而使人们喜欢这种商品。定位，实质上就是给商品在市场上确定一个位置，使之与其他商品区别开来。

（一）商品广告定位的心理要求

商品广告定位的心理要求包括如下三个方面。

（1）满足消费者的需要。需要是消费行为产生的基础，广告的定位首先要考虑消费者的需要。例如，多功能计算器和联想点读机的销售对象都是学生，但它们的功能明显不同。前者用于对数与三角函数等的运算，后者主要用于学生对各学科知识的学习。再比如，空调既能制冷又可以制热，能使我们居住环境的温度变得更加适宜，但是大多数的空调耗电量大，用电费用高。针对这种情况，美的集团推出了低能耗空调，并通过广告进行充分宣传，称这种空调每晚只需消耗1度电，从而吸引了许多消费者。美的集团广告的成功之处在于能被消费者准确识别并满足他们的消费需要。

（2）面向特定的人群。市场细分是广告定位的基础，可以针对许多不同的需求、不同的购买习惯和行为。为了达到占有相应市场的最终目的，需制订相应的广告方案。

（3）突出在消费者心中的优势地位。广告心理定位，主要体现在企业通过广告表现产品或品牌的独特之处，以及产品或品牌能够给消费者带来的利益，使消费者能够通过广告内容对产品进行分类，从而确定本企业产品在市场中的位置，以及本企业产品与其他企业产品相比存在的优势。恰当的广告心理定位能够为消费者提供购买理由。例如巧克力产品士力架的广告——"横扫饥饿，做回自己"，强调其产品能够迅速补充能量、缓解饥饿的特性。

（二）商品广告定位的策略

1. 用户定位策略

用户定位策略是指把商品的宣传对象定位在最有利的目标市场上，通过市场整合，找到销售商品的市场缝隙，找出对商品特性满意的消费者类型，然后确定消费者；再根据消费者的地域特点、经济地位、文化背景、心理特点等的不同，对市场进行详细划分；然后策划相应的广告，以更有效地影响消费者。这种商品广告定位策略是把商品与特定用户群联系起来进行定位的策略，试图让消费者感受到商品是为他们量身定做的。如九牧王西裤，定位于男士西裤，专业生产西裤，通过多道工序，生产出满足不同男士需求的西裤。

2. 商品定位策略

商品定位策略是指在广告定位过程中，以商品功能上的特殊性或相对强弱来确定商品在市场上的位置的策略。商品定位就是尽最大可能展示商品的特点，将最能代表商品特性、品质、内涵的特点作为广告宣传的形象定位。企业可以从商品的质量、特色、价格、文化和服务等方面入手，通过充分展示商品的优势，为商品树立鲜明独特的形象，来赢得其在市场中的地位。

在当今市场竞争非常激烈的情况下，各种各样的奶制品企业可以说是"八仙过海，各显神通"。例如，站在消费者的角度上，伊利牛奶亮出"健康的牛，运动出好奶"的定位策略，充分追求健康新鲜的优良奶，快速抢占奶制品市场，取得了良好的市场效果。如高露洁防蛀牙膏的广告突出了商品的"防蛀"功能，并且通过电视不断地重复播放这个广告，给消费者留下了深刻的印象。

3. 观念定位策略

在策划广告过程中，通常要从消费者的心理出发，把一种崭新的观念赋予商品，通过这种观念充分展示出商品的优势，再融入思想、道德、情感，同时满足消费者的心理需求。

例如，脑白金引领保健品市场的发展，主要依靠孝心和传统的观念定位。从古至今，我们都有相互赠送礼物的风俗习惯，脑白金广告将其产品定位为健康的礼品，宣传"送健康"的观念，特别是其广告语"今年过节不收礼，收礼还收脑白金"，正好把"送礼"观念传承了下来，同时发扬了孝敬父母的传统美德。脑白金不仅赋予了自身"送礼"的观念，还增加了"孝顺"的观念，其他的产品难以与之相比。

4. 企业形象定位策略

怎样突出企业形象和给企业树立什么样的形象是企业广告宣传的重点，企业通过把企业文化注入企业形象当中，形成独特的品牌定位。成功的企业形象应能体现企业精神，达到企业与消费者共同追求的目标。企业形象一般应从企业的情感、信誉、文化以及特点等角度来树立。

例如，在我国的许多白酒品牌中，四川全兴大曲具有悠久的历史，特别是全兴大曲的广告语"品全兴，万事兴"为其确立了独特的文化定位；茅台酒则定位了企业的品质和信誉。这些成功的品牌和企业都树立了自己独特鲜明的企业形象。

5. 独特分类定位策略

独特分类定位，就是通过在广告中宣传产品的独特之处，进行产品定位的策略。例如，美国的七喜柠檬汽水最早定位于清凉饮料。一段时间之后，企业发现这种产品定位根本无法与可口可乐、百事可乐等知名品牌抗衡。于是企业决定对七喜柠檬汽水重新进行定位，将七喜柠檬汽水归类到"非可乐"饮料类别。这样在"非可乐"这一新颖而又独特的商品类别中，七喜柠檬汽水就成为"第一"强势品牌，吸引了许多不喜欢喝可乐的消费者。

6. 使用场合分类定位策略

消费者在归类某些商品时，有时并不考虑商品的形态类别，而是以其在生活中的特定需要为出发点对商品进行归类。鉴于此，企业可根据商品在生活场合中所扮演的角色或使用场合对其进行定位。如脉动饮料与一般的果汁饮料和可乐型饮料不同，它是一款运动型饮料，"随时随地，脉动回来"的广告语更加突出了这款产品的运动属性。

在市场竞争非常激烈的今天，企业要想取得成功，正确的广告定位策略起着很大的作用。企业要想赢得消费者的青睐，就必须在消费者心目中树立独特的商品形象。因此，在策划广告的时候，企业一定要把握好商品的广告定位。

探究活动

如何向讨厌广告的消费者打广告

市场调研公司 Forrest 曾发布了一篇名为"如何向讨厌广告的消费者打广告"的报告，该报告指出，现在的消费者在是否接收广告上变得越来越有主见。这体现在不管广告内容如何，消费者都会用广告屏蔽软件把推送给他们的广告统统屏蔽掉。一旦他们需要根据信息来做出购买决策，就会采用其他的方法来搜索信息。另外，该报告还指出，消费者群体中的一些人与广告的关系尤为密切。

以小组为单位，通过调查，给该市场调研公司写一份建议书，说明如何才能向讨厌广告的消费者打广告。

二、商品广告创意

商品广告创意就是指利用新奇的手法，创作与众不同的视听效果，最大限度地去吸引消费者，以达到传播品牌与营销产品的目的。创新是第一动力，坚持创新是广告创意的基本保证。

（一）广告创意的心理策略

1. 引人注意的心理策略

著名的广告人伯恩巴克曾经说过："如果你不能吸引人来看你的这个广告，不管你在广告中说了些什么，你都是在浪费金钱。"虽然每时每刻都有大量外界刺激环绕着我们，但是受到认知加工能力的限制，只有少量的刺激能够引起我们的注意，其他的刺激对我们来说，犹如不存在或者没有发生。

指向性与集中性是注意的两个特性，在广告活动中，企业应充分利用这两个特性，使消费者关注广告的宣传对象，忽略与广告宣传无关的其他事物，从而提升广告宣传的效果。心理学研究表明，影响人们注意的因素主要有刺激物的新异性、刺激的强度、刺激物之间的对比关系以及刺激物的运动变化。

根据心理学原理，增强广告吸引力的方法主要有以下几种。

（1）增强广告设计的新异性，力求刺激新奇独特。在广告设计中要不断推陈出新，提出新的广告创意，增强广告的新异性，吸引消费者注意。例如宝洁公司的舒肤佳香皂广告，虽然广告主题相同，但是每隔一段时间都会推出一种新的广告形式。

（2）增加广告刺激的强度。在一定的范围内，刺激物的强度越大，人们对这种刺激物的注意力就越集中。例如平面广告的版面越大，越容易引人注意。

（3）增强广告刺激物之间的对比。适当增强色彩、声调、光线或广告模特之间的对比，以吸引消费者注意。

（4）利用刺激物的运动变化。一般来说，运动着的事物、变化中的刺激更容易引起人们的注意。例如在电视广告中，要求广告模特多表演，这样既可以增加刺激的运动与变化，又可以使模特更好地融入广告活动中，更加吸引消费者注意，增加广告的说服力。

除了以上刺激物本身的特性会影响消费者对广告的注意之外，广告在媒体中的位置、广告播出时间等因素，以及广告中的视觉导向、听觉导向等也会影响消费者对广告的注意。

2. 激发兴趣的心理策略

一般来说，阅读（收听或收看）广告需要占用消费者的时间，加之大部分广告的制作都是出于商业目的，所以消费者对广告有一种不自觉的抵触情绪，这一点在广播广告与电视广告（因为存在收听、收看被动性）上表现得尤为突出。如何吸引消费者注意、激发消费者的阅读（收听或收看）兴趣，成为广告心理学中一项值得关注的研究内容。

一般来说，激发消费者兴趣的心理策略主要有以下几种。

（1）满足消费者需要，激发直接兴趣。在广告策划、设计过程中，需要把握消费者的兴趣与爱好，从消费者的心理偏好出发进行重点宣传。例如某小型洗衣机可以专门清洗内衣裤、袜子等小件衣物，企业抓住消费者"解放双手"的消费需求，在广告中对此进行充分宣传，激起了年轻消费者的购买兴趣。

（2）提高广告创意的水平。具有较高艺术表达水准的广告能够让消费者在阅读（收听或收看）之余产生美的享受，能够让消费者感受到广告不仅仅是出于商业目的而进行宣传的，还能为他们带来艺术享受，为他们提供放松与娱乐的机会。

（3）使用哲理性诉求广告。哲理性诉求广告不仅具有宣传产品或服务的功能，还能够激发消费者哲理性的思考，给消费者带来某些启发，能促使他们产生某些感悟。例如，中央电视台第二套节目为自身制作的宣传片广告"心有多大，舞台就有多大"系列广告，不仅突出了这套节目的特色，而且启示年轻人需要有远大的目标和理想，要为实现目标和理想不断努力。

3. 启发联想的心理策略

所谓联想，是指人们由当前感知的事物想起有关的另一事物，或者由一件事情想起另一件事情的心理活动。在广告宣传中充分利用事物之间的联系，启发消费者联想，可以有效增强广告宣传的效果。

（1）接近联想。接近联想是指人们对在时间或空间上接近的事物形成的联想，由一事物想到与之接近的另一事物。运用接近联想效应时，广告设计要尽量与美丽的、积极的事物靠近，给人以美的联想和快乐的情感体验。例如康师傅红烧牛肉面在广告中向消费者充分展示调料的充足、大块的牛肉、新鲜的蔬菜，激发消费者享用美食的冲动。

（2）连续联想。连续联想是指人们根据过去的经验，由事物的一个方面想到另一个方面，或者由一件事物联想到另一件事物或更多的事物。广告策划设计运用这一原理时，要适应消费者已经习惯了的连续性，才可以产生较好的联想效果。连续联想对广告的读、看、听都有影响。例如，在广告编排上要符合人们的视觉习惯，横排从左到右，竖排从上到下；在广告内容结构上要符合人们的思维逻辑规律，一般先使之产生某种欲望，再推出满足该欲望的产品。如一系列的士力架广告就是使用先抑后扬的手法。

（3）相似联想。相似联想是指人们在感觉某一事物时，会自然地想起与其相似的事物，又叫类比联想。如德芙巧克力的广告语为"牛奶香浓，丝般感受"，这是用丝绸的质地与巧克力的纯正口味进行类比。

（4）对比联想。对比联想是指由当前事物联想到与之性质或特点相反的事物的一种联想形式。例如美的厨清凉厨房空调广告中，运用了红外热成像技术让我们用肉眼感知厨房的温度与家里其他地方的温度差，运用对比，用"妈妈的热度"紧抓用户痛点，折射出母亲对家庭的付出与爱，从而缩短品牌与消费者的沟通距离，让更多人感同身受，同时巧妙地展现出美的厨清凉厨房空调的卖点，赋予产品更多的情感价值。

（5）关系联想。关系联想是指人们在看到某一事物时，常常会在大脑中呈现出与这一事物相关联的其他事物。一般情况下，根据事物间关联性的不同，关系联想可以分为部分与整体关系联想、因果关系联想、情感关系联想等。例如英国某电视台制作了一则禁烟公益广告，广告语为"Consideration given is pleasure gained（体谅是获得的快乐）"。其通过情感关系联想，让观众感受到，只要你能够为别人着想，别人也会为你着想，你将会获得更多快乐。

4. 促进广告信息记忆的心理策略

记忆是人们在过去的实践中所经历过的事物在头脑中的反映。消费者从接触广告到购买广告产品往往需要一段时间。在消费者产生购买行为之前，广告的心理效应主要表现为消费者对广告信息的记忆，而这种记忆对消费者后来的购买决策会产生直接或间接的影响。广告信息记忆会诱发消费者产生熟悉性购买。

促进消费者对广告信息记忆的方法有以下几种。

（1）适当减少广告材料的数量。心理学研究表明，学习材料越多，人们遗忘的速度越快。记忆的效果与广告材料的数量呈负相关的关系。所以，广告的文案应力求简洁、精练，广告标题要短小精悍，具备视觉或听觉冲击力。

（2）增加广告信息重复的次数。认知心理学研究表明，外界信息要想进入人的长时记忆系统之中，最重要的条件就是复述，即将外界信息不断加以重复。人们比较容易记住频繁出现的事物。提高广告与消费者的接触频次是增强其对广告信息记忆的常用方法。

（3）采用多种艺术表现形式促进广告信息记忆。广告设计者可以采用不同的形式对广告内容与主题进行艺术加工，增强广告信息记忆效果，如采用生动、形象、优美的文字，设计精美的画面与感人的情节，使消费者对广告产生浓厚的兴趣，进而留下深刻的印象。此外，广告设计者还可以将广告语以歌曲的形式进行表现，或者将广告语编写成诗歌、对联、流行语等，使之朗朗上口，容易记忆。

📇 知识点滴

广告创意的方法

（1）启发构思法是指人们由周围环境中的事物、现象引发灵感、创意的过程，许多杰出的科学发明创造都与这种方法有密切的关系。个人的经历、所见所闻对于产生新的主意、点子十分重要。

（2）辐射构思法往往以广告的主题为基点，任凭创作者的思维、想象驰骋。在产生若干有关创意之后，创作者再从中选择出一个适合广告主题、有创造性、有诉求力的创意。辐射构思法的优点是对创作思考过程的限制较少，有利于产生一些新奇、独特的创意。

（3）顿悟构思法的特点是创作者对问题情境有了足够的认识，具体而言，就是创作者对产品特点、产品定位以及广告活动所欲达到的目的等都有了清楚的认识，但一时难以形成或产生一个主意或点子，经过一段时间的思考后，在某个时刻突然产生新的广告方案的方法。

（4）脑力激荡法是 20 世纪 50 年代美国的亚历克斯·奥斯本提出的。脑力激荡法是指每一个创作人员都充分地运用自己的脑力进行创造性的思考，发挥自己的最大想象力，产生大量的想法，以求解决某一问题的方法。脑力激荡法要求每个人都不得批评其他人的创意，以免妨碍他人的创造性思想。

（5）J. W. 杨创意产生法。J. W. 杨是美国著名的广告人，他认为新构想是不折不扣的老要素的新组合。在阐述老要素如何进行新组合以形成一个新构想时，他认为这个过程可分为五个步骤：①收集原始资料；②思考和检查原始资料；③酝酿；④产生创意；⑤形成和发展构想。

（6）黄霑创意法。黄霑是著名的创意大师，他提出了广告创意的"加、减、乘、除、转、用、时"法。例如，"加"就是指在原有的基础上加上一个元素，从而创造一个新的概念；"减"就是指在原有的基础上减少一个元素。例如，无绳电话就是在有绳电话的基础上省掉了电话线。

（二）广告创意的具体原则

1. 立足真实

打动消费者的核心是真诚。广告一定要真实可靠，从广告创意角度来看，企业一定要坚信"最好的广告就是诚实的广告"，广告最基本的要求就是向消费者传递的信息必须是真实的。如果企业过分吹嘘自己的产品，那么最终给企业带来的只能是恶果。在美国，排名第二的汽车出租公司的广告语是："大家为什么愿意租用我们的汽车呢？因为我们会比别人更努力。"此广告得到了人们的赞同，紧接着产生了良好的广告效果。

🎓 **探究活动**

甄别虚假广告宣传

每个学生找寻几个"低俗广告败坏社会风气"的广告案例，并分析讨论这类广告违背的原则。

实证广告是表达广告真实性的方式，其做法是：①现场表演——让消费者亲自体验商品，如现场吃、穿、喝、用，让消费者信任广告所宣传的商品；②现身说法——用消费者的亲身经历来证实商品的质量、可靠性和安全性；③实事求是——某药物只能治疗一种病，不能欺骗消费者说包治百病，某产品只出口到一个国家，不能吹嘘成全球畅销，广告宣传要有真凭实据。

〰️ **案　例** 〰️

案例1　"假盒转售"的粽子

2022年端午节刚过，一则与粽子有关的商标侵权案件迎来终审宣判。在该案中，被告订购带有"五芳斋"商标的假冒礼盒，将散装正品"五芳斋"粽子装入该礼盒中出售。法院判定这种"假盒转售"行为侵犯了五芳斋公司的商标权，责令其停止侵害并赔偿损失。作为共同被告的假冒礼盒制造商，也被判令承担连带责任。此前，行政、司法部门曾在多个案件中对类似的"假盒转售"行为予以惩处。总体来看，相关法律裁决有利于维护市场秩序，引导公平竞争，保护商标权人的商业信誉和品牌形象，也有利于为老字号适应新环境、焕发新价值提供法治支持。

案例2　洗衣液奶茶

外包装看似是洗衣液，实则里面装着奶茶，这款"洗衣液奶茶"走红不久便遭下架。"这很容易混淆食品和日用品的界限，恶意利用了公众对食品外包装的信赖，如果不采取必要的区分措施，一旦老人、儿童误食将造成不可预测的风险。"北京市隆安律师事务所高级合伙人、律师李某在接受科技日报记者采访时表示。除洗衣液奶茶外，具有误导性外包装的食品还有铅笔糖、肥皂巧克力、灯泡糖……

2. 以新取胜

广告的生命线就是创新，如果不创新，它在市场竞争中一定不能引起消费者的注意。"新"就是要避免雷同，使广告个性化。广告的新颖别致体现在格调新、手法新和创意新上。例如，M&M巧克力的个性化是"只溶在口，不溶在手"，飘柔的个性化则是使头发光滑柔顺。美国市场上有两种鲑鱼，一种是粉红色的，另一种是红色的。两方商家的竞争非常激烈，都说自己的是正品，最后卖红色鲑鱼的商家用"正宗的红鲑鱼，一定不会变成粉色"这一新颖的广告手法击败了对手。

💡 **知识点滴**

不是所有牛奶都叫特仑苏

在市场红海中，产品同质化的现象越来越普遍，如何实现差异化已成为产品设计者、营销者们的心头大事，微小属性策略就是快速实现产品差异化的一种策略。

实验表明，市面上大部分牛奶的营养价值其实相差无几，牛奶属于不折不扣的同质产品，而特仑苏通过牛奶产地的差异化，用广告语"不是所有牛奶都叫特仑苏"为其赋予了更加健康、无污染的微小属性，实现了产品差异化并带来了品牌溢价。

3. 以小见大

以小见大指的是在广告创意过程中，把一些情景的细节描述出来，以突出商品的优点及独到之处。例如，"当一辆崭新的劳斯莱斯以 60 英里每小时的速度行驶时，车内最大的噪声来自电子钟"，劳斯莱斯的这则广告通过对电子钟声音的"特写"，彰显了这款新型汽车的品质，让消费者从细微中看到了这款新型汽车的独到之处。

4. 以简为主

广告语要简洁、精练、全面，没有废话。美国广告专家 Max Sakm 也说："广告要简洁，使用短的句子。"广告简洁比啰唆的效果更好，并且可以利用谐音。如"一明惊人""一箭钟情""天尝地酒""触幕惊新"……这些简洁的广告语会让人过目不忘，留下深刻印象。广告语要有文采，枯燥无味的广告不会引起人们的注意，也就达不到广告宣传的目的。

5. 以巧取胜

灵活运用广告技巧，可以获得事半功倍的效果。例如，有这样一则日本护肤水广告：

丈夫被压在石下无法动弹，妻子哭喊着为丈夫加油打气。丈夫快坚持不下去了，在临终之际感谢妻子带给他的一切，妻子痛苦地喊叫，祈求神明。这时，奇迹发生，一位顶着特效光芒的神出现了，神说可以满足她一个愿望，此刻夫妻俩脸上露出了极喜的神情，一切都充满希望。妻子欣喜地喊出自己的愿望——我想要 16 岁的肌肤。故事结束了，最后出现的是某品牌的护肤水广告，其广告语是"让你的肌肤回到 16 岁"。

微视频
创意广告示例

6. 广告创意要有情感

人们具有丰富的欲望和美好的情感，因此在广告创意中应充分考虑广告的情感色彩，给人以亲切感，从而引起人们情感的共鸣。以情取胜的广告有利于促进销售。广告要好好利用亲情、友情、爱情等方面的关键词，这样，广告创意才能以情动人。例如，蒙牛在一则广告短片中以"妈妈的年龄，其实是从孩子出生那刻算起的"这一精准又独到的洞察，从同质化表达中脱颖而出。没有人天生就会做妈妈，妈妈和孩子一样在经历中学习和成长，真实而温暖的集体记忆唤起高浓度的情感共鸣，蒙牛纯牛奶自然融入生活场景，承载了营养价值之外的情绪价值，展现出品牌的爱意与陪伴。

7. 委婉含蓄

高超的广告创意时常不会明说，而是委婉含蓄、避实就虚。广告贵在含蓄，它不仅仅是文字的表述，还要借助形象和人们的想象，达到意犹未尽的效果。广告语"海飞丝，头屑去无踪，秀发更干净"，会让消费者产生"有头屑让人尴尬"的感觉。

8. 以奇取胜

好奇心理是人与生俱来的。广告宣传要注意运用标新立异的特殊手法来激发消费者的好奇心，引起他们的关注和兴趣，给他们留下深刻的印象，从而达到良好的宣传效果。广告创意中通常会运用夸张、对比、制造意外和悬念等方法，使广告宣传取得出奇制胜的效果。例如，一个商人卖强力胶水，他专门找人制作了一枚价值 4500 美元的金币，然后用强力胶水把金币粘在墙上，声称谁能把金币拿下来，金币就归谁。很多人都来一试身手，却没有一个人能成功，从此，这种强力胶水名声大噪。

知识点滴

创意十足的泰式广告

泰国在广告业被公认为是一个拥有高水平广告创意的国度，其广告在纽约广告奖、戛纳广告奖、伦敦广告奖、克里奥广告奖、莫比广告奖等全球五大广告奖中，都留下了身影。

泰国奥美广告首席创意总监科恩（Korn）在谈及创意时表示："为什么泰式创意越来越受世界各地的欢迎？因为泰国人轻松面对现实逆境，总能以幽默超越，从自卑、自嘲而到达观"。从泰国的许多广告中我们可以看到整个场景都有着一股幽默活跃的力量，其幽默程度明显而夸张。泰国的广告善于用戏谑的眼光去看人生百态，用幽默让一切都变得奇幻多彩，一般善用拟人和想象的夸张手法来表现其独特的幽默感。

三、商品广告诉求

在广告策划过程中，人们经常面临这样一些问题：广告应该"说"什么？应该通过何种方式向消费者"诉说"？即广告的诉求点是什么？诉求方式又是怎样的？如何解决这些问题，历来受到广告策划者的重视。

（一）理性诉求的心理策略

理性诉求是指将广告定位于消费者的理智动机，广告准确、公正、真实地将产品及服务情况介绍给消费者，由消费者通过判断、推理做出理智的决定。

从消费心理的角度来看，要使理性诉求的效果达到最佳，需采用以下策略。

1. 提供购买理由

消费者决定购买的时候，会找到许多合乎情理的理由。因此，广告一定要给消费者提供一些合情合理的购买理由。如，士力架"一饿就……"系列广告，就给消费者提供了很好的购买理由。

2. 运用对比，形象直观

对比是广告中经常采用的诉求方式，它借助于有关信息的对比分析来突出或陈述产品的优点。一般来说，对比广告包括产品使用前后对比、与竞争品牌对比、情景对比等类型。对比广告作为一种广告形式，存在于许多广告活动中。但是有些国家明令禁止或限制使用对比广告，例如我国《广告法》第十三条明确规定"广告不得贬低其他生产经营者的商品或者服务"。为了避免对比广告触犯国家法律，避免企业之间出现不良竞争，企业在使用对比广告时，应持谨慎的态度。

3. 论据比论点、论证更重要

不可否认，消费者对企业有天生的怀疑和抵制心理，企业的广告无论多么动人，多么有道理，他们都可能不相信。"王婆卖瓜，自卖自夸"时刻在消费者心中发挥作用。消费者最想看到的是强有力的论据。鉴于此，理性的广告诉求比华丽的话语更重要、更有力。

把物当作论据比把人当作论据更具说服力。实物示范、实验数据、图表等形式都可以作为论据，所有的图表等所表现的内容必须是真实的，经得起检验。如果广告宣传的商品与消费者购买的商品相差很大，企业的形象就会被破坏，有时还会为企业带来纠纷和诉讼。

4. 运用双向信息交流，增加可信度

在广告宣传活动中，始终困扰消费者的是可信度问题。广告虽然没有说谎，但是消费者可能就是不相信。如何解决这一问题呢？比较好的方法就是宣传双向信息，即要同时点明产品的优点和缺点，采取"欲扬先抑""欲擒故纵"的手法。例如某运动品牌在其运动衫中附加了一张说明书，上面印有："这种运动衫使用了优秀的染料与优秀的染色技术。不过遗憾的是，酱紫色之类的颜色至今仍然没有办法做到永不褪色……"这则广告巧妙地运用了双面论证，起到了较好的宣传效果。

5. 将"硬"广告"软化"

"硬化"是理性诉求广告最忌讳并且最容易犯的毛病，主要表现为语言呆板、语气僵硬、术语太多。如果理性诉求广告运用简单易懂的语言，适当地使用幽默、滑稽的表达方式，就可以"软化"广告，更加引起消费者的关注。

（二）情感诉求的心理策略

情感诉求是指制作的广告富有人情味，能够满足消费者的自尊心和自信心，激起他们的情绪情感，让他们产生购买商品的动机。心理学研究证明，消费者都有强烈的情感需要，每个人都有喜悦或悲伤的时刻，每个人都有归属与爱的需要、受尊重的需要。在广告中充分满足消费者的情感需要，能够起到较好的广告诉求效果。2002年诺贝尔经济学奖得主、心理学家丹尼尔·卡尼曼，顶尖神经学科专家安东尼奥·达马西奥，分别从心理学和神经学的角度，经过多年的研究证明了一个简单的事实——驱动人类行为的是情感而不是理性。在社会产品日趋丰富、同质化的今天，特别是在现代消费者工作繁重、精神紧张的情况下，实施广告情感诉求的心理策略，可以帮助消费者释放紧张情绪，缓解工作压力，让他们感受到情感关怀，从而促进产品销售。

1. 运用富有人情味的诉求方式影响消费认知

"不管过去的四季，有多难熬，只要春天一到，一切都会重新来"，东阿阿胶推出了一支名为"熬一碗好春光"的短片，以"熬"为主题，用熬胶的工艺比喻人生力量的积攒，在深化品牌制作技艺与传承国人千年的养生传统的同时，提升消费者的认可度与好感度。

2. 增加商品的心理附加值

广告通常有一种独特的功能，就是为商品带来附加心理价值，即让消费者在使用商品的过程中满意度随之增加。人们有精神上和物质上的两种需要，这两种需要会互相影响。精神上的需要能给物质上的需要带来愉悦，物质上的需要又是精神需要的基础。大部分广告都会在情感诉求方面下功夫，如"麦氏咖啡，情浓意更浓""其实，男人更需要关怀"这两则广告让人们深深体会到，购买广告中的这些商品会得到物质上和精神上的双重满足。在做购买选择时，人们的心理天平就很可能会倾向于这些商品。

3. 利用晕轮效应

在广告中请明星代言、利用明星产生的晕轮效应可以起到很好的产品推广效果。从心理学的角度来看，主要有两个原因。一是公众对这些明星很喜爱，特别是粉丝，他们会爱屋及乌地"购"明星所"购"。二是粉丝对明星的崇拜也是在映射自己，与自己所崇拜的明星使用同样的

物品是粉丝满足自身需要的方式。

4. 利用暗示，倡导流行

人们在交往中为了表达友情，往往会相互送上祝福或者礼品。如果某些商品正好符合他们的愿望，他们就会主动地购买这些商品，而很少去考虑这些商品的功效和质量。如雅士利奶粉的诉求是母爱，旺旺饼干的诉求是人旺、财旺、运道旺，这两种商品也因此成为风靡一时的时尚消费品。

案　例

"三八妇女节"广告，有点不一样

美妆品牌完美日记联合新华网邀请"中国天眼"FAST 运行和发展中心机械组组长姚蕊、前战地记者周轶君、全国武术冠军张含亮、文华奖获得者董芊琳等四名来自不同领域的杰出女性，以及唱作人陈婧霏共同演绎《野心》大片，用一支新口红和一首新歌，献给百年间为推动女性发展与社会发展做出贡献的所有女性。

全球时尚奢品平台 NET-A-PORTER 颇特携手 *T* 中文版，特别邀请演员佘诗曼一人分饰四角，共同推出年度篇章"女性，非凡"，致敬"非凡女性"，共呈 *WOMEN, INCREDIBLE* 短片，召唤女性自信自洽，探寻真实自我。

启发思考

上述两个广告使用了怎样的诉求方式？

---

5. 合理引发受众内疚心理

我们经常看见的亲情广告的内容大多数是回忆往事，这样便于引发消费者的共鸣，甚至有些回忆会引起消费者的内疚心理，从而实现广告诉求。这样的广告就给了消费者一个通过购买广告商品补偿过去的机会。例如，在某洗衣机的电视广告中重现了小女孩的童年生活，并通过适当的艺术加工，再加上画外音"献给母亲的爱"，使这一场景变得更加亲切、感人，展现了女儿随着年龄的增长，与母亲的距离虽远，却加深了对母爱的理解的主题。

6. 运用夸张、比喻、幽默等手法

在广告中运用夸张的表现形式，也能够达到较好的表达情感诉求的效果。常见的夸张的表现形式有功能夸张与使用效果夸张。在优秀的创意中，许多广告采用了比喻的修辞方式。例如"快克"感冒药把药品胶囊比作子弹，子弹射出，击中感冒病毒，把病毒击碎、击垮，突出了"快克"药品效果好、疗效快的特点。运用形象化的表现形式，可以帮助消费者快速理解广告信息。幽默也是广告情感诉求中经常使用的一种手法。幽默的广告可以有效缓解消费者的压抑情绪，减轻他们对广告的抵触心理。有研究显示，在美国黄金时段的广播和电视广告中，幽默广告都占有一定的比重。

（三）潜意识诉求的心理策略

在现代广告心理学的研究方面，关于广告诉求的研究成果有很多，但是这些研究成果大多停留在消费者的意识层面，很少有关于消费者潜意识诉求的探讨。广告的潜意识诉求在广告诉

求中同样具有重要的意义，恰当运用广告的潜意识诉求，常常可以起到意想不到的作用。

潜意识，是指人类心理活动中不能认知或没有认知到的部分，是人们"已经发生但并未达到意识状态的心理活动过程"。潜意识的概念最早是由心理学家弗洛伊德提出的。

潜意识诉求广告是指广告刺激落在消费者感知范围之外，通过对潜意识的刺激，影响消费者的广告认知或广告态度。潜意识诉求广告可以通过激发消费者的潜意识，唤起消费者的潜在需要，对消费者的购买态度和购买行为产生影响。

依据精神分析理论，潜意识诉求广告可以分为个人潜意识诉求广告、集体潜意识诉求广告和社会潜意识诉求广告三种。

（1）个人潜意识诉求广告。个人潜意识诉求广告主要依据弗洛伊德的潜意识理论，通过情侣间爱意的表达和情感展示，吸引消费者的注意，对消费者的购买态度产生影响。这种广告在欧美等国的广告中较普遍。个人潜意识诉求广告要求具有美学价值，健康高尚，同时要适合目标市场的文化特点。在我国的文化背景下，企业不太适合使用个人潜意识诉求广告。

（2）集体潜意识诉求广告。瑞士著名心理学家荣格的集体潜意识理论已经逐渐被运用到广告创作实践中，尤其是阿尼玛（代表男性潜意识中的女性形象，是男性心灵中的女性成分）和阿尼姆斯（代表女性潜意识中的男性形象，是女性心灵中的男性成分）这两个概念，作为异性的理想形象，常常被含蓄地运用到广告诉求中。通过广告把男性心中的阿尼玛或女性心中的阿尼姆斯激发出来，是广告表达集体潜意识诉求的一种方法。例如，洋河蓝色经典白酒广告中出现了一位女性形象，然后身着礼服的女性的背影慢慢转换和模糊，描绘出洋河酒的蓝色经典设计，激发出了男性消费者潜意识中的阿尼玛。再如剑南春白酒广告，通过女性优美的舞姿，激发出了男性消费者潜意识中的阿尼玛。

（3）社会潜意识诉求广告。美国心理学家弗洛姆认为，社会潜意识决定着个人潜意识，社会潜意识支配着个人的性格、言谈举止等，使它们符合社会条件、文化的需求。在表达情感诉求时，广告设计应该遵从这些文化机制，使广告的内容能够为消费者所接受。

阈下刺激广告是潜意识诉求广告的一种形式。1957 年，有个名叫维克利的人开始推销一种特别的投影机。据说这种投影机能够在一个活动的屏幕上每 5 秒钟闪现一次信息，信息的闪现时间是 1/3000 秒，在信息显现的同时，电影院中的电影同步播放。维克利在美国新泽西州的一个电影院里做过试验，在电影播放时，每 5 秒钟以 1/3000 秒的速度呈现信息"请吃爆米花"和"请喝可口可乐"。试验之后，电影院周围的爆米花和可口可乐的销量分别增加了 57.5% 和 18.1%。还有人在美国东部的一家商店中运用潜意识诉求广告做试验，他们的方法是在商店的背景音乐中加上两条阈下刺激信息"我是诚实的"和"我不会偷"，这两条阈下刺激信息共播放了 6 个月。试验结果显示，在这家商店中被偷东西的价值出现了明显下降。

由于潜意识诉求广告可能会对消费者的行为产生影响，加之消费者会担心阈下刺激被不正当地使用，例如用于诱使人们饮酒等，故澳大利亚和英国都禁止使用潜意识诉求广告，美国的广播协会也限制使用潜意识诉求广告。总之，对于潜意识广告的作用，人们的认识还不是很清楚，有待进行深入的研究。

上面这三种广告诉求是相容的，如果能够精心策划，它们可以和谐地在一则广告中并存，也能有效地影响消费者，达到促进商品销售的目的。它们之间没有好坏之分，在广告的实际运作中，主要看哪种方式能最恰当、最有效地影响消费者。

归纳与提高

广告，是指企业为了某种特定的需要，通过一定形式的媒体，消耗一定的费用，公开而广泛地向公众传递信息的宣传手段。商品广告与消费者的消费心理之间存在着密切的联系。一方面，商品广告可以影响消费者的消费心理和购买决策；另一方面，商品广告的策划与制作，必须以消费者的消费心理为依据。

广告是靠媒体来传播的。广告中采用的把信息从一个地方传播到另一个地方的物质技术手段都称为广告媒体。广告媒体有很多种，不同媒体对消费者的影响不同，引起的心理反应也是不同的。

商品广告传播的心理策略与技巧主要包括商品广告定位的心理策略、商品广告创意的心理策略、商品广告诉求的心理策略等几个方面。

综合练习题

一、概念识记

商品广告　广告媒体　　广告创意　广告诉求

二、单项选择题

1．一个人因为体育训练而感到非常口渴，这是（　　　）的表现。

　　A．需要　　　　　　B．动机　　　　　　C．意志　　　　　　D．感觉

2．一提起送礼，人们就会想起脑白金，这体现了（　　　）。

　　A．认知学习理论　　B．条件反射理论　　C．操作学习理论　　D．社会学习理论

3．刺激最为丰富的广告媒体是（　　　）。

　　A．电视　　　　　　B．路牌　　　　　　C．杂志　　　　　　D．报纸

4．经过二十七层过滤的乐百氏矿泉水向人们展示了这种水的纯净，赢得了人们的青睐，这个广告采用的是（　　　）广告策略。

　　A．感性诉求　　　　B．潜意识诉求　　　C．理性诉求　　　　D．以上都不正确

5．商店门口的牌匾是一种（　　　）形式。

　　A．标记广告　　　　B．实物广告　　　　C．口头广告　　　　D．招牌广告

6．广告的作用不包括（　　　）。

　　A．指导消费　　　　B．促进销售　　　　C．塑造形象　　　　D．增加宣传成本

7．"味道好极了！"这句广告语体现了（　　　）定位。

　　A．品牌　　　　　　B．品质　　　　　　C．价格　　　　　　D．功效

8．广告语"孝敬爸妈，脑白金"属于（　　　）。

　　A．以理取胜　　　　B．以情取胜　　　　C．以新取胜　　　　D．以奇取胜

三、多项选择题

1．网络广告的优点包括（　　　）。

    A．交互性强   B．传播广泛   C．针对性强   D．时效性强

2．商品广告传播的心理技巧包括（   ）。

    A．以奇取胜   B．以情取胜   C．以新取胜   D．以巧取胜

3．若想使理性诉求的效果达到最佳，需遵循（   ）策略。

    A．提供购买理由   B．拟定说服的重点

    C．论据比论点、论证更重要   D．运用双向信息交流，增加可信度

四、简答题

1．广告的心理功能主要有哪几种？

2．广告媒体选择需要考虑的消费心理因素有哪些？

3．商品广告定位的心理策略主要有哪些？

4．什么是广告的理性诉求？有哪些策略？

5．什么是广告的情感诉求？有哪些策略？

实 训 项 目

1．**实训目的**：学会运用所学的广告与消费心理学知识。

2．**实训内容**：运用所学的广告与消费心理学知识，对一种商品进行广告创意设计，并做简要说明（所用知识点在三个以上）。要求：①分析所宣传商品的广告及消费者的购买心理；②简要说明广告形式及媒体选择依据；③介绍自己的创意设计。

第九章

环境与消费心理

【学习目标】

通过本章的学习，读者应了解营业环境的作用，掌握外部营业环境与消费心理的关系，掌握内部营业环境与消费心理的关系，掌握营业服务环境与消费心理的关系。

【引导案例】

沪上阿姨实体店装修风格大变样

沪上阿姨是新式鲜果茶品牌，专注于为年轻消费者提供新式鲜果茶。2024 年 5 月，沪上阿姨品牌更换了徽标（Logo）。这一次品牌升级，新形象一经发布便迅速在网络上掀起一股热潮，

很多网友感叹说，沪上阿姨的徽标越来越年轻化了。沪上阿姨新徽标的设计，以充满活力的橙色调为主，梳着波波头、戴着钟形帽的东方女性形象，展现了东方摩登女性的柔美与韵味。这一设计不仅符合年轻人的审美需求，更传递了品牌独立、探索、融合与新生的理念。不仅徽标换新，沪上阿姨的实体店装修风格（见图 9.1）也发生了很大变化，融合了古典与现代风格，墙上的装饰

旧徽标　　　　　　新徽标

也很有特点，野性而又神秘，吸引了大量年轻消费者到线下门店打卡。

旧装修风格

新装修风格

图 9.1　沪上阿姨实体店新旧徽标和装修风格

启发思考

看见沪上阿姨实体店的新装修风格，你愿意到店消费吗？为什么？

消费者通常在一定的营业环境中购物，营业环境的好坏对消费者在购买过程中的心理感受具有多方面的影响。从心理学的角度看，人们对事物的认识是一个由表及里，由感性到理性，

逐步认识其本质的过程。在营销活动中，一个好的营业环境会给消费者留下美好的第一印象，引发消费者的购买欲望，进而影响其购买行为。因此，研究营业环境及其对消费心理的影响，是非常有必要的。

第一节 营业环境与消费心理

一、营业环境概述

营业环境是消费者购买行为发生的主要场所，是指卖场内外为完成购物活动以及某些相关活动而提供的整体环境。营业环境具体指卖场内外提供给消费者的硬性设备设施，包括卖场空间的设计、商品陈列展示用具、照明用品、音响设施、指示系统、警告设施、安全设施、休息设施、试衣间、卫生间、电梯、钱款交易系统等各种空间、设备、设施，因此又被称为物理环境。

卖场营业环境可以分为内部营业环境和外部营业环境。内部营业环境是指卖场内部的空间，外部营业环境则是指卖场周边的空间布局、设计，停车场以及其他公共设施等为消费者提供购买服务的环境。

营业环境是消费者认知商品、选择商品、购买商品、接受服务人员服务和推销人员劝导的重要场所。对于服务性商品而言，营业环境是消费者体验消费价值的地点。

消费者进入营业环境时，一般会注意到营业环境的外部特征；进入营业环境后，就会观察营业环境的内部情况，浏览他们感兴趣的商品。有购买需要的消费者会寻找、选择需要的商品，或与销售人员进行接触，以获取相关信息，有些消费者还希望销售人员帮助他们做出选择。

在营业环境中，消费者只有实施并完成购买行为，商品从经营者转移到消费者手中，商品的使用价值才能得以发挥，企业的经营目标才能实现。否则，消费价值和商品价值都不能实现。消费者在营业环境中的行为与结果是决定企业经营效果的关键。

受营业环境的影响，消费者心理、行为可能会发生改变。有些环境因素对消费者的影响作用大一些，有些环境因素对消费者的影响作用小一些；有些环境因素对消费者行为起积极的促进作用，而有些环境因素会起消极的阻碍作用。所以，营业环境的质量与形象不仅会影响消费者的态度，还会影响消费者的购后评价。

二、外部营业环境与消费心理

（一）营业环境的外部设计

有特色的建筑物总是能够引起人们的兴趣，给人以深刻的印象，所以，有特色的建筑物总是能够吸引较多的消费者。

大型卖场的建筑设计者总是想方设法使建筑物具有独到的特点。例如，上海大剧院的外观雅致秀丽，既具有中国园林式的建筑轮廓，又不失现代化。其功能厅之间的连接具有明亮宽敞的特点，且有良好的气度感，这样的营业场所是娱乐的好地方，是人们游览参观的常去之地。

即使是小型的卖场，经营者也会尽量将其装饰得别出心裁、风格独特。比如人们在世界各地经常能见到"大桶"可口可乐,那实际上是外形设计像可口可乐包装的小型售货亭。法国巴黎开了一家水果营业场所,其外形像是一个剥开了的巨大橘子,开口处是营业场所的门,顾客一进门就好像走进橘子里一样。广州有一个售货亭,其外形好像一个牛奶瓶。国外有一家儿童用品商店,其外形设计得像一列火车,店内也相应设计为一节节的车厢,其设计新奇,颇具匠心,满足了儿童的好奇心理,深受小朋友们的青睐。

商店的建筑设计、外观造型和建筑布局要能引发消费者积极的情感,给消费者以美的享受。当消费者来到这里,对该建筑产生好感,情绪被激发了,情感需求也就得到了满足,由此产生购买动机。这就要求建筑师在建筑设计上打破千篇一律的格调,注重建筑造型、色调的新颖、美观和独特。

(二)营业环境的门面装饰

门面就像人的脸一样重要,好的面孔使人越看越喜欢。门面装饰常常依靠门联和招牌来加深消费者对其营业环境的印象。

1. 门联

我国的商业门面装饰自古以来就有使用门联的悠久历史,并常常将精练的对联作为门联。清代北京有个叫天然居的酒楼。传说,一次乾隆路过这家酒楼,称赞楼名的高雅,遂以楼名为题作对联,上联是"客上天然居,居然天上客",但下联苦思不得。因为下联必须符合这样的条件:后五字是前五字的颠倒,既要语意完整,又要平仄协调、意境美好。这的确非常困难,他便指令群臣应对。纪晓岚对曰:"人过大佛寺,寺佛大过人。"乾隆微笑颔首。后天然居以此为门联,声名大噪。

2. 招牌

招牌是营业场所的名称及其相应的装潢广告标牌。有的营业场所在招牌上书写营业场所的名称;有的营业场所还使用灯箱、路牌等形式对名称加以突出,灯箱尤其能给人留下较为深刻的印象。

以往门面装饰使用木制的板子,用油漆写上美术字;现在,使用金属材料制作招牌的营业场所越来越多。这种招牌上的字体美观、抗腐蚀能力强,金属的质感和光泽给人以华丽、大气的感觉。一些实用性光学技术也被应用到了营业场所的招牌上,比如有些招牌使用了光纤照明技术、激光照明技术,还有些招牌使用计算机控制的灯光组合,以产生动感效果。

目前,在营业场所门口悬挂广告已成为必不可少的一种装潢形式,且制作悬挂广告的技术水平越来越高。灯箱广告是其中最为常见的形式,它以绚丽的光照效果吸引人们的注意。当代灯箱广告以日光灯、白炽灯、霓虹灯和半导体为光源,产生的视觉效果很好。霓虹灯可以设计成不同的字体、不同的色彩,还可以设置为不同的运动方式。在繁华的都市里,闪闪烁烁的灯箱广告常常让人过目不忘,这些美丽的广告还对美化城市起到了一定的积极作用。

(三)周边环境

周边环境主要影响消费者对营业环境的辨认,还会影响消费者消费的方便程度。比如营业环境周围的商业气氛、交通状况以及营业环境与消费者之间的地理距离等因素,都会对消费者消费构成影响。

1. 交通条件

交通条件是影响消费的重要外部因素之一。交通越方便，消费者到达营业场所就越便利。很多消费者拥有自己的交通工具，他们只需要营业场所提供交通工具存放的场地。但这在商家密集的大城市、店铺林立的黄金地段确实是一个令人头痛的问题，消费者要在商业区附近找一个停车位很困难。所以部分商家自建楼顶和立体停车场，为消费者提供更便利的停车条件。新建大型商业区更是在一开始就对交通进行良好的规划。

2. 商业集聚

商业集聚是指大量相互关联密切的商业企业在空间上的集聚，从而形成一定区域内商业网点密度和专业化程度很高的商业经营场所。当消费者在一处营业环境中消费时，他们还可能在附近的其他营业场所游览、观光，并产生购买行为。比如消费者去北京王府井大街，就可能会去北京市百货大楼、新东安商场，也可能会去工艺美术服务大楼、中国照相馆等其他的经营场所，还有可能顺便逛一逛内联升、瑞蚨祥等老字号。

营业环境得以形成集聚的条件是这些营业场所的地理位置接近、营业性质比较接近或者相互兼容，这样消费者才有可能在这个商业圈内保持持续消费的动机。商业集聚是大型营业场所环境规划设计的重要参考因素，它不仅能够带动周边地区的经济活动，也在一定意义上方便了消费者购物，降低了一些消费者购物或消费的时间成本。

知识点滴

麦当劳选址的五大法则

麦当劳能够成为全球连锁快餐业的领跑者，除了经营有道之外，其在店铺选址上自有一套标准。"他山之石，可以攻玉。"希望麦当劳的选址经验能够给大家带来一些启示。

（1）针对目标消费群体。麦当劳的主要目标消费群体是年轻人、儿童。所以在布点上，一是选择人潮涌动的地方，二是选择年轻人和儿童经常光顾的地方。

（2）着眼于今天和明天。麦当劳布点的一大原则是二十年不变，所以对每个店都要先进行 3~6 个月的考察，再做决策评估。重点考察店址是否与城市规划发展相符合，是否会出现市政动迁和周围人口动迁，是否会进入城市规划中的红线范围。

（3）讲究醒目。麦当劳布点大都选择在一楼的店堂，通过落地玻璃橱窗让路人感知麦当劳的餐饮文化氛围，体现其经营宗旨——方便、安全、物有所值。这样布点醒目，既便于顾客寻找，也吸引人。

（4）不急于求成。黄金地段的黄金市口，业主往往要价很高。当要价超过投资的心理价位时，麦当劳并不急于求成，而是先发展其他地方的布点，通过别的布点的成功，让高价路段的房产业主感到麦当劳的引进有助于提高自己的身价或优势，于是再谈价格，重新布点。

（5）优势互补。麦当劳开"店中店"选择的是品牌信誉较高的"东家"，如新安广场、津汇广场等。知名百货店可为麦当劳带来客源，同时麦当劳又会吸引年轻人逛商店，双方能起到优势互补的作用。

（四）橱窗设计的心理策略

橱窗是营业场所展示商品的窗口。美轮美奂、极具个性的橱窗设计不但能令人驻足观赏，更能烘托出所出售商品的卓越品质，有助于推销橱窗中所展示的商品。美观得体的橱窗设计能激发消费者的购买欲，是影响销售业绩的主要因素之一。

橱窗设计应做到以下几点。

1. 唤起注意，激发兴趣

消费者在繁华的商业大街上漫步时，目光常常游移不定，店门、招牌、橱窗都在他们的视线范围内。有的消费者会根据自己的购买目标选择商店，有的消费者则没有明确的目标。一般来说，橱窗最容易引起消费者的关注。大多数消费者观看橱窗的目的，往往是观察、了解和评价橱窗里陈列的商品，为选购商品搜集信息，以便做出购买决定。因此，商店橱窗设计中最应注意的问题，就是要突出商店所经营的商品的个性，把商品的主要优良品质或特征清晰地展示给消费者。

就一般情况而言，在橱窗中展示的商品大都是名牌商品、拳头商品，这些商品或是市场上抢手的紧俏货，或是刚上市的新品，这样才能真正吸引消费者，激发消费者的购买欲望。因此，卖家不要把没有什么特点的普通商品陈列在橱窗中，以免使消费者产生商品品质不佳的不良印象。

2. 模拟情景，诱发消费者的购买欲望

橱窗还起着暗示人们使用所陈列商品的作用。暗示是指使用含蓄间接的方法对人们的心理和行为产生影响。比如，卖家居用品的商店，把橱窗布置成起居室的样子，陈列一套格调一致的家具模型，再配上色彩协调的窗帘、地毯，形成一幅生动的立体画面，向消费者暗示买这些商品，进行这样的布置效果最好。

3. 主次分明，适应消费者求实心理的需求

橱窗中的商品一般不是孤立的，总有许多陪衬物的烘托。

为了突出主题，避免喧宾夺主，卖家必须在橱窗的整体布局上采用艺术的手法来考虑设计方案，使橱窗的整体布局给消费者留下良好的整体印象。要达到此目的，卖家一般可采用对称均衡、不对称均衡、重复均衡，以及主次对比、大小对比、远近对比和虚实对比的手法。运用这些不同的手法可以把整个橱窗中陈列的各种商品有机地联系起来，使它们组成一个稳定而不呆板、和谐而不单调、主次分明、相辅相成的整体。

在橱窗的色彩运用上，需要根据商品本身的色彩、题材以及季节的变化来安排，采用单一色、邻近色、对比色和互补色等，处理好色彩对比、色调冷暖的协调关系，给消费者以明快、舒适的感受。

▶ **微视频**
橱窗设计示例

4. 常变常新，引起消费者的好奇心理

构思新颖的橱窗布置能够激发消费者的好奇心，因此，橱窗要适时变换陈列，给消费者以新鲜感。

🎓 **探究活动**

以小组为单位进行探究活动。活动任务：①查找富有中国文化特色的品牌店铺的设计，并分析他们成功的原因；②以某种营销为主题，设计饱含中华传统文化元素的营销环境。

三、内部营业环境与消费心理

营业场所的内部环境包括货架、墙面、地板、天花板的设计，卖场照明等内部装饰，以及音响、气味和温湿度的调节与控制等相关内容。

理想的内部营业环境一方面对消费者的感觉器官有着较强的刺激，使他们在选购商品时感到幽雅、舒适、和谐，始终保持兴致勃勃的情绪，从而促成购买行为，而且在消费之后，还能吸引他们再一次光临这个场所，让他们把满意的体会转告其他消费者，为其传播美誉；另一方面能使营业人员精神饱满、情绪高涨、服务热情，从而提高工作效率和服务质量。

案　例

喜欢逛街的李女士

李女士是典型的逛街一族。她喜欢逛商场，每逢周末，只要没有其他的事情，逛商场总是她的首选。她最喜欢去的商场是太平洋百货，因为她喜欢那里的风格：品牌林立、色彩淡雅，背景音乐舒缓，空气中弥散着沁人心脾的香味，售货员青春洋溢，还有许多从身边走过、打扮入时的女孩子，从她们身上，她可以轻而易举地知道今年流行什么样的鞋子，什么样的长裤，还有裙子的长短、款式，这为她如何装扮自己提供了很好的参考……她并不是每次都会买东西，但即使是闲逛，她也喜欢来这里，因为她觉得置身在这样的环境中，就是一种享受。无论她有多疲惫或心情有多糟，只要一跨进这家商场的大门，她就会立刻精神焕发、力量倍增，连她自己也不知道这股神奇的力量从何而来。

启发思考

李女士的例子对商场经营有什么启发？请运用所学的理论分析李女士为什么喜欢这家商场。

（一）总体布局

总体布局是指营业环境内部空间的总体规划和安排。良好的总体布局不仅方便顾客，而且在视听等效果上让人们产生一定的美的享受，这是吸引回头客、保持顾客忠诚度的重要因素之一。

随着社会生活的日趋现代化，商场不仅是消费者购物的场地，人们社交、休闲的去处，而且是企业开展商业宣传活动的地方。因此，在建筑布局方面，要注意迎合人们的这些需要。现在，很多商场在建筑的布局上都采用了环形设计，店铺和橱窗都围绕着中央的大活动中心；活动中心设有时装表演台、溜冰场、茶座、酒吧等。这种现代化的商场设计从消费者的多种需求出发，吸引了大量的消费者。

内部营业环境的总体布局要秉持视觉流畅、空间感舒畅、购物与消费方便、标识清楚明确、总体布局具有美感等原则。如万达广场，该建筑外观具有明快的风格，其中央区设计为宽敞的开放性通道，顶部的阳光直射中央区，自然光能够让人们产生平和、安详的视觉感受，从两个中央区向四周浏览，人们可以沿着购物通道方便地找到不同类型的专卖店。中央区的多部垂直电梯使用透明厢体，人们在电梯里可以感受商场内部宽阔的空间；多部滚动电梯靠近中央大厅的边缘，在电梯平稳流畅的运行中，顾客可以产生良好的视觉印象。

宜家家居的内部环境设计

知识点滴

宜家的导向图

当顾客踏入宜家的门口，就会被"导线"（见图 9.2）默默地引导着走完所有角落。顾客从入口进去就被唯一的一条曲折回转的主路依次引入客厅家具、客厅储物家具等各个主区域，直到一个不落地走完才抵达出口。但细心的顾客会发现，为了确保一些顾客在购物中可以快速离开或快速抵达感兴趣的区域，有的主区域间设有一些较隐蔽的辅助捷径。

在宜家，指示清晰明了的指引牌随处可见，墙上、地上、各种货架上，甚至连购物车上都会有清晰的退换货指引牌。除指引牌外，其每一个商品都会详细地标注尺寸，样板间也会标注面积的大小，让顾客可以快捷购物。

宜家这种独特的店面路线设计和购物指引，能引导消费者看完所有商品，虽然中途避免不了有种走迷宫的感觉，但顾客找到东西的快乐被"延迟"了，最后买到东西时的快感会是原本"计划购物"的好几倍。当走出"迷宫"后，很多消费者愿意下次再来"迷路"一次。而对宜家来说，高达60%的购买品本不在顾客计划购买的清单之内，他们仍然选购了这些商品，宜家的目的也就达到了。

这种"导线"设计在宜家内部被称为"危险的仙境"，意思就是看起来很美，但顾客会不知不觉花掉很多钱。

宜家迷宫般的卖场路线引导设计也遭到了不少男性消费者的吐槽：即使你只买一件东西，也得随着拥挤的人群走完所有的路线，最后才能排长队结账。

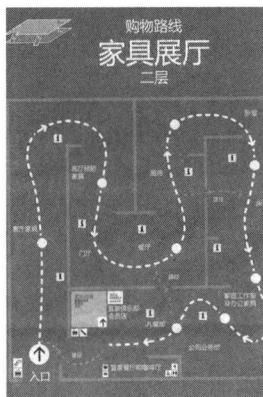

图9.2 宜家的导向图

（二）内部装饰

1. 商品陈列

商品陈列是指柜台及货架上商品摆放的位置、搭配及整体表现形式。商品陈列是商店内部陈设的核心内容，也是吸引消费者购买商品的主要因素。虽然商品陈列因行业不同、经营品种不同、营业场所的布局不同而有所差别，但有一点是相同的，即商品陈列本身就是商品广告，摆放得体的商品本身就能激发消费者的购买欲望。商品陈列应考虑以下几个方面的问题。

（1）方便顾客观看。为方便顾客浏览商品，柜台设置的高度应该要顺应顾客习惯的高度。如《中国居民营养与慢性病状况报告（2020年）》显示，我国18～44岁男性的平均身高为1.697米，这个身高的视线高度为1.5～1.6米。为方便顾客浏览，使其毫不费力地看到所陈列的商品，柜台设计应当参照人们的正常视线高度。如果商品的摆设位置过高，顾客仰视时会比较费力，从而给顾客造成较大的心理距离；如果商品摆设的位置过低，顾客就需要低头寻找商品，在人多拥挤的情况下，顾客就不容易发现目标商品，由此减少了这些商品被顾客注意的机会。

（2）方便顾客行进。布置营业柜台时，有些经营者在有意无意之中会犯一个常识性的错误，即柜台布置出现"死胡同"现象：顾客沿一个方向看了一面柜台的商品之后，必须折回来才能看到另一面的商业柜台。他们以为这样可以增加顾客浏览商品的机会，其实这种布置方式是不可取的。顾客折回来浏览商品，必然与走向这组柜台的其他顾客相遇，造成柜台内顾客人数增加，给来往的顾客带来拥挤、忙乱等困扰，使其留下不良印象。有些顾客只是观光性地浏览闲逛，并没有购物计划，他们一见到"死胡同"般的柜台布置会立刻往外走，结果反而减少了他们浏览商品的机会。因此，经营者应避免这种柜台布置方式。

（3）方便顾客挑选。商品陈列时要尽可能做到裸露摆放，同时要有价格、货号、产地、性能、规格、分量等的说明，便于顾客观看、挑选和比较，并增强他们对商品的感性认识。如果顾客不能直接看到或接触到商品，陈列中只有价格，较少有其他说明，就易使顾客产生疑虑而导致购买欲望下降。

知识点滴

超市卖场的五个磁石点

磁石点就是指卖场中最能吸引顾客注意力的地方，也就是顾客的注意点。

第一磁石点位于卖场中主通道的两侧，是顾客必经之地，也是商品销售最好的地方。此处配置的商品主要是主力商品、购买频率高的商品和采购力强的商品。这类商品大多是顾客随时需要、时常购买的，例如蔬菜、肉类、日配品（牛奶、面包、豆制品等）。这类商品应放在第一磁石点处，可以增加卖场的销售量。

第二磁石点穿插在第一磁石点的中间，是引导顾客走到各个角落的要点，此处主要配置以下商品：流行商品，色泽鲜艳、引人注目的商品和季节性强的商品。第二磁石点处的商品需要超乎一般的照明和陈列装饰，以最显眼的方式突出表现，让顾客一眼就能辨别出其与众不同的特点。同时，第二磁石点上的商品应根据需要定期进行调整，保持其基本特征。

第三磁石点指的是超市中央陈列货架两头的端架位置。端架是卖场中顾客接触频率最高的地方，其中一头的端架又对着入口，因此配置在第三磁石点处的商品，一般为高利润商品、季节性商品和厂家促销商品。

第四磁石点通常指的是卖场中副通道的两侧。要想在长长的陈列商品中引起顾客注意，在商品的配置上就必须以单类商品来规划。为了使这些单类商品能引起顾客的注意，第四磁石点上的商品应是热门商品、有意大量陈列的商品和广告宣传的商品等。

第五磁石点位于收银台前的中间卖场。各门店可按总部安排，根据各种节日组织大型展销、特卖活动的非固定卖场。其目的在于通过采取单独一处、多品种大量陈列方式，造成一定程度的顾客集中，从而烘托门店气氛。同时展销主题的不断变化也能给顾客带来新鲜感，从而达到促进销售的目的。

商品陈列有如下基本形式。

（1）逆时针陈列商品法。逆时针陈列商品法是将商店经营的商品按逆时针旋转的方向有序陈列。在实际调查中发现，90%以上的顾客总是有意无意地按逆时针方向行进购物，男性顾客更是如此。将商店经营的商品按主次进行逆时针方向陈列，有助于顾客更好地选购商品。

（2）同类商品的垂直陈列法。同一类型或同一种类的商品，可以在货架上一层层地上下垂直陈列。如把小号的服装放在最上层，中号的服装放在中层，大号的服装放在最下层。这样，既节省空间又方便顾客寻找。

（3）相关商品陈列法。相关商品陈列法要求经营者将相关商品陈列在一处。如卖鞋的柜台，可以同时陈列鞋垫、鞋带、鞋油、鞋刷等商品，文具柜台可以将笔墨纸砚放在一块陈列。

（4）季节陈列法。对于不同季节消费的商品，经营者可按季节的变化进行陈列，一般应把应季销售的商品放在最佳位置，以吸引顾客的注意力。

（5）专题陈列法。专题陈列法是指结合某一特定事件、时期或节日，集中陈列应时适销的连带性商品的做法，如中秋节前后食品店中的月饼专柜。

探究活动

对比不同消费场所的商品陈列

3~5名学生组成一组，选择周围不同商场进行调查。活动任务：①了解不同类型的商场中是否有不同类型的陈列风格；②了解相同类型的商场中不同类型的商品是否有不同的陈列方法。上课时以小组为单位通过图片进行展示和说明。

2. 听觉因素

内部营业环境的听觉因素主要包括三个方面的内容：一是背景音乐，目的是调节内部营业环境的气氛，调动顾客的购物情绪；二是经营者播放的信息（包括商品广告信息、各种通知、寻人启事等）；三是服务员给顾客演示商品性能而产生的声音。除此之外，还有顾客与服务人员的交谈声，配套设备发出的声音，等等。

在内部营业环境中播放适合的音乐，可以调节顾客的情绪，活跃购物的气氛，给营业环境增加许多生机，还可以缓解一些顾客紧张的购物心情，所以经营者在卖场内部播放音乐已经成为一种普遍的现象。调查发现，当顾客面临一个感情成分非常大的购买决定时，如购买珠宝、休闲用品和化妆品时，音乐能对其产生较大的影响。

在播放音乐的时候，基本的要求是音质清晰，音乐题材适合相应的营业场所。音乐题材适合相应的营业场所，是指音乐所产生的心理和情绪反应要与营业场所的环境基本一致。如在刚开始营业的清晨播放欢快的迎宾乐曲；一天营业结束时，播放轻缓的送别曲；在销售具有浓郁的地方特色商品的营业场所，可以播放一些民族音乐；销售现代气息较浓的商品时，可以播放一些现代轻音乐；商品具有艺术色彩的，可以播放一些带有古典风格的音乐；以青年顾客为主要对象的营业场所，可以播放一些流行音乐；以老年顾客为主要对象的营业场所，可以播放一些古典味较浓的音乐。

播放音乐时切忌音量过大，过大的音量不仅不能放松顾客紧张的心情，还会让顾客感到烦躁。过于强劲的音乐（如强劲的摇滚乐）会刺激心脏承受力弱的顾客，使其产生紧张不适的反应，这种现象在老年顾客身上比较突出。

播放广告信息对于指导购物比较重要，应该具有较高的清晰度。中、低档商业营业场所往往存在一个严重的问题，即不同柜台分别播放不同的广告，音量很大而且相互干扰，使顾客不能有一个安静的购物环境，这样的广告信息会破坏营业环境的整体美感。

~~~ 案　例 ~~~

音乐或能影响消费习惯

在一项新研究中，研究人员将 10 名志愿者分别请入不同的房间，在每个房间内循环播放着来自美国、中国或印度的音乐。接着，他们要求每名志愿者细读菜单 5 分钟，菜单中包含 30 种不同的晚餐（每个国家 10 种）。

研究者随之要求每名志愿者尽可能多地回忆菜单中的菜式，并选择其中一个"下单"。志愿者更好地记起并选择了那些他们在看菜单之前所听音乐对应国家的菜肴。

在第二个实验中，研究人员集中研究了两种美国音乐——古典音乐和乡村音乐。这一次研究的重点是音乐如何影响消费习惯。听古典音乐的志愿者表示，他们愿意花更多钱在那些体现社会身份的物品上，例如金耳环和古龙水（一种香水类型）；而当他们听到乡村音乐时，这种意愿相对较弱。另一方面，那些听乡村音乐的志愿者则更倾向于购买实用性物品，如圆珠笔、牙刷或灯泡等。

在最后的实验中，研究人员再次播放古典音乐，并询问志愿者愿付多少钱买一个体现社会身份的物品。这次，志愿者做决定的时间被缩短，从而增加了认知负荷。那些承受时间压力的志愿者决定支付更多的钱。这表明当认知压力加大时，人们的潜意识更容易受到音乐的影响。但这并不是说贝多芬的《第五交响曲》一定是所有冲动购买行为的原因，但它可能使一瓶昂贵的发胶在人们听它的时候看起来更吸引人。

启发思考

这几个实验带给我们的启发是什么？

3. 内部照明

营业环境的内部照明分为基本照明、特殊照明和装饰性照明等三种类型。

（1）基本照明。基本照明是为保证顾客能够清楚地观看、辨认方位而设置的照明系统。目前，商场多采用吊灯、吸顶灯和壁灯的组合，以创造一个整洁、宁静、光线适宜的购物环境。基本照明除了给顾客提供辨认商品的照明条件之外，不同的灯光强度也能影响购物气氛。基本照明若比较强，人们的情绪就容易被调动起来，例如麦当劳或肯德基连锁店，其基本照明的光线都很充足，人们一进入营业环境立即会产生一种兴奋的感觉。基本照明若比较弱，人们就不容易兴奋，而容易产生平缓安静的感觉，也可能会有一定程度的压抑感，甚至会觉得商品的颜色看起来有些发旧。所以销售古董一类商品的场所可以把基本照明设计得暗一些，但在日用品营业场所的设计中应该避免这一点。

（2）特殊照明。特殊照明是为了突出部分商品的特性、特质而布置的照明，其主要目的是彰显商品的个性，以便更好地吸引顾客的注意，激发顾客的购物兴趣。如在出售珠宝饰品的位置采用集束灯光照射，可以显示商品的晶莹耀眼、名贵华丽；在出售时装的位置则采用底灯和背景灯，可以展示商品的轮廓线条。特殊照明可以调节顾客的情绪，影响购物的气氛。如暖色调的灯光能够刺激人们出现一定程度的兴奋情绪，消费行为也就比较容易进行，而冷色调的灯光能够抑制人们的兴奋情绪，不利于消费行为的进行。食品店、餐厅、宾馆客房等环境，一般应尽量采用橘红色、橙黄色、黄色、淡红色、橘黄色等暖色调的灯光照明，这样有利于给顾客带来家庭般温暖的感觉。一些酒吧、咖啡厅的照明设计，需要将暖色调的光照与冷色调的光照结合起来使用。在冷饮店，一般采用白色冷光源，很少使用暖色调光源。

（3）装饰性照明。装饰性照明在整个商店的商品陈列中起着重要作用，它可以把商店内部装饰得富丽堂皇、丰富多彩，给顾客以舒适愉快的感觉。但装饰性照明的灯光对比不能太强烈，刺眼的灯光最好少用，彩色灯和闪烁灯也不能滥用，否则会令人眼花缭乱、紧张烦躁，对人的心理产生不利影响。

第二节　营销服务环境与消费心理

消费者在进行消费时不仅要有良好的消费物理环境，服务环境也是影响消费的重要因素。当今社会是一个快速发展的社会，随着人们经济水平的提高，人们的消费需求层次也相应提高。服务不仅是一种过程，更是一种产品。

营销服务是指各类企业为支持其核心产品销售所提供的服务。营销服务在功能营销的基础上，通过加强"服务"这一手段来达到扩大销售的目的。企业的营销服务按照服务时间的不同可以划分为售前服务、售中服务和售后服务。

一、售前服务与消费心理

售前服务是指顾客还没有接触到产品的这段时间里的各种营销服务。售前服务的内容多种多样，主要是提供货源组织信息，市场调查预测，产品定制，加工整理，产品的运输、储存保管、再加工，零售部门的广告宣传、拆零分装、柜台摆布、橱窗陈列、产品卫生、产品咨询、电话订货和邮购，如果是网络销售，还应该包括网络渠道开发、网站建设等。

消费者的购买正逐渐从生理需求占主导地位向心理需求占主导地位的方向转变。对很多消费者来说，心理需求比生理需求、物质需求更为重要。售前服务应该从了解消费者需求开始。一种产品在进入市场之前应该先进行市场调研。首先，企业要弄清楚消费者的个人价值取向是否随时代进步而有所改变，有哪些方面的改变，针对这些改变应该争取什么样的应对措施（产品功能、外观设计、价格定位、产品与同类产品相比具有的优势等）。其次，在产品进入市场终端（销售场所）时的摆放、灯光的设计等问题上，企业也要针对销售场所、销售区域内消费者的群体特征进行充分的分析，有针对性地提供售前服务。

📠 知识点滴

营销服务的心理效应

（1）首因效应，又称优先效应，是指在某个行为过程中，最先接触到的事物给人们留下的印象和强烈影响，也称第一印象，是先入为主的效应。如消费者到某商场购物时，第一次和某位销售人员接触，由于双方为首次接触，总有一种新鲜感，都很注意对方的仪表、语言、动作、表情、气质等。人们都喜欢在首次接触的瞬间就对一个人做出判断，得出一种印象。如果这种印象是积极的，则会产生正面效应；反之，如果这种印象是消极的，就会产生负面效应。

（2）近因效应，是指在某一行为过程中，最后接触到的事物给人们留下的印象和产生的影响。如消费者完成购买过程的最后阶段的感受，离开零售点之前的所见所闻，最近一次购买行为的效果等都会产生近因效应。与首因效应类似，近因效应也有正向与负向之分，对消费者下次的购买行为也会产生积极或消极的影响。优质的服务所产生的近因效应是促使消费者经常光顾的动因。

（3）晕轮效应，也称为光环效应或印象扩散效应，是指人们在观察某事物时，由于该事物所具有的某些特征从观察者的角度来看非常突出，使他们产生了清晰、明显的知觉，由此掩盖了对该事物其他特征的知觉，从而产生了美化或丑化对象的印象。晕轮效应发生在消费者身上，表现为消费者根据对企业某一方面的突出知觉做出了对整个企业优劣的判断。如企业对售后服务承诺的兑现程度、接待消费者投诉的态度及处理方式等，都会使消费者产生晕轮效应，使之形成对整个企业总体形象的知觉偏差。

（4）定势效应，是指人们在社会知觉中，常受以前经验模式的影响，产生一种不自觉的心理活动的准备状态，并在人们的头脑中形成固定、僵化、刻板的印象。消费者对不同营销人员的个体形象及其评价也有一些概念化的判断标准和印象。这种印象若与消费者心目中的定势吻合，将会引起消费者相应的心理及行为反应。例如，仪态大方、举止稳重的营销人员给消费者最直观的感受是"真诚""可信赖"，与消费者的心理定势相吻合，消费者愿意与其接近，征询他们的意见和接受他们的指导，容易促成交易。

～〰 案 例 〰～

心理学家曾做过一项实验，这项实验分为两个阶段进行。

第一阶段，向四组大学生分别介绍一个陌生人。实验者对第一组大学生说，这是一个外倾型的人；对第二组大学生说，这个人是内倾型的；对第三组大学生先讲述这个人的外倾特征，后讲述他的内倾特征；对第四组大学生先讲述这个人的内倾特征，后讲述他的外倾特征。然后，让这四组大学生分别得出对这个陌生人的印象。第一组和第二组大学生的印象完全符合提供的信息。在第三组和第四组中，大学生关于这个陌生人的印象总是先提供的信息占优势。也就是说，第三组大学生普遍把这个陌生人想象为了外倾型，第四组大学生普遍把他想象为了内倾型。

第二阶段，对另外两组大学生分别按上述第三组和第四组相同的方式描述一个人。不同的是，在描述这个人的内倾或外倾特征之后，让大学生们在中间穿插做其他事情，如让他们做一些不太复杂的数学习题，随后再描述相反的性格特征。在这种情况下，最后描述的性格特征会给大学生们留下深刻的印象。

试分析该实验所揭示的心理效应。

启发思考

（1）该实验证明了首因效应和近因效应的客观存在。其中，第一阶段实验说明了首因效应的存在，第二阶段实验说明了近因效应的存在。

（2）该实验不仅证明了首因效应和近因效应的客观存在，还证明了这两种效应发生作用的不同条件。一般来说，在感知陌生人时，首因效应起着更大的作用；而在感知熟悉的人时，如果熟悉的人的行为出现某种新异的表现，则近因效应起更大的作用。

上述实验及研究结论给销售服务人员什么启示？

营销之父菲利普把消费者在购买之前的心理活动称为"神秘的暗箱"，经营者只有打开这个暗箱，提前了解消费者的心理活动，才能快速打开并占领市场。要提前了解消费者的心理，以下几个因素是分析重点。

（1）社会文化。社会文化是影响人们生存和发展的最根本的因素。社会文化对消费者的影响是潜移默化的，为人们参与社会活动确定了秩序，指明了方向。不同的地域有不同的社会文化，在开展销售服务时，一定要充分了解和尊重当地的文化与习俗。像前面章节讲到的部分产品在命名时没有充分了解当地的文化习俗，就会使产品在该区域的推广受到阻碍。

（2）流行时尚。流行时尚是社会生活中的重要现象，所包含的内容十分广泛，是影响消费者购买行为的重要因素。流行时尚特别适合用作促销手段，比如在某时装周上流行某种服装的样式和色彩，其他的服装公司可能就会顺应这种流行时尚，设计制作相应样式以及色彩的服饰。

（3）消费群体。不同的消费群体往往有不同的价值观念和生活方式，从而形成不同的群体规范。这一切对消费者的消费心理与购买行为有着重要的影响。企业在生产产品的时候，就要注意产品的直接消费者是哪些群体，在门店选址和产品设计的时候就要有针对性，比如针对青年群体就可在大学城或者学校附近设立专卖店。

（4）产品的质量与设计。产品的质量与设计是产品最根本的支撑。产品的质量是否有保障，设计是否符合消费者的需求，是否能够引起消费者的兴趣与购买欲望，对于产品能否为市场所接受具有决定性的作用。比如现在的智能手机具有指纹解锁、逆光拍照等功能，满足了青年人追求时尚、崇尚个性的需求。

（5）营销。"酒香也怕巷子深"，产品有了质量保证，有了良好的设计，还要针对不同受众群体的特点，运用不同的广告媒体，选择不同的广告形式进行推广。比如老年人户外健身时有听广播的习惯，那么针对老年群体的产品可以利用电台广告进行推广。

二、售中服务与消费心理

售中服务是指在商品买卖过程中，直接或间接地为销售活动提供的各种服务。良好的售中服务有助于在买卖双方之间形成相互信任、融洽而自然的气氛，使消费者形成愉悦的心理感受，从而增加他们购买的欲望。售中服务在更广泛的范围内被企业视为商业竞争的有效手段。售中服务主要包括介绍商品、充当参谋、交货与结账。

（一）营销人员的仪表与消费心理

仪表即人的外表，包括容貌、服饰、发型、姿势、风度等，它在人们的交往中起着很重要的作用，不仅能给他人以不同的心理感受，还能影响人们之间相互关系的发展。

对营销人员来讲，其仪表风度尤为重要。营销人员的职业特点对其仪表有更高的要求。营销人员每天要和大量的消费者接触，具有优雅、大方的举止风度，整洁的衣着和良好的修养，对所接触的消费者和周围的环境气氛会产生良好的影响，不仅有利于买卖成交，也有利于树立企业良好的形象和信誉。营销人员的仪表也是吸引消费者，赢得消费者信赖的主要因素。在接待顾客时，举止得体、言谈礼貌的营销人员会很快取得顾客的信任，引发他们的好感，使他们愿意听取营销人员的建议。营销人员的仪表美是优质服务、文明服务的基础。要想做到文明服务，营销人员就要做到用文明的语言、高超的技巧和周到的服务满足消费者的多方面需求。

现代消费者已不是单纯意义上的物质消费者，而是感性与理性兼具。他们的消费行为会随着客观环境的变化而产生较大的变化，既强调个性又追随流行趋势和时尚，既显现感性又崇尚理性。与此相适应的营销服务也必须由形式上的服务，即服务有无问题，转移到内涵式服务，由初级的大众化服务发展到深层次的个性化服务。根据消费者不同的需求心理和行为提供个性化、高层次的服务，体现在商品销售的全过程。

对营销人员的仪表有如下要求。

（1）身体健康、精神饱满。身体健康、精神饱满的营销人员能给消费者安全、愉快的感觉，使消费者乐意与之交换意见，并放心购买其出售的商品。

（2）服饰穿着舒适得体。营销人员身着舒适端庄的服饰会产生语言所不能替代的心理暗示效应，消费者会由此对销售人员的工作作风、服务精神、商店的经营成就以及商品质量产生良好的联想和信任感，从而促进购买行为的发生。

（3）举止风度亲切文雅。举止风度最能体现人们的性格与心灵，反映人们的文明程度和心理状态。举止风度亲切文雅建立在注重品德规范与经商道德，以及关心与尊重消费者的基础上。营销人员应提高思想觉悟，加强行为修养，充分发挥仪表风度的魅力。

（二）营销人员与消费者的沟通

在销售过程中，营销人员与消费者作为商品的卖方和买方，相互之间必然发生交往联系。如果他们之间的沟通、交往顺利，有助于促成商品成交；反之，如果他们之间的沟通、交往出现障碍，则可能中断交易，甚至导致人际冲突。因此，加强营销人员与消费者之间的沟通，协调他们之间的关系，对销售过程的顺利实现具有重要作用。

营销人员的服务方式和消费者的购买心理是密切相关的。在购买活动的不同阶段，消费者会产生不同的心理反应。而这些不同的心理反应又决定了其购买活动是否继续进行。这就要求营销人员在购买活动中仔细观察、体验消费者的心理变化，采取相应的方式、方法，有意识地启发诱导，加速购买行为的实现。

根据消费者外部表现的行为特征，我们可把消费心理活动的基本过程分为图 9.3 所示的几个阶段。

寻找目标 ——→ 感知商品 ——→ 诱发联想 ——→ 判定比较 ——→ 选择购买 ——→ 购买体验

图9.3 消费心理活动的基本过程

营销人员的接待步骤是与消费心理活动阶段相适应的，大体可以分为图 9.4 所示的几个步骤，并且每个步骤都采取相应的服务方法。

消费者	寻找目标 ——→	感知商品 ——→	诱发联想 ——→	判定比较 ——→	选择购买 ——→	购买体验
营销人员	观察 ——→	展示介绍 ——→	启发联想 ——→	诱导说服 ——→	促进购买 ——→	售后服务

图9.4 营销人员的接待步骤

1. 寻找目标阶段

消费者逛商场，浏览商品，主要就是为了寻找、发现他们需要或是满意的商品。他们会仔细观察货架上和柜台上的商品，有时也环视商场里的整个布局。他们如果发现感兴趣的商品，就会停下脚步仔细观察，否则就会离开。

在消费者寻找目标这一阶段，营销人员应观察分析进店的各类消费者，并判断其购买意图。

（1）可以根据消费者的穿着打扮，判断其消费需求和风格。不同的消费者往往从事不同的职业，从事同一职业的消费者也有可能处于不同的地位，每个消费者都具有不同的个性心理特征，这些都能从消费者的外表、穿着打扮上表现出来。营销人员在接待服务中，正确判断消费者的身份、年龄是很重要的，因为不同身份、年龄的消费者对商品有不同的需求与爱好。

（2）善于从消费者的言谈举止中分析、判断其个性心理特征。个性心理特征会影响消费者的言谈举止，使他们的购买过程显示出较大的差异性。有些性格外向的消费者往往一进店就向营销人员询问，他们喜欢评论，反应灵活，动作迅速。对这类消费者，营销人员要尽量主动接触，热情回答他们的问题，积极展示其所需要或感兴趣的商品，发表自己的意见，为消费者当好参谋。而对性格内向、表情平淡的消费者，营销人员不要过早接触、提前发问，但要随时做好接待准备，回答他们的问题时应简明扼要；除非消费者有明确表示，否则应尽量少发表或不发表自己的见解。

2. 感知商品阶段

消费者发现目标后，就会把注意力集中在他所需要的商品上，反复观察其品牌、质地、款式、颜色、价格等。

在这一阶段，营销人员应根据消费者的购买目标，展示、介绍相对应的商品。

为满足不同消费者对商品的不同要求，营销人员可以从不同方面介绍商品的特点，引起消费者积极的心理反应。

（1）根据商品的性能特点展示、介绍商品。各种商品有不同的性能特点，以满足人们多方面的消费需求。具有不同使用价值的商品，其展示方法不同。

（2）根据消费者的特点展示、介绍商品。消费者的性别、年龄、职业、个性特征不同，其购物时的表现会有很大的差异，选择商品的标准也不同。这就要求营销人员根据不同消费者的特点来展示、介绍商品。另外，营销人员在展示商品时，还要照顾消费者的自尊心，一般要从低档到高档逐步展示，使消费者在价格方面有足够的考虑余地，不伤害其自尊心。

3. 诱发联想阶段

当感知的商品给消费者留下比较满意的印象时，就会诱发消费者的联想，使消费者联想起购买了这种商品后的愉快心情和它带给自己的种种方便，以及观赏价值，等等。但大多数消费者，特别是理智的消费者这时还不会做出购买决定。这一阶段，营销人员的服务十分重要。营销人员可以通过启发消费者的兴趣与联想，刺激其购买行为的产生。

在消费者进行联想、想象，甚至产生购买欲望和动机的阶段，营销人员应将有关商品的性能、质量、价格、使用效果等全面清晰地介绍给消费者，并力求诉诸多种感官的刺激，强化消费者的心理感受，促使其产生丰富的联想和想象，进而诱发购买欲望。一般情况下，营销人员可采取以下方法诱导消费者。

（1）启发法。营销人员注意到消费者选择商品拿不定主意时，可以提示消费者，解除他们的疑虑，从而使其形成购买动机。

（2）比较法。比较法也是营销人员在服务中经常采用的一种方法。特别是在消费者出现动机冲突，不知道选择哪种品牌时，需要营销人员为其分析不同品牌的特点，权衡利弊，促使其做出购买决定。

（3）提供经验数据法。提供经验数据法是证明商品使用性能、内在质量最有效的方法，并且最有说服力。

（4）实际操作法。实际操作法也是十分有效的推销方法。它形式多样，内容广泛，可以是营销人员操作表演，也可以是消费者操作试用，其目的都是加强商品对消费者的感官刺激，消除消费者对商品的不信任心理，有效地促进销售。

4. 判定比较阶段

购买欲望形成时，消费者往往运用"比较"这种判断型的思维方式，对可供选择的同类商品进行细致的鉴别，对已掌握的商品信息进行评价比较，并根据个人的需要程度、知识经验和购买能力，权衡商品的各种利弊因素，对商品做出综合分析评价。此时，营销人员的任务就是充当消费者的参谋和顾问，为消费者提供建设性的、富有成效的意见和建议，帮助和促成消费者做出购买决定。此外，营销人员还应根据不同消费者的需求特性和主观欲望，有针对性地进行诱导和说服。例如，对注重商品审美价值的消费者，可以突出展示商品外观的美观别致；对求廉务实的消费者，可以着重说明商品价格低廉的特性。

这里需要指出的是，营销人员的诱导说服应当从消费者角度出发，围绕消费者利益进行。唯有如此，才能使消费者切实感到营销人员是在为自己的利益着想，从而增加心理开放程度，增加对营销人员的信赖感，主动接受说服。

5. 选择购买阶段

营销人员的一系列服务，以及消费者判定比较阶段的综合评价，使消费者加深了对所选商品的认识，从而做出购买决定，向营销人员表明购买意图，开始认真挑选所需要的商品。但购买意图并不等于购买行为，此时消费者虽有明确的购买意向，但仍需营销人员巧妙地把握时机，促成交易。

在选择购买这一阶段，营销人员的责任是协助消费者选择商品，主动帮助其挑选，把该商品在市场中流行的状况和畅销的程度，其他消费者对该商品的评价意见，或者把售后服务情况、商店经营传统、服务宗旨、经营保证等信息介绍给消费者，解除消费者的疑虑，促进消费者的购买。在适当的情况下，还可以对消费者的选择给予适当的赞许、夸奖，以增添交易给双方带来的喜悦气氛，但切不可过分，否则会给消费者留下虚伪、不真实的感觉。

6. 购买体验阶段

当交易达成，货款结算后，营销人员应妥善对商品进行包装，并尽量采用适应消费者携带习惯、使用习惯和特定心理需要的包装方法，同时向消费者表达感谢购买、欢迎惠顾的心意，使消费者体验到买到满意商品和享受良好服务的双重满足感。

三、售后服务与消费心理

购买行为完成后，消费者的心理活动并没有马上结束，他们会形成与整个购买过程相关的心理感受，诸如对商品本身质量是否优良、价格是否合理等的感受，对营销服务是否舒适的心理印象。如果营销人员态度不好，就会引起消费者不满意的消费感受。

消费者在完成购买活动后，往往会通过各种方法来验证自己购买行为的正确性。如果消费者对购买活动感到满意，则会导致重复购买，也会向其他人宣传；如果消费者对购买活动不满意，就会产生不同程度的失望，甚至退换已经购买的商品。

售后服务，是指柜台交易行为结束后为消费者提供的各种后续服务。这些服务有的是由营销人员来完成的，有的是由其他人员来完成的。消费者购买并使用商品后对商品进行的评价，对商品销售有巨大的反馈作用，所以商家要提供良好的售后服务，尽可能地消除消费者购买商品后产生的不满情绪。在向消费者介绍商品时，不能任意地夸大商品的优点、隐藏缺点，更不能把残次品冒充好货卖给消费者，否则消费者的期望不能得到实现，就会产生强烈的不满，或是要求退货，或是再也不买这种商品，这不仅会影响商品的销售，还会影响商家的信誉。良好的售后服务是下一次销售前最好的促销，是提升消费者满意度和忠诚度的主要方式，是树立企业口碑和良好形象的重要途径。

售后服务分为正常售后服务与投诉问题售后服务两类。

1. 正常售后服务

正常售后服务是指商品售出后提供的包装、运输、安装、维护等方面的服务。这些服务能够让消费者体验到被尊重、物有所值的感觉，从而提高消费者的满意度及忠诚度。如海尔在出售商品后会提供免费送货上门、免费安装和调试等服务，并在购买当月对消费者进行回访，询问商品的使用情况，与消费者保持联系，记录消费者的详细信息，便于商品在使用过程中出现问题时及时予以解决。

知识点滴

"七天无理由退货"服务

2013年修订的《中华人民共和国消费者权益保护法》中增加了无理由退货制度，这是指除个别商品外，经营者采用网络、电视、电话、邮购等方式销售商品，消费者有权自收到商品之日起七日内退货，且无须说明理由。

如今，"七天无理由退货"服务已经是各电商平台的"标配"，作为消费者，还应该了解一下不适用此服务的商品：消费者定做的商品；鲜活易腐的商品；在线下载或者消费者拆封的音像制品、计算机软件等数字化商品；交付的报纸、期刊；拆封后易影响人身安全或者生命健康的商品，或者拆封后易导致商品品质发生改变的商品；一经激活或者试用后价值贬损较大的商品；销售时已明示的临近保质期的商品、有瑕疵的商品。

2. 投诉问题售后服务

消费者购买了商品之后，如果在使用过程中出现了问题，导致商品不能正常使用，就会通过不同渠道反馈对商品的不满。部分消费者会将问题投诉到商品的售后部门。

处理投诉问题的售后人员在处理这方面的问题时，首先要注意处理问题时的态度。无论消费者是通过哪种渠道投诉，记住不要争辩，要耐心地倾听，尊重消费者是一个称职的售后人员必须具备的素质。有时消费者在得到售后人员的耐心倾听后，怒气就消了，对商品或销售方的不满也就不知不觉降低了。许多售后人员在消费者尚未表露不满时，就很焦急地想找借口应付，并一再地辩解，这样消费者反而会情绪化地产生反感。消费者的不满一旦严重表现出来，就会带走更多的消费者。其次要快速地寻求解决方案。如果公司有针对同类型问题的解决方案，那么就直接解决；如果是出现的新问题，那么应该及时地向上级报告，并同消费者一起协商解决。

四、营销人员与消费者关系的协调

在销售过程中，消费者与营销人员作为商品的买卖方，相互之间必然会发生交往和互动。若交往顺利，则有助于促成商品的销售；反之，若交往出现问题，则有可能成为阻碍销售的因素。因此，协调营销人员和消费者之间的关系，对销售过程的顺利实现具有重要作用。那么，营销人员如何有效地实现与消费者之间良好的互动呢？

（一）消费者的社交风格

在日常工作中，营销人员往往会发现，有些消费者不像其他人那样容易相处，但营销人员的职责是赢得消费者的认同，他们只能调整自己的处事方式以适应对方。这就要求营销人员首先必须了解对方的个性类型和优缺点，以及自己被各种不同个性的消费者接纳的程度，并根据消费者与人交流时的方式或风格把他们分成不同的类型，在此基础上，确定相应的推销原则与方法。

人们在社交场合所表现出的交际倾向是指个人情感外露及开展对外交往的主动程度。交际倾向强的人情绪和感情都比较外露，他们通常比较友好，性情温和，不拘小节；交际倾向弱的人则通常能较好地控制自己的情感，因此他们往往表现得彬彬有礼，有时态度偏于冷漠。控制倾向则指个人期望向他人及形势施加影响的迫切程度。控制倾向强的人通常很直率，他们直抒己见，说话态度果断坚决，不容置疑；控制倾向弱的人则通常较随和，易与他人相处，而且易受他人观点的影响。

根据人们在交际倾向与控制倾向方面的不同特征，我们可把人们的社交风格划分成四种典型的类型：分析型、主观型、情感型、随和型。虽然对大多数人而言，这四种类型的特征兼而有之，但其中总有一种类型占主导地位。我们不能说哪种社交风格最适合营销人员，事实上，每种社交风格都有自己的独特优势，营销人员最终能否与消费者相互协调，在很大程度上取决于对方的社交风格类型。针对不同类型的消费者，营销人员应该采取不同的方式与他们沟通。

1. 分析型消费者

分析型消费者类似于技术专家，习惯以一种经久不变的精心筹划的方式处理问题。他们善于捕捉产品性能方面的每一个细节，尽其所能搜集详尽的产品信息，以期在排除个人因素的前提下理智地做出决策。由于分析型消费者全神贯注于自己的采购任务，故常被认为是沉默寡言、感情冷淡的消费者群体。他们更喜欢以书面协议和承诺的方式将各种细节确定下来，并希望有足够的时间仔细权衡其购买决策。总之，分析型消费者的购买决策和购买行为通常极为谨慎迟缓。当他们就某一问题提出异议时，亦希望营销人员能够依据事实给予答复，此时，他们很乐于倾听营销人员就事实情况所做的解释。

2. 主观型消费者

主观型消费者总是力图支配周围的人和事，他们很难对他人表现出一种热情、关切的态度，对旁人的思想、情感也常常视而不见，从而使人联想起"冷漠""专制""咄咄逼人"等字眼。他们以完成采购任务为目标，其行为特征可以用"高效"二字概括。与分析型消费者相似，主观型消费者也十分注重事实。这两者的区别在于，他们关注的事实类型不同。主观型消费者关注产品能否满足其最低标准，他们无暇顾及产品的技术性能表现，感兴趣的是该产品能否为其降低成本、增加收入、加快生产进度、缩短投资回收期等。

由于主观型消费者愿意独立工作，因而那些有助于他们加强控制力的产品设备，往往对其独具吸引力。主观型消费者还有很强的升职愿望，如果某些产品能够帮助他们改善自己在公司中的业绩表现，肯定会备受他们的青睐。

与主观型消费者开展业务时，营销人员的言辞务必言简意赅、切中要点，因为主观型消费者往往惜时如金，与他们闲聊，只能是事倍功半。同样，营销人员试图改变其意愿的努力也常常适得其反。当主观型消费者就某一问题提出质疑时，他们期望立即得到答复，以便尽快做出购买决策，因此，他们又被认为是缺乏耐心的消费者群体。当营销人员向其推销产品时，主观型消费者希望营销人员能够提供一个简明扼要且条理清楚的购买方案，并在此基础上提供其他各种备选方案。

3. 情感型消费者

情感型消费者总是显得坦荡直率和朝气蓬勃，擅长与人交往，行为举止不拘小节，即使与你相识不久，他们也会直接地向你倾诉自己的想法。情感型消费者与分析型消费者截然相反，他们对产品本身的性能不太感兴趣，只把它们视作体现自己身份或地位的一种方式。情感型消费者绝无兴趣聆听关于产品的技术性介绍，他们更愿意接受以图形、影像和商业宣传形式出现的产品展示活动。另外，给他们列举一些已经选购该产品的客户也不失为一种良策，所介绍的客户越是有名，促销效果越好。情感型消费者希望自己提出的所有问题都能尽快解决，而且答复应尽可能同他们的购买愿望、观点和个人利益一致。通常，情感型消费者更喜欢营销人员以轻松愉快的方式对其开展推销活动。

4. 随和型消费者

随和型消费者待人接物极为温和亲切，并且颇具合作精神，极易相处。他们总是尽可能避免与人发生冲突，以致在言谈中常常掩饰自己的真实想法而竭力迎合对方。就购买行为而言，随和型消费者主要考虑人际交往方面，他们期望营销人员首先能够与自己建立起良好的个人关系；在产品方面，他们更关心新购产品给其家人或员工带来的各种影响。

对营销人员来说，以个人担保的方式就产品品质做出承诺，由此逐步展开促销活动不失为一种良策。考虑到随和型消费者的购买决策较为迟缓且他们害怕承担风险，会给交易的最终达成带来一定难度，营销人员必须极富耐心，并应尽可能降低产品风险给其造成的心理压力。

即学即练

根据所学知识，分析一下自己是什么类型的消费者，喜欢什么样的服务类型。

（二）营销人员的个性心理

销售是一个高压力、高要求的职业，营销人员要想取得好的销售业绩，必须能够经受挫折，并能不断调整工作心态，以一种积极的、感恩的心态去面对消费者，与消费者进行良好的沟通。

营销人员首先需要具备积极主动的心态。积极的人像太阳，走到哪里哪里亮。拥有积极心态的人不但能使自己充满奋斗的动力，也能给身边的人带来阳光。自信是积极心态的重要组成部分，是一切行动的原动力。营销人员要对自己服务的企业充满信心，对自己销售的产品充满信心，对自己的能力充满信心，对同事充满信心，对未来充满信心。营销人员要相信自己是将优良的产品推荐给消费者，满足他们的需求。很多营销人员自己都不相信自己推荐的产品，又怎样说服别人相信呢？积极的营销人员会让消费者如沐春风，感觉舒适。

营销人员是为消费者提供服务的，是满足消费者需求的，在工作中会接触到各种各样的消费者。人无完人，任何人都有自己的缺陷和相对较弱的方面，这就要求营销人员学会包容，包容消费者的不同喜好甚至挑剔的性格。营销人员必须拥有双赢的心态，这样在处理自己和消费者之间的关系时，才能做到既满足消费者的需求，又使自身的价值得以实现。

在企业管理工作中，我们要了解营销人员的心理状态，分析和研究这些心理状态形成的因素，提出改变消极因素和强化积极因素的措施。如何改善服务态度，提高服务质量，既是长期、普遍存在的问题，又是亟待解决的现实问题。在研究和探讨这些问题时，我们不仅要研究消费者，研究消费者心理，还应当研究营销人员的心理和行为在不同情况下的表现。

个性心态就是营销人员在服务过程中，由于性格差异而形成的心理状态。由于个人具体的物质生活条件不尽相同，个人的社会实践、生活经历不完全一样，人们的性格千差万别。由于性格结构具有复杂性，性格的分类至今还没有一个公认的学说，较为成熟一些的性格分类是按照人们的理智、情绪、意志这三种心理机能在性格结构中所占比重的情况进行的。

（1）理智型性格。惯用理智的尺度来衡量一切的性格称为理智型性格。理智型性格的人言谈举止不容易冲动。这类性格的营销人员沉着冷静，注意力稳定，情感不外露；接待顾客时耐心周到，善于透过顾客的言谈举止、表情神态等表象去推测顾客的心理活动，为顾客提供周到的服务。他们对顾客的态度反应敏感，能适时适当地与顾客交谈，与顾客发生矛盾时能持克制态度，正确处置。

（2）情绪型性格。行为举止容易受情绪影响，具有浓厚的情感色彩的性格称为情绪型性格。

情绪型性格的人对于各种刺激都表露出过多的兴奋情绪，他们往往以过分的情感体验来代替对周围现实对象的理智反应。这类性格的营销人员情感外露，并容易随各种心理背景的变化而转变，性情急躁，注意力分散；接待顾客时动作迅速，但他们缺乏耐心，急于完成售货过程，与顾客发生矛盾时容易激动、暴躁，服务质量往往受情绪状态影响。

（3）意志型性格。意志因素在性格结构中占主导地位的性格即为意志型性格。意志型性格的人意志坚定，积极主动，会根据明确的目标来支配、调节自己的行动。这类性格的营销人员情感显露，性格外向，接受能力强，精力旺盛，决断能力较强，处理问题果断，肯负责任，有较强的责任心与进取心；接待顾客时能主动迎候，精神集中，态度良好，善于根据顾客的心理需求发表自己的见解，还能积极诱导顾客采取购买行动，并能熟练、迅速地完成商品出售过程中的技术操作，在主动与顾客交流的过程中，能注意研究购买行为等问题。

归纳与提高

消费者通常在一定的营业环境中购物，营业环境的好坏对消费者在购买过程中的心理感受具有多方面的影响。营业环境是消费者购买行为发生的主要场所，是指卖场内外为完成购物活动以及某些相关活动而提供的整体环境。

卖场营业环境可以分为内部营业环境和外部营业环境。内部营业环境是指卖场内部的空间，外部营业环境则是指卖场周边的空间布局、设计，停车场以及其他公共设施等为消费者提供购买服务的环境。

招牌是营业场所的名称及其相应的装潢广告标牌。有的营业场所在招牌上书写营业场所的名称；有的营业场所还使用灯箱、路牌等形式对营业场所的名称加以突出，灯箱尤其能给人留下较为深刻的印象。

橱窗是营业场所展示商品的窗口。美轮美奂、极具个性的橱窗设计不但能令人驻足观赏，更能烘托出所出售商品的卓越品质，有助于推销橱窗中所展示的商品。美观得体的橱窗设计能激发消费者的购买欲，是影响销售业绩的主要因素之一。

综合练习题

一、概念识记

营业环境　内部营业环境　外部营业环境　仪表

二、单项选择题

1．一般认为对购买行为能产生直接作用的是（　　　）。
　　A．内部营业环境　B．外部营业环境　　　C．经济环境　　　　　D．社会环境
2．下列不属于内部营业环境的是（　　　）。
　　A．内部的空间结构　　　　　　　　B．温度
　　C．灯光　　　　　　　　　　　　　D．停车场

3. 当消费者在一处营业场所消费时，他们可能也会在其附近的营业场所游览、观光或消费，这体现出了（　　）。

    A. 集聚效应　　　　B. 马太效应　　　　C. 增减效应　　　　D. 首因效应

4. 结合某一特定事件、时期或节日，经营者集中陈列应时适销的连带性商品的做法是（　　）。

    A. 逆时针陈列法　B. 专题陈列法　　　C. 系列陈列法　　　D. 季节陈列法

5. 下列属于外部营业环境的是（　　）。

    A. 门面装饰　　　　B. 柜台　　　　　　C. 产品陈列　　　　D. 店内灯光

三、多项选择题

1. 下列属于内部营业环境的是（　　）。

    A. 门面装饰　　　　B. 柜台　　　　　　C. 产品陈列　　　　D. 店内灯光

2. 商品陈列的基本要求有（　　）。

    A. 方便顾客观看，柜台应当参照人们的正常视线高度

    B. 价格、货号等信息呈现清楚，以增强人们对商品的感性认识

    C. 让顾客折回来浏览商品，可设置"死胡同"

    D. 相似的物品应尽量放在同一区域，以方便顾客进行比较

3. 店内的软环境一般包括（　　）。

    A. 照明　　　　　　B. 气味　　　　　　C. 声音　　　　　　D. 安全设施

4. 销售服务按照服务时间段可以划分为（　　）。

    A. 售前服务　　　　B. 售中服务　　　　C. 售后服务　　　　D. 网上服务

5. 商品陈列的基本形式有（　　）。

    A. 逆时针陈列法　B. 垂直陈列法　　　C. 季节陈列法　　　D. 专题陈列法

四、简答题

1. 商品陈列的基本要求有哪些？

2. 销售服务的特点有哪些？

3. 售前服务影响消费者心理的因素有哪些？

实 训 项 目

1. **实训目的**：了解消费过程中的沟通方式，分析不同风格的消费者更习惯的方式。

2. **实训内容**：利用所学的知识和实地观察总结消费过程中的沟通，并利用角色扮演在课堂中演示——针对不同社交风格类型的消费者，应如何与他们进行售中沟通与售后沟通。

第十章

网络与消费心理

【学习目标】

通过本章的学习，读者应了解网络消费的产生与特征，了解网络消费方式相比传统消费方式的优势和局限性；掌握网络消费者的心理特点，以及影响消费者网络消费行为的因素；能够对典型网络消费模式的消费心理进行分析。

【引导案例】

董宇辉开启直播间"魔法"时代

董宇辉的直播间与传统直播间显著不同，他更注重与观众之间的互动和体验。在"与辉同行"湖北行专场直播活动的第二天，他在户外搭建直播间，与大自然和谐相融的场景让"丈母娘"们津津乐道。据湖北文旅官方微信公众号，"与辉同行"湖北行专场直播活动吸引了数亿人次（直接和间接）观看和关注，农产品销售额达到 1.35 亿元。

随后的"与辉同行"河南行专场直播活动中，董宇辉再次将直播间打造成文化探索的窗口，他带领团队前往洛阳、郑州、安阳等地，展示当地深厚的文化底蕴和特色美食。根据第三方数据平台，2024 年 4 月 25 日至 29 日的 5 天河南行专场直播活动中，"与辉同行"直播间累计销售额超过 1.3 亿元，日均销售额达到 2500 万至 5000 万元。而在 4 月 1 日至 24 日期间，该直播间的日均销售额为 750 万至 1000 万元。

2024 年 5 月 28 日，董宇辉带领团队转战深圳市南山区，以"科技想象　预见未来"为主题开启了电子产品专场直播。与以往的直播带货不同，这次董宇辉带货的产品多是科技含量极高的"南山特产"，如大疆无人机、SKG 按摩仪、创维电视、飞亚达手表等。据深圳市商务局 5 月 29 日提供的数据，此次直播活动在开播仅 20 分钟就收到了近万份订单，整场直播累计完成 60 万单销量，销售额超过 1.2 亿元。

启发思考

（1）董宇辉的直播与其他直播有何不同？

（2）直播间购物的背后有哪些心理学效应？

第一节　网络消费概述

21 世纪初，随着电子商务的迅速发展，网络与经济的联系日趋紧密，推动市场走入了崭新的阶段——网络消费阶段。目前，网络消费已经成为一种大众化的消费方式。

网络消费是指人们以互联网为工具和手段满足自身需要的过程，它不仅包括通过网络购买实物商品，还包括网络信息消费，即网络信息获取、网络教育、在线影视、网络游戏等在内的所有网络消费形式的总和，是信息化与消费的深度融合。网络消费的对象包括物质产品和精神产品。

一、网络消费的产生

网络消费的产生，有以下几个条件。

（1）网络消费产生的技术基础——互联网。在互联网产生之前虽有其他形式的电子商务，但因封闭性和成本问题，电子商务难以普及。互联网的开放性和极低的沟通成本、交易成本让大规模电子商务成为可能，计算机、智能手机等网络终端的普及使网络消费得以实现。

（2）网络消费产生的观念基础——消费需求的转变。在商品日益丰富的背景下，消费者越来越重视便捷、实惠。在安全性得到保障后，电子商务因其便捷性和实惠的价格迅速受到消费者的青睐。

知识点滴

网络消费：懒，是有理由的

人都是有惰性的。譬如，如果不需要上班，估计没有多少人能保证几年如一日甚至十几年、几十年如一日地早起。广大的爱美女性如果不是出于对美丽的追求，很多人也不会坚持锻炼，美体修身。这就是惰性。惰性心理的存在，对科技的进步和生活的进步能起到推动作用。

有种娱乐性说法：人们懒得爬楼梯，于是有人发明了电梯；懒得走路，于是有人发明了汽车、火车，还有飞机；懒得每次去推导计算，于是有人发明了数学公式；懒得去听音乐会，于是有人发明了磁带和 CD。这种说法虽说娱乐性较重，但不能说一点道理都没有。

在科技日益发达的今天，与其说是科技给人们带来了便捷，一定程度上也可以说是人们的惰性催生了科技的进步，而科技的进步又不断为人们的惰性找到理由。

（3）网络消费产生的现实背景——激烈的市场竞争。市场经济的基本特征之一就是市场竞争，网络消费产生的现实基础是竞争的加剧。随着市场竞争日益激烈，企业想要生存下去，就要想办法降低自己的运营成本、扩大销售规模。电子商务不仅可以让企业节约昂贵的店面租金，还能减少库存商品的资金占用并打破经营规模上的限制。电子商务的各种好处叠加消费者心理的变化，促使企业主动扩大在电子商务方面的投入，这让网络消费更快地走进了千家万户。

二、网络消费的特征

网络消费作为一种新的消费方式，与传统消费方式相比具有以下几个明显的优势。

（1）跨时空性。目前，全球几乎所有的国家和地区都已接入了互联网，网络延伸到哪里，信息就能被传递到哪里，网络营销工具的效用就能发挥到哪里。消费者可以随时随地在网上购物，企业也可以随时随地在网上展开网络营销。互联网具有不受时间和空间限制进行信息交换的特点与优势，它使得企业与消费者可以在更大的空间内有更多的时间和机会开展营销与消费活动。

探究活动

电子商务与消费者的特殊需求

举例说明你有哪些消费需求。传统的购物模式可以满足你的全部消费需求吗？你认为电子商务能否满足消费者的全部需求？

（2）可视性。虽然通过网络购物的消费者不能直接接触到商品，但可以通过文本、图片、声音、动画、视频等方式多角度审视商品，网络购物的可视性较实体店购物更加有优势。

（3）交互性。互联网的交互性使网络购物的消费者与商家方便地展开实时或延时交流，消费者之间也能交流对商品、商家的个人感受。

（4）效率高、成本低。对企业和消费者双方来说，电子商务效率高、成本低体现在信息交流、资金收付、物流、营销等诸多方面。

（5）反应敏捷性。较传统市场营销，网络消费可以让企业及时、准确地获取消费者、市场、竞争对手的信息，为研发新产品、制订营销策略提供信息支持。在消费者对产品提出意见或质疑时，企业还能借助网络快速地做出应对，如改进产品、制订公关策略并与消费者及时进行有效沟通。

（6）网络市场国际化。互联网几乎覆盖全球市场，跨境电商使企业进军国际市场更加容易，也使消费者购买国外商品更便捷。

三、网络消费的优点与缺点

（一）网络消费的优点

网络消费的优点主要表现在以下几个方面。

1. 网络消费的价格优势

鉴于电子商务有多方面的成本优势，消费者在网上可以买到价格更低的商品，这是消费者选择网络消费的重要原因。总体上来说，网络消费的价格优势源于"渠道扁平化，经营成本低"。

部分网络商家就是生产厂商，电子商务节约了流通环节的成本，因此，商家可以以较低的价格供应商品。而纯粹的网络零售商也可以通过节约实体商铺的租金、水电费、人工成本等费用降低经营成本，还可因批量采购享受生产厂商更大的折扣优惠。因此，网上商品价格普遍低于线下商品价格。

网络消费还可以产生需求方规模经济，需求量的增加可以降低商家供给的平均成本，比较典型的是网络消费中的团购模式。

网络平台给消费者提供了方便的商品搜索渠道，价格透明度高，搜寻信息成本低。尤其是标准化商品，更利于消费者在网店之间进行比价。

2. 网络消费品的丰富性

电商平台为消费者提供了丰富的商品。消费者不但可以在网络上购买到传统购物平台上的普通商品，还可以通过大量的信息搜集，获得稀有商品和个性化商品的信息，以满足自己的个性化需要。电商平台商品的款式、格调与功能，一般会比线下的商店丰富得多。电商平台上的商品品种和数量越来越多，为消费者提供了极其丰富的选择，并且开阔了消费者的视野。对于一些追求时尚和新颖的年轻消费者来说，其需求有时很难在实体店得到满足，而网络消费品的丰富性给这些消费者带来了全新的消费体验。

3. 网络消费的便捷性

传统消费只能在一定的购物场所内进行，并且消费者和销售人员需要面对面交流，对空间和时间的要求较高，因此传统消费的局限性较大。

在网络经济中，消费的局限性要小得多，只要是网络能够连接到的地方，人们都可以实现交流和消费。网络消费者在购买过程中，可以方便地获得商品信息和客服人员的指导。网络消费操作简单、方便，消费者在屏幕上点几下就可以完成整个购物过程。商家也能快速地处理网络订单，通过快递投递商品。这个过程大大减少了消费者购物的时间支出，节省了出行费用。

网络给消费者带来了更为自由的消费空间，消费者面对的是整个世界的商品市场，有更多的消费选择。

4. 网络消费的自主性

消费者在实体店购物时，可能经常会受到导购员的诱导，使得所买到的商品不是自己真正需要的。而消费者在网上挑选商品时，拥有更大的自主选择空间，对商店、品牌、商品的选择范围更大。在仔细搜集商品信息的基础上，消费者可以根据个人喜好做出消费选择，满足自身的需求。消费者如果想尝试新的商品，也可以方便地查询到该商品的信息，还可以了解其他消费者的亲身体验和感受，根据其他消费者的评价和反馈做出是否购买该商品的决定。

5. 网络消费的隐私性

对于消费者来说，在家"逛商店"，从某种角度来说还可以保护个人隐私。另外，网络购物平台对网络隐私权的保护越来越全面，消费者对网络消费的信任度持续提升。

（二）网络消费的缺点

网络消费的缺点主要表现为以下几个方面。

1. 消费者对网络消费缺乏信任

不少人仍然信奉眼见为实的观念——买东西时亲眼瞧瞧、亲手摸摸才放心。网上购物时，人们看不到实物，仅依靠图片或视频有时并不能看出商品的质感，大部分消费者都遇到过虚假宣传等情况。因此，人们通常对网络消费存有顾虑。

案　例

老年消费陷阱

近年来，老年消费群体增长势头明显，但这也可能使老年消费群体成为一些不法分子的"眼中肉"。作为网购新人的"银发族"也成为容易被侵害的脆弱群体。

不少老年人爱囤货，自从学会网购可能就陷入"买买买"停不下来，一看到弹出来的推荐广告或购物信息，就想点进去看。刚接触网购的老年人看到网店价格与实体店价格相比如此悬殊，很容易产生"不买就是吃亏"的感觉，在海量的商品面前容易冲动购物。

总体上来说，老年消费群体对网购环境不够熟悉，可能误操作甚至遇到骗局。网上购物往往要绑定银行卡，涉及资金安全，要格外小心。老年人最好学会使用他人代付功能，让朋友、子女先行代付，尽量不绑定自己的银行卡。

启发思考

网络消费有哪些弊端？消费者应该如何避免发生上述案例中的类似情况？

---

2. 消费者的某些心理需求得不到满足

首先，网络消费可以节约消费者的时间成本和精力成本，但无法满足消费者的购物体验需求。网上购物时，消费者面对的是冷冰冰、没有感情的购物平台，没有商场里舒适的环境氛围，这让消费者缺乏逛街的乐趣，对于喜欢享受购物过程的消费者来说更是如此。

想一想

根据自己的消费经历思考一下：一般什么类型的商品你不会通过网络进行购买？你是否经常选择去实体店而不是在网上进行购买？原因有哪些？

其次，企业和消费者是通过虚拟的网络联系的，消费者看到的商品信息是各种文字介绍和图片、视频展示，没有实地感受，总是没有实物那么真实和生动。网络消费还存在着试用不便的缺陷，这和传统营销方式通过全面刺激消费者的视觉、听觉、味觉、肤觉和嗅觉等感官相比缺乏真实感。

最后，网络消费无法满足消费者社交的心理需要，不容易使消费者通过购物过程与周围人产生情感上的交流。

3. 选择性困难

网购的选择性困难来自信息的庞杂无序，消费者选择任何一种商品，都会有各种干扰信息。有的消费者在网上选东西，一看就是一两个小时，到最后却下不了决心买哪个——便宜的不放心，贵的又觉得亏，导致内心无限挣扎，甚至出现网购恐惧症。

面对网购的选择性困难，解决办法通常有两个。一是选择自己信得过的大品牌，因为大品牌的定价一般是比较合理的，虽然不是很便宜，但质量通常有保证。比如买充电宝，不少对充电宝品牌不熟悉的消费者会选择华为或小米，因为相信它们的充电宝不会差。二是不再花过多时间精挑细选，只从销量排名靠前的商品中快速选择一种后直接下单。

4. 退货仍有羁绊

虽然大多数购物平台赋予了消费者无理由退货的权利，退货流程非常简单，但总会有个别卖家给消费者退货添加各种阻碍。如有些卖家会要求买方承担退货费用，还有的卖家拒绝退换使用过的但拥有正常退换货理由的问题商品。

第二节 网络消费的心理因素分析

网络消费者的行为和心理特征是影响网络消费的重要方面。商家要想做好网络营销工作，就必须对网络消费者群体的特征进行分析，以便采取相应的对策。

一、网络消费者的心理特点

网络消费者的心理特点一般有以下几点。

1. 追求个性化的消费心理

现代消费者往往富于想象力、渴望变化、喜欢创新，其个性化消费对企业提出了更高的要求。

在传统营销环境下，消费者只能在有限的空间内（如一个城市）选择有限的商品，无法充分表达自己的意愿和要求，企业也很难满足消费者个性化的需求。

在网络消费环境下，消费者拥有比以往任何时候更大的选择自由，他们可以根据自己的个性特点和需求在全球范围内寻找满意的商品，不受时间和地域的限制。网络消费者可以随时进入自己感兴趣的网络消费平台或网店获取商品的相关信息，决定是否购买。因此，网络购物更能满足消费者的个性化需求。比如，消费者不仅可以在海尔的官方网站上订购自己中意的商品，还能提出个性化的产品定制需求，由海尔完成生产后送货上门并安装。

2. 追求主动、自主的消费心理

在社会分工日益细化和专业化的趋势下，消费者对消费的风险感随着选择的增多而上升。在许多大额或高档的消费中，消费者往往会主动通过各种可能的渠道获取与商品有关的信息并进行分析和比较。或许这种分析、比较不是很充分和合理，但消费者能从中得到心理上的平衡，以减轻风险感或减少购买后产生的后悔情绪，增加对商品的信任程度和心理上的满足感。

传统的商业流通渠道一般由生产者、商业机构和消费者组成，生产者往往不能直接了解市场，消费者也往往不能直接向生产者表达自己的消费需求。而在网络环境下，消费者与生产者不仅能直接沟通，还能绕开中间环节直接交易。

3. 追求方便、便捷的消费心理

当今社会生活节奏快、人们工作压力较大，以方便性购买为目的的消费者越来越多。他们追求的是尽量节省时间成本，因为人们越来越珍惜闲暇时间，越来越希望能把闲暇时间更多地用在一些有益于身心的活动上，充分地享受生活。

在传统的购物方式下，消费者购买商品往往要付出很多的时间和精力。电子商务环境下的消费者可以随时随地选择满足自己需要的商品，并在网上完成购物。相较于传统的店面购物模式，网上购物使消费者更加自由方便。在网上购物时，消费者在购买商品的同时，还能得到许多信息，能享受到在以往传统购物方式中享受不到的便捷。因此，对于惜时如金的现代人来说，网络消费成为大多数人必然的选择毫不意外。调查数据表明，为节省时间而进行网络消费的人数占网络消费总人数的一半以上。

4. 理智而求实的消费心理

有较强分析判断能力的网络消费者，其购物动机往往是在反复思考、比较、精打细算后产生的，他们对所选购的商品的特点、性能和使用方法有充分的了解，购物时相当理智，较少受外界的影响。他们往往更加注重所购商品的使用价值，重视商品的质量、效用和售后服务，常以实用、实惠为主要追求目的。一般来说，他们是中档商品和大众商品的购买者，若对购买的商品使用后感觉满意，他们往往会成为某一品牌或某一网上商城的忠实顾客。

5. 追求物美价廉的消费心理

价格始终是消费者最敏感的因素。网络消费比起传统消费，能让消费者更为直接和直观地了解商品，精心挑选、货比多家，还能最大限度地满足消费者追求物美价廉的心理。网络消费之所以具有强大的生命力，重要的原因之一就是网络消费的商品价格普遍低廉。网络营销能为企业节省巨额的促销和流通费用，使商品成本和价格的降低成为可能。尽管经营者都倾向于以各种差异化来减弱消费者对价格的敏感度，避免恶性竞争，但价格始终对消费者的心理产生着重要的影响。

6. 追求新颖、时尚的消费心理

网络消费的历史虽然不长，但是发展十分迅速。对于一些喜欢不断尝试新事物的群体来说，这种方式充满了新鲜感。热衷网络消费的不少年轻人自我表现的欲望比较强烈，他们在消费过程中虽然也注重商品的性能和价格，但对品牌和时尚的追求更突出。曾有调查发现，甚至有

49.2%的青年人错误地认为"要买就买最好的，要买就买名牌"。

7. 从众的消费心理

人们生活在一定的社会圈子中，有一种希望与自己应归属的社会圈子保持同步的心理，既不愿太过突出，也不想落伍。受这种心理支配的消费者构成了后随消费者群，这是一个相当大的消费者群。研究表明，当某种商品的消费率达到 40%以后，就会带来这种商品的消费热潮。网络商品的消费者中不乏持这种心态的人：他们在购买商品前会先看销量和评价，如果某种商品购买的人比较多、评价比较好，即使有性价比更高的商品，他们也有可能倾向于选择购买人数更多的商品。

二、网络消费行为的类型

一般来说，以下四种类型的网络消费行为值得我们关注和研究。

（1）速度型消费行为，是指消费者以时间效率为准则，表现出追求省时高效地获取商品的行为倾向。这种类型的消费行为主要有以下表现：消费者消费时偏爱省时方便的商品，对这类商品的更新变化极其敏感，注重信息的捕捉，追求快捷方便的购物方式，购买决策果断，不瞻前顾后。

（2）能动型消费行为，是指消费者能通过与生产者直接沟通来表达要求或提出建议的消费行为倾向，这对厂商或渠道商的经营决策会产生影响。与传统交易方式相比，网络交易方式的信息对称程度大大提高，消费者更加注重商品知识的自我积累和提高，表现出的是以主动参与甚至主导整个交易活动为特征的消费行为。

（3）防范型消费行为，是指消费者在面对网络消费的不确定性、潜在风险或不良商家行为时，所采取的一种预防性或保护性的行为倾向。网络时代不仅给消费者带来了便捷，也为其购物行为带来了挑战。网络安全问题、网络交易的信用问题都使网络消费者的购物行为较传统的购物行为更具风险。因此，网络消费者在消费时更加注意对商品信息真伪的辨别，相应地，对网络交易平台或商家的信用以及服务提出了更高的要求。

（4）个性化消费行为，是指消费者受个人独特的心理特征影响，在消费行为上表现出来的各种反应。消费者多希望在消费活动中充分体现自己的个性，购买到最符合自我需要的商品，使自我价值得到充分展示，最大限度地满足个性化需求。电子商务的发展为消费者实现个性化消费提供了可能。

三、影响消费者网络消费行为的因素

企业要想更好地吸引网络消费者，就必须对消费者网络消费行为的影响因素进行分析。

（一）个人因素

1. 性别

在传统消费市场中，男性消费者和女性消费者的购物行为存在着极大的不同，这种不同同样表现在网络消费市场中。男性消费者在网购时理性成分较多，往往在经过深思熟虑之后才做出购买决策；而女性消费者在网购时感性成分较多，往往在浏览到自己喜欢的商品时就会下意识地将其放到购物车中。另外，男性消费者的自主性较强，他们往往会自己去寻找关于商品价格、质量、性能等方面的信息，然后做出判断；女性消费者则依赖性较强，当她们做出购物决策时往往会比较在意其他人的意见和对商品的评价。

知识点滴

网络消费大数据揭示男人更"败家"

都说女性是消费的主力，但是网络消费中的男性其实不输女性，他们"剁"起手来比女性更"狠"，更爱享受。

尽管从网络消费规模上看，男性略逊于女性，但在消费结构上，男性在文化办公、教育服务、医疗保健等发展型消费，以及体育、娱乐用品，汽车、航旅、餐饮等享受型消费上都超过了女性。而女性在家庭使用较多的生存型物品消费方面支出更高。

如下面随机摘取的两则微博，体现了女性消费者和男性消费者在购物方面的不同。

网友一：我总是在收快递，然而都是几十、最多不超过 500 元的生活用品，我男朋友平均一个月收一次快递，然而买的都是篮球鞋、摄影机之类的。

网友二：大部分女生买的都是些低价格的衣服或家居生活用品，而真正"败家"的男生只下手买一件高科技产品就够了。

2. 年龄

网络用户的主体是中青年人，处于这一年龄阶段的消费者思想活跃、好奇、冲动、乐于表现自己，既喜欢追逐流行时尚，又喜欢展现独特的个性，因此在网络消费市场中的一些时尚性或个性化的商品更受他们的欢迎。

3. 受教育程度和经济收入

统计数据表明，互联网用户的受教育程度和平均收入水平均略高于总人口的平均水平，消费者受教育程度和经济收入水平具有正相关关系。网络消费者的受教育程度越高，了解和掌握互联网知识方面的困难就越少，越容易接受网络消费的观念和方式，网络消费的频率也就越高。

（二）网络零售商店风格的设计因素

实体商店在门面外观、店内布局、商品陈列等方面的不同会营造出不同的气氛，会直接影响消费者的心理感受，从而导致消费者的行为出现较大的变化。由于网络零售商店没有传统实体商店那样的实体建筑物的依托，因此不少经营者会忽视商店气氛营造，实际上这一点对网络零售商店依然重要，只不过是以新的形式表现出来而已。

1. 网店界面设计的影响

实体商店可以通过门面装潢来展示自己与众不同的形象，从而吸引消费者光顾。网络零售商店没有实体建筑物的依托，只有网页。网页是网络零售商店与网络消费者相互交换信息和进行各种交互活动的媒介，我们称之为网络零售商店的界面，简称为网店界面。

网店界面设计的好坏会直接影响网络消费者对店铺的第一印象，很难想象一个界面设计混乱、不协调的网店会吸引到网络消费者的注意。美观的网店界面可让消费者得到视觉上的享受，设计合理的网店界面可以让消费者方便、快速地找到需要的商品，信息丰富的网店界面可以让消费者快速地进行决策。因此，网店界面设计的好坏将会对网络消费者的第一印象和后续的消费活动产生重要影响。好的网店设计可以降低消费者的搜寻成本，当网店界面清楚且易操作时，网络消费往往会被消费者认为是愉快及满意的。

2. 商品陈列的影响

实体商店可以通过不同的商品陈列方式达到展示商品、吸引消费者购买的目的。但是在虚拟的网络店铺中没有了货架的概念，取而代之的是网页、商品分类目录和店内商品搜索引擎，其所列出的也不是商品实体，而是有关商品的说明介绍等信息，这必然会影响网络消费者的购买行为。在网络零售商店中，对单个商品的介绍往往依赖于文字说明和图片信息，这些资料是否详细会极大地影响网络消费者的购买决策，一个文字说明太少而且图片模糊不清的商品是很难激发消费者购买欲望的。

（三）网络消费的风险因素

消费者在网络上购买商品时，一般是先付款后送货，在这个交易过程中物流与资金流是相互分离、非同步发生的，这样会增加消费者的消费风险认知。

（1）财务风险。网络消费时，消费者会担心对方不守信用或者故意欺诈而给自己造成经济损失。

（2）性能风险。由于网络消费不像在实体店购物一样可以"眼看、手摸、口尝"，消费者主要依靠商家的文字描述和图片展示等信息对商品进行了解。有时不准确的商品展示和描述，不全面的信息描述会增加消费者感知风险的可能性。

案　例

免密支付的风险

不少消费者主动或被动给一些应用程序开通了小额免密支付功能，在使用这些应用程序消费时，只要金额不超过一定额度就无须输入密码，由应用程序直接扣款。

曾有新闻报道，某人在微信上绑定了一个打车软件，开通了免密支付功能。有一次她从家打车到机场。一般情况下，司机都是到地方后就直接结束行程，然后自动结算扣钱。但那次司机在她下车后忘记立刻结算，因为开通了微信的免密支付功能，她在不知不觉中被多扣了车费。

还有一些家长因开通了小额免密支付功能，发现孩子虽然不知道支付密码，却能使用自己的手机偷偷购买玩具、点外卖。

启发思考

网络消费还有哪些风险？

（3）时间风险。物流有时间上的滞后性，并且物流受多方面因素的影响，可能会给消费者的收货时间带来不确定性。特别是消费者在购买一些急需物品时，这种风险的影响会更加突出。

探究活动

3～5名学生组成一组，选择周围不同的商场或者超市进行调查。活动任务：①了解线下消费者群体的构成；②了解制约网络消费的因素有哪些。

第三节　典型网络消费模式的消费心理分析

目前，网络营销已被大部分企业普遍采用，各种网络调研、网络广告、网络分销、网络服务等网络营销活动已异常活跃地进入企业的生产经营活动中，为网络消费的发展提供了肥沃的土壤。

一、网络直播消费心理分析

直播电商开始于 2016 年，在短短几年间实现了跨越式发展。在网络直播中，产生了一批"网红"主播，他们成为电子商务吸引眼球的重要方式。网络直播也为很多地方特色产品打开了销路。直播电商成为一个重要的经济和文化现象，从消费者角度看，究竟是什么样的心理因素在驱动这一消费形式？

（一）直播消费的动机和行为

网络直播用户的消费动机主要包括满足好奇心、娱乐休闲、社交互动、获取知识技能等，其中娱乐休闲是最主要的消费动机。

网络直播用户的消费行为主要表现为"打赏"、购买虚拟礼物、购买会员、购买主播推荐的商品等，其中"打赏"、购物是最普遍的消费行为。

网络直播用户的消费意愿与主播的个人魅力、直播内容、互动等有关。如果用户觉得主播有趣、内容有价值、互动积极等，就容易产生消费意愿。

（二）直播消费心理

北京师范大学新媒体传播研究中心通过对大量消费者的访谈资料分析，归纳出消费者观看直播电商的五种消费心理。

（1）实用型消费。消费者看"网红"直播，不仅可以节约自己选择商品的时间成本，还可以以更低的价格买到更优质的商品。这种消费心态在直播电商最初兴起的淘宝是最多的，节约时间和买到更便宜的商品是消费者的两大诉求。

（2）社会交往型消费。这类消费不仅是为了实用性，也是为社交需要和分享而看直播，进而产生购买行为。看"网红"直播可以获得相关商品信息，了解"网红"是如何介绍商品特点的同时，也可以了解其他人是如何议论商品的。在直播过程中可以通过发送"弹幕"与主播和其他消费者进行互动。消费者通过直播获取的信息也能够让他们在其他场合中参与相关话题的交流，在完成购物后也可以和朋友分享经验。

（3）粉丝型消费。价格、适用性等商品属性不是这类消费者的主要目标，他们更多是因为"追星"而成为直播电商平台用户，进而成为消费者。例如，2024 年 3 月 10 日，董宇辉在"与辉同行"直播间中对华为多款产品进行销售，包括手机、电脑、耳机、手表和汽车等，开播 90 分钟，销售额就破亿。虽然董宇辉一直在强调理性消费，但销售额中的粉丝型消费占比恐怕也不会太低。

（4）场景型消费。逛街是线下的一种生活方式，即使不买什么，很多女性也把逛街当作一种乐趣。观看"网红"直播卖货，可以看作是在虚拟网络空间的一次"逛街"，用户进入"逛街"场景之中，即使不买什么，同样可以感到虚拟逛街的乐趣。直播电商是现实生活场景的一个构成部分，有时间就看看，不在乎下单数量，而着力于营造网上"逛街"的气氛。近几年，直播电商这种"逛街式"场景消费更是成为线下逛街的一种重要替代。

（5）情感型消费。指基于特定情感而产生的购物行为。如一些平台推出帮助湖北农产品销售的直播电商，网民支援湖北，直播电商获得口碑和收益。2020 年 4 月 6 日，央视主持人朱广权和某直播"网红"共同做了一场名为"谢谢你为湖北拼单"的网络直播，累计卖出价值 4014 万元的湖北商品。再如，辽宁锦州北镇市文化旅游和广播电视局局长 2023 年才接触短视频，出于对家乡的热爱，在人员少、资金有限和没有专业团队的情况下，她自己写文案，凭借一系列"土味"视频"出圈"。镜头前，她经常系着围巾、挎着筐，走街串巷推销北镇特产："我们除了北镇鸭梨，还有沟帮子熏鸡、北镇猪蹄、水馅包子、北镇葡萄、闾山鸡蛋等，都是国家地理标志产品。"这位局长希望通过直播引来更多人关注北镇、更多资源进入北镇，推动北镇文旅经济高质量发展。

（三）直播消费模式

1. 重心在"物"的消费

实用型消费和社会交往型消费都属于这一模式。最早在淘宝开始的直播电商主要是利用消费实用性的消费心理，直播能够直观看到商品，比图片更立体和真实，且直播间往往还有优惠。直播电商有一定热度后，消费者围绕直播电商开始形成一些话题，交流对商品的看法，于是便有了基于社会交往需要的直播消费心理。这两类消费心理的共同点是一样的，都是关注商品的性价比、商品的话题度、商品的适用性等属性，是关注"物"的消费。

2. 重心在"人"或"事"的消费

粉丝型消费、场景型消费和情感型消费都属于这一模式。"带货网红"的出现逐渐使直播电商成为一个"追星"平台，粉丝追"网红"而聚平台，商品已经不是中心，"网红"才是关键。场景型消费心理的重心也不再是商品，而是"逛街"的体验感。情感型消费是出于对人或事的感动而产生的消费心理，这种消费有实际需求的因素，但更多的是消费者因情感因素进而关注和购买。这三种消费心理更多偏向对"人"或"事"的消费，对"物"的消费则在其次。

（四）直播消费的深层次动因

1. 后结构主义思潮的影响

后结构主义（Post-structuralism）是一种对结构主义的消解，是一种纯粹的能指（能指是语言学概念，意为语言文字的声音，形象）。从媒介消费来看，后结构主义范式下的媒介消费不追求符号背后的含义和意义，关注的是符号本身带来的愉悦和享受符号的传播过程，符号内容本身是否有意义不再是重点。

对于直播电商来说，后结构主义范式下商品本身的价值不再是消费者主要关注的对象，消费者更在意的是体验直播过程的快感和愉悦。粉丝看直播不在乎"网红"说了什么、做了什么，他们享受的是"与网红在一起"的愉悦；粉丝购买一些商品，在外人看来没有实用价值，但在粉丝看来"喜欢就值得买"；喜欢场景型消费的人不是为了某一个直接目的而看两三个小时的直播，而是在享受一种场景的体验；情感型消费也是如此，是由一种内在同理心驱动的。

2. 临场感和唤起点

临场感就是让人有种身临其境的感觉，无论是文字、电影还是音乐，都非常注重临场感。临场感通常建立在场景之上，它分为社会临场和虚拟临场两种，在消费领域中，分别指线下消费和线上消费。对于线上消费来说，通过各种虚拟背景物品结合的方式来塑造出线下实物般的感觉，如虚拟现实（Virtual Reality，VR）、增强现实（Augmented Reality，AR）等不一而足。网络直播靠塑造现实场景，通过网站的互动特性来促进个人临场的感觉。也就是说，即使消费者没有走进商场，通过观看直播也能产生在商场购物的体验感。

场景要有唤起点，即在某种情景下、某时某刻，必须让用户马上能想到你的产品，最好是第一个想到。炎热的夏日，上班族都不愿意下楼来顶着烈日排队吃中午饭，这时候就唤起了饿了么、美团外卖等。唤起点是和兴趣、需求关系相平行的，哈利·D.凯森的《消费心理十四讲》一书中提到：如果想让人对某件物品感兴趣，就需要提供关于这件物品的足够信息；如果消费者对某件商品的兴趣停留的时间足够长，就会转化成购买欲望。

直播的即时互动相比以往的图文形式更加高效。在直播环境中临场感不仅表现为背景素材，还表现为热闹的氛围、实时"炒热"的话题，与唤起点结合在一起带来的临场感会很强。

3. 情绪唤醒与决策偏好

爆火的直播电商都很好地利用了情绪唤醒，通过激发内驱力影响决策偏好。一般认为，情绪是以个体愿望和需要为中介的一种心理活动。高情绪唤醒会令人们心跳加速、血压升高并激发分享与购买欲，因此只要能激活生理唤醒状态，人的行为就会被触发。例如，主播激情高涨的吆喝声——"还有30秒，还有30秒就开抢了，想邀请朋友的赶紧了""只有1000份，抢到就是赚到""米和油这样的东西，家里总用得着，不要等用完再花高价买"，常会调动起你的购物欲。

情绪能够激发消费者直播购物欲的核心是帮助大脑激发生理功能，调动身体器官。消费者观看直播时既有积极情绪，又有消极情绪。积极情绪包括"满足、兴奋、愉悦、敬畏"，消极情绪包括"厌恶、警觉、愤怒、担忧"。网络直播用户的娱乐需求比较强，他们希望在直播间找到快乐和乐趣，在这种需求的驱动下，他们愿意进行消费。当消费者和更多人一起刷视频，看到心爱的东西被他人占据，这时他们会出现愤怒情绪和厌恶感。另外主播们在直播卖货时往往会附带一些优惠，比如代金券或者赠品。这些优惠其实价值并不是很高，但在直播间外购买同样的商品就没有这些优惠。这个时候，消费者的损失厌恶心理就开始发挥作用了，他们会觉得如果不买就失去了这部分优惠，这种心理就会驱使他们下单。

直播电商的出现给网络购物带来更多的临场感，让消费者快速了解某款商品的立体感，购物决策过程从原本"想好再买"发展为"赶紧买"，并且让消费者越来越随性，在观看直播的同时为自己的沉浸享受买单。

对消费者而言，如果懂得网络直播过程中的相关消费心理，了解人性的弱点和系统性的认知偏差，就能不被网络直播中的心理需要所捆绑，真正做到理性消费。

二、拼团消费心理分析

拼团是一种比较省钱的购物方式，它能让消费者享受优惠的价格，获取自己所想要的事物。拼团绝大部分都是出现在购物领域，包括美食等商品，市面上的拼团软件主要有饿了么、美团外卖、拼多多、大众点评等。

（一）拼团消费者心理

拼团的消费者通常有以下四种心理。

（1）通过好物分享增进人际联结。通过自己的时间付出发现好物，或通过人脉获取好物资源，并主动分享给亲友，从而增进人际联结。分享本就是人的天生欲望，人需要社交。一方面，分享是一种社会资源或自我的展现，与人分享，自己的利他心会上升；另一方面，通过分享，可以与亲友更好地联络感情，不仅能增强人际联结、提升亲友关系，而且自己也感到开心。

（2）一起买更划算。一个人买没有大家一起买更便宜，拼团意味着低价，更高的性价比。如一些平台的"团免团"，即团长发起拼单成团可免单，还有拼团享半价、砍价 0 元购等。

（3）需求满足。通过和大家一起拼团，消费者满足了自己的基本物质需求（低价利益），还有情感需求（存在感、成就感）和社交需求。尤其是通过个人社会资源和能力帮到大家时，消费者心里的自我价值感飙升，幸福感增强，更加自信。研究表明，帮助别人会促使身体分泌更多的多巴胺，使自己更开心，生活方式更加积极，生命也更有意义，进而形成良性循环，有更好的结果。

（4）熟人信任背书。对参与拼团的人来说，由于了解和信任朋友，他们内心的情感被唤醒，降低了主观意识计算和交易成本，会更快速响应好友拼团。因为朋友相信，所以"我"相信，一起买更便宜，刚好"我"也需要。直接参与熟人的拼团，不仅安全可靠，也可以节省自己的时间和金钱成本。

（二）拼团背后的心理效应

1. 凡勃伦效应

凡勃伦效应是指消费者对某种商品的需求因其标价较高而增加，它反映了人们追求高价商品的一种心理。人们在现实的购物中，无论自己是否需要，都会更想要那些价格更高的商品。所以，一看到高价商品打折不少人就会忍不住"剁手"。这也是为什么每年的"6·18""双十一"购物节各大电商平台销量暴增的原因之一。

拼多多的砍价就是利用了这种心理，它们将一件价值较高的商品用于抽奖、拼单或砍价。这样一来，便增加了消费者想要购买它的欲望。而如果消费者想用低价购买这种高价值的商品，就得为拼多多"打广告"，将这些商品页面以"砍价"等形式发送给亲朋好友，由此为平台获取新的流量。

2. 鸟笼效应

鸟笼效应是指人们在购买了一件原本不需要的商品后，会继续添加更多与之配套的东西。比如，有人买来一只鸟笼放在家里，但却没有买鸟。一段时间后，他便觉得这个鸟笼很鸡肋，但是却并没有扔掉鸟笼的想法，而是去买一只鸟养起来，这样一来鸟笼就发挥出它的效果了。

日常生活中，这种配套消费已屡见不鲜，拼团消费更容易买到原本不需要的商品。比如，消费者因为图便宜，拼团买到了几节电池，可是家里并没有需要用电池的东西，又顺手买了平台推荐的手电筒，结果发现日常根本用不到它，因为智能手机就有手电筒功能，最后只能把手电筒和电池送给年迈的父母用。

3. 锚定效应

人们在追求便宜的同时，购买商品会受到初始锚定价的影响，通过参考对比很容易觉得当前定价更便宜。

锚定价格就像参考物，商品的原价即锚定价，对比暗示下消费者会更容易接受相对便宜的拼团价（或折扣价），从而更快促成交易。

知识点滴

"爆款"背后的心理效应

所谓"爆款",是指在产品销售中,销量最高的产品。"爆款"能为店铺带来更多的流量,从而带动整体的销售。

商家要想打造"爆款",在仔细分析商品是否拥有"爆款"潜质的基础上,需深入研究锚定效应、晕轮效应、从众效应、凡勃伦效应等对消费者心理的影响,这样才更容易成功。

三、网络消费中存在的问题

网络消费中的以下几个问题值得警惕。

1. 消费异化现象

有的消费者在进行网络消费的过程中,由于受到网络信息的影响,消费的目的已不是满足自己的需要,产生了异化。消费异化现象的典型表现是部分消费者产生网络消费依赖和非理性消费,他们无法分辨自身确实需要哪些商品,没有充分了解商品信息的正确性,全盘接受网络上的信息或他人的价值观,由此引发脱离生活实际的盲目消费,甚至沉迷于网络世界,生活被网络消费所主导。

网络消费者中不乏整天网购自己不需要或者可能未来才需要的商品的人,这些商品堆满了他们的房间,却没有现实用处。这种异化了的网络消费偏离了消费者最初的消费需要,并不能给他们带来消费上的享受和满足,消费成了消费过程的主导。

2. 经营信息不真实

真实有效的信息是网络消费顺利进行的关键。无论何时,网络信息失真的现象都可能会出现,难免会有不法经营者通过夸大商品质量进行虚假宣传,或者通过以假乱真的信息,误导消费者,甚至还可能会售卖假冒伪劣商品欺骗消费者。

由于信息不对称,消费者无法完全了解商品质量、性能、售后服务和商家信誉等情况,很有可能上当受骗。因此,监管部门对经营信息不真实的问题需要展开全面的事前监管及事后监管。

3. 无序竞争及歧视性定价

相较于线下商业,网络比价更容易引发激烈的价格战,这是网络消费无序竞争最主要的表现形式。历史经验表明,超出正常范围的价格战不仅会导致劣币驱逐良币,还会形成市场垄断,最终导致包括消费者在内的多方利益受损,进而损害社会利益。

网络消费中,掌握更多信息的部分网络商家可能会针对不同消费者进行歧视性定价("大数据杀熟"),获取非法利益。

无序竞争及歧视性定价是监管部门严厉打击的现象。

归纳与提高

网络与经济的联系日趋紧密,推动市场走入了崭新的阶段——网络消费阶段。网络消费已经成为一种大众化的消费方式。

网络消费是指人们以互联网为工具和手段满足自身需要的过程。网络消费作为一种全新的消费方式，与传统消费方式相比具有明显的优势，但也有其自身的局限性。

综合练习题

一、概念识记

网络消费　网络消费心理

二、单项选择题

1. 下列不属于网络消费特征的是（　　　）。
   A．跨时空性　　　　B．便捷性　　　　　C．可视性　　　　　D．交互性
2. 网络消费规模最大的人群为（　　　）。
   A．中青年人　　　　B．青年人　　　　　C．少年　　　　　　D．老年人
3. 网络可以借助通过文本、图片、声音、动画、视频等方式多角度展示商品，可以更好地打动消费者，这体现了网络消费的（　　　）特征。
   A．跨时空性　　　　B．反应敏感性　　　C．可视性　　　　　D．交互性

三、多项选择题

1. 网络消费的特征包括（　　　）。
   A．跨时空性　　　　B．网络市场国际化　C．可视性　　　　　D．交互性
2. 网络消费的优点有（　　　）。
   A．消费时间自由　　B．不受地域限制　　C．支付方便　　　　D．退货方便
3. 网络消费的缺点有（　　　）。
   A．消费者难以辨别信息的真假　　　　　B．存在支付的安全性问题
   C．消费者无法接触到实物　　　　　　　D．存在诚信问题
4. 网络消费者的心理特点有（　　　）。
   A．追求个性化　　　B．追求主动、自主　C．追求方便、快捷　D．追求新颖、时尚
5. 网络消费行为的类型有（　　　）。
   A．速度型　　　　　B．能动型　　　　　C．防范型　　　　　D．个性化

四、问答题

1. 网络消费的特征有哪些？
2. 影响网络消费的因素有哪些？

实 训 项 目

1. **实训目的：** 了解常用的网络营销策略，并分析营销成功与否的原因。
2. **实训内容：** 以小组为单位，在网络上寻找网络营销成功与失败的案例各一个，并分析其成功与失败的原因。

主要参考文献

[1] 白玉苓，2022. 消费者心理与行为（微课版）. 北京：人民邮电出版社.

[2] 北冰，2023. 悦己消费. 北京：中国商业出版社.

[3] 陈陶琦，茹炯，2022. 新消费品牌如何持续增长. 杭州：浙江大学出版社.

[4] 杜明汉，2019. 消费心理学. 2 版. 北京：中国财政经济出版社.

[5] 加卢佐，2022. 制造消费者. 马雅，译. 广州：广东人民出版社.

[6] 江林，丁瑛，2018. 消费者心理与行为. 6 版. 北京：中国人民大学出版社.

[7] 柯洪霞，2015. 消费心理学. 3 版. 北京：对外经济贸易大学出版社.

[8] 刘易斯，2015. 心理学家的营销术. 张淼，译. 广州：广东人民出版社.

[9] 陆静怡，2020. 消费者的决策：行走于理性的边缘. 上海：上海教育出版社.

[10] 米勒，2017. 超市里的原始人：什么是人类最根本的消费动机. 苏健，译. 杭州：浙江人民出版社.

[11] 所罗门，卢泰宏，杨晓燕. 2009. 消费者行为学. 8 版. 北京：中国人民大学出版社.

[12] 特雷维桑，2017. 非理性消费. 甘亚平，甘兰，译. 北京：人民邮电出版社.

[13] 王春利，2019. 消费心理学. 7 版. 北京：首都经济贸易大学出版社.

[14] 王富祥，2013. 消费心理与行为. 成都：西南交通大学出版社.

[15] 王官诚，汤晖，万宏，2013. 消费心理学. 2 版. 北京：电子工业出版社.

[16] 王雁飞，朱瑜，2020. 广告与消费心理学（修订版）. 北京：北京交通大学出版社.

[17] 王永，2014. 营销心理学实用教程. 2 版. 北京：化学工业出版社.

[18] 武宗志，祖利然，王志勇，2016. 消费心理理论与实务. 北京：清华大学出版社.

[19] 肖涧松，李翠，2018. 消费心理学. 3 版. 北京：电子工业出版社.

[20] 徐萍，2018. 消费心理学教程. 6 版. 上海：上海财经大学出版社.

[21] 徐盈群，2015. 消费心理与行为分析. 大连：东北财经大学出版社.

[22] 俞文钊，陆剑清，李成彦，2014. 市场营销心理学. 3 版. 大连：东北财经大学出版社.

[23] 臧良运，2017. 消费心理学. 2 版. 北京：北京大学出版社.

[24] 张海良，2011. 营销中的心理学. 北京：清华大学出版社.

[25] 张易轩，2014. 消费者行为心理学. 北京：中国商业出版社.

[26] 赵冰，2018. 消费者心理与行为学. 北京：中国人民大学出版社.

[27] 赵仕红，刘剑，2023. 现代消费者心理与行为学. 2 版. 北京：清华大学出版社.

[28] 钟旭东，2020. 消费者行为学：心理的视角. 北京：北京大学出版社.

[29] 周斌，2021. 消费者行为学. 2 版. 北京：清华大学出版社.

更新勘误表和配套资料索取示意图

说明 1：本书配套教学资料存于人邮教育社区（www.ryjiaoyu.com），资料下载有教师身份、权限限制（身份、权限需网站后台审批，参见示意图）。

说明 2："用书教师"，是指订购本书的授课教师。

说明 3：本书配套教学资料将不定期更新、完善，新资料会随时上传至人邮教育社区本书相应的页面内。

说明 4：扫描二维码可查看本书现有"更新勘误记录表""意见建议记录表"。如发现本书或配套资料中有需要更新、完善之处，望及时反馈，我们将尽快处理！

咨询邮箱：13051901888@163.com。

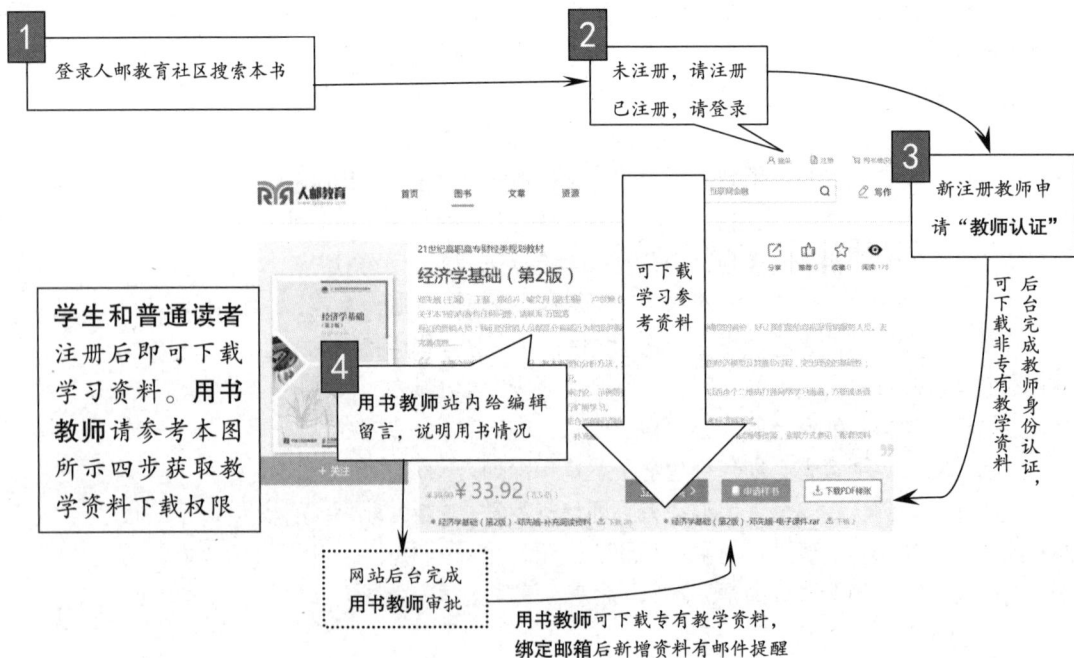

更新勘误及意见建议记录表

1 登录人邮教育社区搜索本书

2 未注册，请注册
已注册，请登录

3 新注册教师申请"教师认证"
后台完成教师身份认证，可下载非专有教学资料

可下载学习参考资料

学生和普通读者注册后即可下载学习资料。用书教师请参考本图所示四步获取教学资料下载权限

4 用书教师站内给编辑留言，说明用书情况

网站后台完成用书教师审批

用书教师可下载专有教学资料，绑定邮箱后新增资料有邮件提醒